Mackay · Der Schwimmer

Die Erstauflage dieses Buches erschien im Jahre 1901 im S. Fischer Verlag Berlin.

Das andere Buch Band 3
Herausgegeben von Joachim S. Hohmann

Der Schwimmer

Die Geschichte einer Leidenschaft

Roman von John Henry Mackay

Foerster Verlag Berlin

Verlagsanschrift:
Foerster Verlag
Postfach 100230
1000 Berlin 10

CIP-Kurztitelaufnahme der Deutschen Bibliothek

Mackay, John Henry:
Der Schwimmer: d. Geschichte e. Leidenschaft;
Roman / von John Henry Mackay. – [Nachdr. d.]
Erstaufl. Berlin, S. Fischer, 1901. – Berlin:
Foerster, 1982.
(Das andere Buch; Bd. 3)
ISBN 3-922257-36-4
NE: GT

Umschlaggestaltung: Joachim S. Hohmann
Umschlagbild: Ferdinand Hodler: Nackter Junge
Druck- und Bindearbeiten:
Fuldaer Verlagsanstalt Fulda
ISBN 3-922257-36-4

—

Erster Teil

1

WANN ER SCHWIMMEN GELERNT HATTE? – MAN hätte ihn ebensogut fragen können, wie und wann er gehen gelernt habe.
Er wußte nicht mehr, wann er das erstemal ins Wasser gegangen war; aber seine ersten Kindheitserinnerungen waren mit dem Wasser verknüpft, das sein Element war und in dem er lag, wie er auf der Erde ging.
Er war ein geborener Schwimmer.

2

Er hieß Franz Felder und war der Sohn sehr braver und sehr armer Eltern in Berlin O, der fünfte unter achten. Alle waren es stämmige Kerle mit dunklen Haaren und klaren Augen, und beide Eltern hatten vollauf zu tun, die hungrigen Mäuler vom Morgen bis zum Abend zu stopfen, von denen mindestens eines immer nach einer Stulle aufgesperrt war. Sie taten es redlich und gern, und zu hungern brauchte keines. Aber damit war auch der Kreis ihrer elterlichen Pflichten geschlossen, und sobald wie nur möglich blieben die Kinder einander und sich selbst überlassen und mußten sich mit durchs Leben helfen, so gut oder so schlecht, wie es eben ging.
Der Älteste lernte eben aus, als der kleine Franz geboren wurde, und nach diesem kamen dann noch drei, die – wie er vordem den vorhergegangenen älteren – so nun seiner Obhut mit anvertraut wurden, sobald er selbst auf den Füßen stehen konnte. Ohne viel Worte und ohne jede Zärtlichkeit herrschte immer ein gutes Zusammenhalten zwischen den Brüdern. Es äußerte sich hauptsächlich ebensowohl in derben Prügeleien, wie in solidarischem Durchhelfen bei allen kleinen und großen Fährlichkeiten ihrer im ganzen und großen recht mühseligen, aber nicht unglücklichen Jugend.

3

Er hatte das Schwimmen nie »gelernt«; wenigstens konnte er schwimmen, solange er zurückzudenken vermochte, und das war etwa bis in sein viertes Jahr. Damals fiel er auf einer Landpartie, deren Höhepunkt eine Kahnfahrt bildete, ins Wasser – die Frauen kreischten und die Männer fluchten, während er herausgeholt wurde; aber ihm machte die Sache Spaß, und er lachte seelenvergnügt, so daß jemand sagte: »Der fällt uns gleich zu seinem eigenen Vergnügen nochmal hinein...« – was die entsetzte Mutter veranlaßte, ihren Franz für diesen Tag wenigstens nicht mehr von der Seite zu lassen.

Aber das war eine jener Erinnerungen, die nur deshalb so stark in uns zu liegen scheinen, weil wiederholte Erzählungen anderer sie stützen und halten.

In Wirklichkeit sah sich Franz Felder in seinen Gedanken zuerst als kleinen Jungen von fünf Jahren lange, lange, warme Sommernachmittagsstunden am Ufer der Spree bei Treptow. Seine Eltern wohnten damals in zwei kleinen, heißen Zimmern in einem Hinterhause der Fruchtstraße, aber der Vater hatte es zum großen Jubel der ganzen Familie fertig gebracht, für den Sommer auf einem der Felder am Treptower Bahnhof eine der vielen »Lauben« zu mieten, und man hatte nun ein winziges Stückchen Erde, auf dem man einige Kohlköpfe ziehen und zu dem man hinauspilgern konnte in dem stolzen Gefühl eigenen Besitztums.

Der Vater und der eine oder andere der älteren Brüder, die schon arbeiteten, kamen erst des Abends; aber die Mutter, welche kränkelte, verbrachte oft mit den Jüngsten ganze Tage auf dem reizlosen Fleck, wo sie wenigstens in freier Luft war.

Sooft er nur konnte, rückte Franz aus. Erst klagte und schalt die Mutter, dann ließ sie ihn laufen, da es doch nichts half, ihn zurückhalten zu wollen.

Eine besondere Anziehungskraft hatte für ihn ein großer Holzplatz an der Spree. Seit er einmal, dort umherschlendernd, für den Zimmermeister eine Weiße geholt hatte, stand ihm der Zutritt gegen Leistung gelegentlicher gleicher und ähnlicher kleiner Dienste offen, und nichts hinderte ihn, zwischen den Balken und Stämmen herumzuklettern, soviel er wollte.

So wurde der Holzplatz seine Heimat für diesen Sommer. Aus Spänen kleine Kähne zu bauen, sie mit einem Knopf oder irgend etwas anderem zu »befrachten«, sie dem großen Wasser anzuvertrauen und zu sehen, wie es sie hintrieb und verschlang, wurde er nie müde; oder Gräben und Buchten zu bilden und das Wasser hineinzuleiten und herumzupantschen und zu mantschen, bis der Feierabend allen seinen Spielen für diesen Tag ein Ende machte.

Ein besonderes Fest war es jedesmal, wenn er in einem wirklichen großen Boote, das von der anderen Seite herübergekommen war und anlegte, ein Stück mitgenommen wurde oder etwa gar selbst eine Pätschel führen durfte.

Aber am meisten von allem lockte ihn das Wasser selbst; und sechsmal an heißen Sommertagen mindestens warf er Hemde und Hose in den Sand und tauchte sich in die braune, träge, lauwarme Flut. Er schwamm schon wie ein Fisch. Er ging auf den Grund und holte Steine aus dem Schlamm herauf. Er glitt unter den Flößen durch und verschwand hier, um dort in die Höhe zu kommen. – Und er lernte seinen ersten Sprung, den einfachen Kopfsprung. Erst von dem Rand des Floßes, dann von dem des Nachens, endlich von dem des großen Spreekahnes plumpste er – den Kopf voran und mit ausgespreizten Beinen – wie ein Frosch ins Wasser.

Ach, und wie war es schön, den nassen Körper in das heiße Sägemehl zu werfen, sich auf Bauch und Rücken darin herumzuwälzen und dann den weißen Pelz mit einem Sprunge wieder abzuwaschen!... Und stundenlang in der Sonne zu liegen und die Kähne und Dampfer mit festlich geputzten und fröhlichen Menschen auf der Spree vorüberziehen zu sehen, während die roten Wände der Fabriken und die weißen der Villen im Glanz des Sommertages aus dem Grün der Ufer hervorleuchteten und der blaue Himmel sich über alles spannte, die Ringbahnzüge über die nahe Eisenbahnbrücke donnerten und unter ihr die Dampfer pfiffen und läuteten...

Es war ein großer Sommer für den kleinen Kerl, der von den Arbeitern auf dem Platz, die sich nur selten und nur bei übergroßer Hitze ins Wasser wagten, wie ein kleines Wundertier angestaunt und ihre »Otter« genannt wurde, wenn er plötzlich zu aller Ergötzen im Wasser lag und seine ersten, kleinen Kunststücke zeigte.

Im Herbst dieses Sommers war er braun wie ein Neger, gesund und immer hungrig wie ein Haifisch, und er begann bereits, sich etwas einzubilden auf seine frühe Kunstfertigkeit...

4

Mit sechs Jahren kam er, wie jeder andere Berliner Junge, in die Volksschule, um bis zu seinem vierzehnten Jahre, dem der Einsegnung, in ihr zu bleiben. In diesen Jahren lernte er schreiben, rechnen und lesen und einige allgemeine, elementare Kenntnisse, das heißt, Franz Felder lernte auch hiervon nur das allernotwendigste. Seine Schrift behielt immer die klobigen Formen der Ungewandtheit, und man sah ihr an, wie mühsam es ihm wurde, die Feder zu führen; sein Rechnen ging gerade so weit, um zur Zusammenzählung seiner kleinen Ausgaben und Einnahmen zu dienen; und sein Lesen – ach, der arme Franz Felder hat in seinem kurzen Leben wenig mehr gelesen, als hier und da den »Lokalanzeiger« und eine Annonce an der Litfaßsäule, denn es ist ihm ewig unverständlich geblieben, wozu Bücher überhaupt anders existierten als um den Überfluß an Zeit zu beseitigen.

Er brachte sich mühsam durch die acht Klassen bis zur ersten hinauf. Zweimal blieb er sitzen, und dreimal half ihm sein »gutes Betragen« durch. Auch die guten Schüler konnten es nicht weiter bringen, denn bis zum vierzehnten Jahre mußten sie alle miteinander in der Schule bleiben. Dann begann für sie alle das Leben – die Arbeit.

Franz war durchaus kein guter, aber auch grade kein

schlechter Schüler. Es gab noch viel Dümmere als ihn. Er begriff das wenige, was er zu begreifen hatte, schwer und manches gar nicht; aber was er einmal in sich aufgenommen hatte, war auch sein geworden.
Im allgemeinen war ihm die Schule höchst gleichgültig; er ging hin, weil es nun einmal sein mußte.

5

Aber nicht allein durch die Schule, sondern auch durch die Notwendigkeit frühen Verdienens wurde seine Zeit in Anspruch genommen, und desto mehr, je älter er wurde.
Zwar folgten auf jenen ersten Sommer frohen Umhertummelns und sorglosen Genießens noch einige andere gleich und ähnlich schöne, aber immer öfter hieß es: „Du mußt dies und das tun und holen“ – und ein jeder solcher Befehle vernichtete einen Wunsch. Es kam auf jeden Groschen an, der verdient werden mußte, und zudem verlangten die jüngeren Brüder Beaufsichtigung und Fürsorge von den älteren, wie er sie selbst von den Voraufgegangenen genossen.
Dennoch gab es immer noch viele Stunden ungetrübter Seligkeit für den Knaben, wenn er hinaus konnte ins Freie zum Baden.
Es waren die Stunden, für die er lebte, an die er stets und ständig am Tage dachte und von denen er des Nachts träumte – seine größte Freude und sein durch kein anderes übertroffenes Vergnügen.
Im Sommer mußte einmal am Tage wenigstens gebadet werden; das war selbstverständlich, und der Tag verloren, an dem es nicht sein konnte. Aber nicht etwa baden, was die anderen so nannten: aus den Kleidern ins Wasser und wieder hinein – sondern hinein und hinaus und in die Sonne, und wieder und wieder ins Wasser, und am liebsten so den ganzen Nachmittag. Und schwimmen und springen und tauchen und im Wasser wühlen wie ein Seehund – das nannte *er* baden. Als er noch ein kleiner Kerl war, gab es überall an der Spree Gelegenheit, splitternackt ins Wasser zu springen, wenn man nur aufpaßte, daß kein

Schutzmann in der Nähe war. Aber als er älter wurde, ging es doch nicht mehr so gut außerhalb der Badeanstalt und ohne Badehose.

Vor dem Schlesischen Tor war ein großes Stück Spree am Ufer durch einen hohen Zaun abgetrennt. Auf seiner Innenseite zog sich ein Gang an allen Seiten hin, und es liefen Bänke an ihm entlang, über denen Nägel zum Aufhängen der Kleider eingeschlagen waren. Außerdem gab es noch ein wackeliges Sprungbett auf einer Art Turm, von dem man »bei Strafe« hinunterspringen mußte, wenn man ihn betreten hatte, und im Wasser lag ein Kreuz aus Balken zur Belustigung der Badenden.

Das war die große Schwimm- und Badeanstalt »Osten«, die größte Berlins. Die Balken und Bretter waren schwarz und morsch vor Alter und die Nägel verrostet, und nie wurde ein neuer eingeschlagen, denn das hätte ja Kosten und Mühe verursacht. Alles war verwahrlost, aber Raum gab es hier in Fülle, und an allen heißen Sommertagen waren die Gänge vom Morgen bis zum Abend dicht besetzt mit vielen Hunderten von nackten, schwitzenden Körpern, und der Lärm in und außer dem Wasser nahm kein Ende, ob am Nachmittag die barfüßige Jugend des Ostens oder am Abend die schwarze Arbeiterschaft nach ihrem Tagewerk anrückte. Das Bad kostete einen Groschen, und den ganzen Sommer konnte man hier für einen Taler baden. Was aber Franz Felder vor allem reizte, das war, daß man hier nie oder doch nur ganz selten hinausgeschmissen wurde, auch wenn man die formell vorgeschriebene Badezeit von einer Stunde längst überschritten hatte. Bei der ungeheuren Menge von Badenden war es den Bademeistern ganz unmöglich, irgendeine Kontrolle auszuüben, und es war ihnen auch ganz gleichgültig, mochten sich die Körper in und außer dem Wasser stoßen und drängen und die Kleider über- und die Stiefel durcheinander geworfen werden – solange man sich nur nicht prügelte oder einer am Ertrinken war und herausgeholt werden mußte, rührte sich keiner vom Flecke.

Franz beschloß, hierher die Stätte seiner sommerlichen Tätigkeit zu verlegen und daher mußte er den Taler haben. Das war sehr viel Geld auf einmal, aber unmöglich schien es ihm nicht, ihn für sich zusammenzubringen, ohne daß die Mutter es merkte; denn die hätte natürlich gesagt, einmal in der Woche zu baden sei genug – (soviel verstand die davon!) – und hätte ihm das Geld abgenommen. Im März fing er an zu sparen: Sechser für Sechser und Groschen für Groschen, und er hatte ein wundervolles Versteck auf dem Dachboden des Hauses in einem alten Strumpf und in einer Ecke, wo nie jemand hinkam, da kein anderer im ganzen Hause so geschmeidig war, sich bis dahin durch Bretter, Balken und Gerümpel durchzuwinden. Aber im Mai wurde der Vater krank, und eines Abends kroch Franz voll Edelmut, aber nicht ohne Bitterkeit hin zu seinem Schatz und trug ihn in die Apotheke.

Jetzt mußte er von neuem anfangen, und er tat es: er trug des Morgens Frühstück aus, bevor er zur Schule ging, und lauerte am Nachmittag auf die Reisenden am Schlesischen Bahnhof, denen er hier und da ein Stück Gepäck trug, und als im Juni nach einem kalten Frühling der herrliche, geliebte Sommer und seine Sonne kam, lag er im Wasser und schwamm, daß es eine Art hatte. Diese Sommernachmittage waren noch sein – in diesen und in den nächsten Jahren – solange er auf der Schule war. Er ließ sie sich nicht verkürzen. Nach dem Essen rückte er aus und kam am Abend wieder, mochten sie daheim sagen, was sie wollten. Zwischen diesen vier schwarzen, häßlichen Bretterwänden, die alles, nur nicht den Himmel versperrten, verbrachte er die langen Stunden ungezählter Nachmittage. Hier war die Welt, in der er lebte. Hier lernte er seine ersten, kunstgerechten Sprünge, und hier bildete er seinen kleinen Körper in unausgesetzter Übung zu der Kraft aus, die ihn später zu den Leistungen seiner Siege befähigen sollte.

Solange er noch nicht eingesegnet war, brachte er es fertig, sich für jeden Sommer seinen Taler zusammenzusparen, und diese Sommer vergingen ihm fast wie ein einziger, langer, warmer Sonnentag, den er – durchschwamm. –

Aber auch die Winter dieser Jahre seiner frühen Kindheit waren nicht ohne alle Freuden. Die Stadt Berlin hatte nach langem Zögern im Osten ein großes, rotes Gebäude errichtet: eine Volksbadeanstalt mit musterhafter Einrichtung, die neben den mancherlei Arten von Wannen- und Brausebädern als Mittelpunkt auch eine große Schwimmhalle umfaßte, die Sommer wie Winter geöffnet war und das Schwimmen zu jeder Jahreszeit ermöglichte.
Es war die zweite städtische Anstalt dieser Art. Bisher hatten sich in Berlin nur zwei oder drei andere Privat-Anstalten mit Schwimmbassins mühsam zu halten vermocht, da die wenigsten Menschen überhaupt von der Möglichkeit, »im Winter zu schwimmen«, eine Vorstellung hatten und die Existenz solcher Schwimmhallen ihnen daher einfach unbekannt und unverständlich war.
Für Franz Felder waren diese privaten Anstalten deshalb nicht in Betracht gekommen, einmal weil sie viel zu entfernt lagen, und dann, weil das Baden in ihnen viel zu teuer war. So war die neue Anstalt der Stadt wie für ihn gebaut, und wenn er auch im Sommer an dem schmucken Gebäude mit Verachtung vorbei und in den großen Kasten an der Spree lief, so wandte sich ihm doch seine ganze Aufmerksamkeit zu, als der »Osten« sich hinter ihm als dem letzten Badenden bis zum nächsten Sommer schloß und der alte Bademeister, als er ihn endlich endgültig hinausschmiß, halb brummend, halb lachend gemeint hatte: »Na, weeßte, du hast ooch mehr an uns als wir an dir verdient!« ...
Franz brachte es fertig, Eintritt auch in das neue Ziel seiner Wünsche zu erlangen. Es war allerdings nicht an ein Abonnement für den ganzen Winter zu denken – eine unerschwingliche Summe, die er weder zusammengebracht hätte, noch gewagt haben würde, selbst für diesen Zweck zu verwenden, auch wenn er im Winter die Zeit gehabt hätte zu täglichem Baden; schon die einzelnen Bäder waren für ihn teuer. Aber sie waren doch zuweilen erschwingbar, und außerdem wurden von der Gemeindeschule aus die jüngeren Schüler ein- oder zweimal wöchentlich vom Lehrer hierher geführt, und bei dieser Ge-

legenheit überkam Franz eine Ahnung von dem Zweck und Nutzen der Schule. Diese Freibäder versöhnten ihn mit mancher anderen langweiligen und lästigen Stunde. Das einzige, was ihm diese Freibäder im Winter zu verkümmern vermochte, war die Kürze der vorgeschriebenen Zeit, in der die Kinder im Wasser verweilen durften, und ob auch der Lehrer, selbst ein großer Schwimmer und gütiger Freund seiner Kleinen, bei Franz ein Auge zudrückte, wenn dieser selbst durch die Schnelligkeit, mit der er sich in seine Kleider warf, ein paar Augenblicke längeren Verweilens in dem geliebten Naß zu ergattern vermochte, so war es Franz doch immer, als sei er kaum einmal untergetaucht, und er hatte im Grunde seines Herzens für diese Art von Schwimmerei immer nur das eine Wort tiefer Verachtung: »Det is ja jarnischt!« – Und trotzdem hätte er selbst diese in seinen Augen so flüchtigen Augenblicke nicht missen können und wollen, denn immer seltener wurden die Male, in denen er allein diese wunderbare, warme Halle, die ihm der Inbegriff aller Weite und Schönheit war, besuchen und mit dem Aufgebot aller Schliche so lange als irgend möglich in ihr verweilen konnte; und immer seltener und begehrter zu Hause wurden die Groschen, die er sich durch kleine Beschäftigungen, wie das Brotaustragen am frühen, kalten Morgen vor der Schule und den Verkauf von kleinen Straßenwaren in den Weihnachtstagen, durch stetes Aufpassen auf jede andere mögliche Gelegenheit zu verdienen wußte.

Früh wurde sein junges Leben mühsam und ernst. Aber unglücklich war er nicht, denn er konnte ja schwimmen, Sommer wie Winter schwimmen. Unglücklich wäre er nur geworden, wenn man ihm dies sein einziges Vergnügen ganz genommen hätte. Aber daran dachte keiner, denn keiner verstand, wie es ein so großes Vergnügen sein konnte.

So erreichte Franz Felder sein vierzehntes Lebensjahr.

6

Bisher hatte er von seinem Schwimmen nichts gehabt als sein Vergnügen. »Brotlose Künste!« sagte sein Vater eines Tages, als Franz wieder einmal sein Fortbleiben an einem ganzen Nachmittag und einem halben Abend mit nichts anderem zu entschuldigen wußte, und dieser konnte sich nur mit dem Gedanken über diesen Ausspruch trösten, daß sein Vater eben auch nichts vom Schwimmen verstehe. Er bedauerte ihn deshalb tief, denn für ihn gab es nur zwei Arten von Menschen: solche, die schwimmen, und solche, die nicht schwimmen konnten. Die letzteren waren für ihn eine untergeordnete Klasse von Menschen, jedes Mitleids würdig.

Nun aber — er stand in seinem dreizehnten Lebensjahre — brachte ihm seine Fähigkeit den ersten Erfolg in den Augen der Menschen, und einen schönen. —

Es war an einem Sonntagnachmittag, und Franz lag im Grase an der Spree nahe der Kirche in Stralau, die ihren grauen Turm aus alten Linden und Ulmen heraus neugierig in den wolkenlosen Himmel streckte. Franz war ganz allein. Seinen Freunden, die ihn zu einer Wasserpartie nach Sadowa überreden wollten, hatte er einen Korb gegeben — einmal, weil ein paar mitmachten, die ihm nicht paßten, da sie ihm zu rüdig waren; und sodann, weil er nur drei Sechser in der Tasche hatte, über die bereits anderweitig für morgen verfügt war. Zudem war er ganz gern allein, und die Pätschelei machte ihm nur dann Vergnügen, wenn sie mit einem regelrechten Bade verbunden war.

Franz also lag in dichtem Grase, sog an ausgerupften Halmen und ließ in augenblicklicher Ermangelung eines Besseren einen um den anderen seiner nackten Füße ins Wasser hängen. Erst hatte es ihm Spaß gemacht, nach den Sommergärten von Treptow, die alle schwarz von Menschen waren, und auf die Spree, wo sich Unmengen von kleinen Boten, Kähnen und Seglern herumtrieben, hinauszuschauen, und er hatte sich vorgenommen, einmal aufzupassen, wie lange es wohl dauern würde, bis eine dieser meist von den ungeübtesten Händen gelenkten Schalen in den Kurs eines der schwerfälligen Dampfer kam, die einer nach dem andern menschenüberladen und unter ohrbetäubenden Geklingel spreeauf- und abwärts an ihm vorbeifuhren. Denn alle Sonntage kamen hier einer oder mehrere Unfälle vor, und das Gottvertrauen, mit dem der Handlungsgehilfe aus NO und der Friseur aus SW, denen doch sonst vor jeder Berührung mit dem Wasser inner- und äußerlich graute, die Boote mit ihren Schönen beluden und direkt auf die Dampfer losfuhren, hatte etwas Rührendes. Aber, wie es immer ist: wenn wir auf ein Ereignis warten, kommt es nicht, und so wurde auch Franz bald müde, auf die Wasserfläche hinauszublinzeln, und er sah zur Abwechselung hinauf in den Himmel, indem er sich auf den Rücken warf.

Ob es wohl ein Wasser gab, das so tief und so blau war, wie dieser Himmel dort oben? Was mußte das für eine Lust sein, darin zu baden! – Er dachte an einen seiner Lehrer, der einmal von einem Märchen erzählt hatte. In dem kam ein Bergsee vor, der sollte »so tief wie das Meer und so blau wie der Himmel« sein. Aber Franz konnte sich keine rechte Vorstellung von einem Bergsee machen, und außerdem war es ja ein Märchen, das der Lehrer erzählte. Die Spree war immer dunkelbraun und schmutzig, und auch in dem Volksbad konnte man nicht auf den Grund sehen, auch dann nicht, wenn das Bassin gereinigt und mit frischem Wasser gefüllt war. Aber es mußte doch wunderschön sein, einmal in einem so ganz klaren, durchsichtigen Wasser zu baden...

Und da empfand Franz auch schon mit heftigem Unbehagen, daß er heute noch gar nicht im Wasser gewesen war. Wenn er es wagte? Aber das wäre doch wohl eine zu große Frechheit gewesen, am Sonntag, hier vor allen Leuten – wenn ihn da ein Schutzmann erwischte, würde es schöne Senge absetzen, und nicht die allein. Nein, er mußte schon warten, bis es dunkel geworden war, und dann auf dem Heimweg noch schnell einmal irgendwo hineinspringen. Weshalb waren doch nur alle Badeanstalten am Sonntagnachmittag geschlossen – das war doch zu dumm! – Wo

alle anderen Vergnügungslokale geöffnet waren, blieben die, wo es das allergrößte gab, zu! — —
Und wenn er nun doch jetzt sein Bad nähme! – Er getraute es sich, seine Kleider abzuwerfen, so lautlos ins Wasser zu schlüpfen, unter ihm hin eine Strecke zu schwimmen, einmal aufzutauchen, um Atem zu schöpfen, und dann ebenso lautlos wieder zurückzuschwimmen, daß kein Mensch ihn bemerken sollte. Aber eine bodenlose Frechheit wäre es doch gewesen und wenn wirklich ein Schutzmann in der Nähe war – und immer war ein solcher Kerl irgendwo in der Nähe! – und die Kinder ein Geschrei erheben würden...
War da schon einer? – Schrieen die Kinder oder wer schrie so? – Franz sprang in die Höhe. Hatte er es nicht gleich gesagt? – Na ja, gleich der ganze Kahn um und alles ins Wasser! – Und ein Geschrei und Gerufe und ein Laufen – jetzt aber raus aus dem Hemde und ins Wasser! – Er fuhr durch das Wasser wie nie in kurzen, kräftigen Stößen. Er wollte schon auf den Kahn zu, als er – noch ein Stück von ihm entfernt – etwas auf dem Wasser kämpfen und untersinken sah: einen Jungen, ein paar Jahre jünger nur, als er selbst. Er erreichte ihn noch gerade und packte ihn beim Arm. Aber der klammerte sich auch gleich an ihm fest, und Franz hatte Mühe wieder loszukommen. Denn so ging das ja nicht. Er schrie ihm zu, ganz ruhig zu sein, er bringe ihn schon ans Land. Aber der andere war schon wieder mit dem Kopfe unter Wasser und hörte nichts mehr.
Da ließ ihn Franz einen Augenblick ganz los, griff ihn dann fest unter dem Arm und brachte nun den sich nicht mehr Sträubenden, – denn der hatte einstweilen genug Wasser geschluckt – langsam, aber in sicheren und kräftigen Stößen ans Land.
Dort streckten sich schon hundert Hände aus – nicht nach dem Retter, um den kümmerte sich keiner – sondern nach dem andern, und Franz war froh, daß man ihn in Ruhe ließ. Er suchte nach seinen Kleidern. Alles lag noch da, aber seine Jacke fehlte. Er suchte und suchte, ohne sie finden zu können. Erst wollte er Skandal machen.

Doch dann hätten sich alle die Menschen, die sich dort um den Geretteten bemühten oder ihn neugierig umstanden, nach ihm gewandt und ihn ausgefragt. Fragen aber war ihm ein Greuel. Und es nützte ja doch nischt! – der seine Jacke mitgenommen hatte, der Halunke, war jetzt doch schon über alle Berge!

Er machte besser, daß er fort kam, denn er glaubte, einen Lehrer am Ufer erkannt zu haben. Nur keine Quatscherei!

Er sah noch gerade, daß der Junge wieder aufrecht stand, den er herausgeholt; dann rannte er, was er konnte. Und als wirklich der Lehrer sich nach ihm umsah, war Franz längst verschwunden.

Er trottete in Hemdsärmeln nach Hause. Sein Bad hatte er ja nun gehabt. Aber als er mit gesenktem Kopf an den Scharen der sonntäglichen Spaziergänger die lange Straße längs der Spree nach Hause trabte, mußte er einmal doch die aufsteigenden Tränen hinunterschlucken, als er daran dachte, daß er nun ohne Jacke nach Hause kam, und an den Skandal, den es absetzen würde. Denn sagen, wie es wirklich gewesen war, das konnte er doch nicht.

7

Er hatte die ganze Sache längst vergessen, und auch der Lärm um die Jacke zu Hause war verhallt, als ihm eines Tages in der Schule die Eröffnung wurde, daß ihm »für seine mutige Tat« die Rettungsmedaille verliehen werden und daß er sie am Tage der Entlassung aus der Schule in öffentlicher Feierlichkeit erhalten sollte.

Er wußte zuerst nicht, was er dazu sagen sollte, und hoffte die Sache damit zu erledigen, daß er nicht daran glaubte. Das war auch nur wieder so eine Quatscherei – wegen so was! Aber er irrte sich. Die Medaille war ihm wirklich zuerkannt, und zwar auf Betreiben desselben Lehrers an seiner Schule, der zufällig an jenem Sonntag in der Nähe gewesen war und vergebens nach seinem Schüler gesucht hatte, nachdem er durch seine praktischen Anordnungen den Geretteten wieder so weit gebracht, daß er Luft schnappen konnte.

Franz machte diese Feier kein Vergnügen. Es war ihm unangenehm, so vorgerufen und von allen Augen angestaunt zu werden, als habe er Gott weiß was getan, und er hätte sich am liebsten in die Erde, oder noch weit lieber: ins Wasser verkrochen. Aber das ging nun einmal nicht.
Der Rektor hielt eine Rede, von der er wenig verstand, da er nicht zuhörte. Dann mußte Franz vortreten vor die andern Schüler und die Herren in schwarzen Röcken hin, und er fühlte, daß er rot wurde, als ihm die kleine, braune Bronze-Medaille an die Brust gesteckt wurde. Aber trotz aller Unbehaglichkeit durchdrang ihn doch in diesem Augenblicke ein Gefühl großer Gehobenheit, etwa ähnlich dem, das er empfand, wenn er ganz allein draußen in seinem Elemente schwamm und fühlte, wie er es beherrschte. Und dies Gefühl mußte sich in seinen Augen widerspiegeln, mit denen er jetzt aufschaute zu dem sonst so gefürchteten Rektor. Denn als dieser den Ausdruck stummer Begeisterung in den blauen, ehrlichen Augen des Knaben sah, ihm so ungewohnt bei seinen kühlen, früh lebensklugen Berliner Kindern, legte er noch einmal seine Hand auf den kurzgeschorenen Kopf vor ihm, und sich etwas niederbeugend, fügte er seinen Worten noch hinzu:
— Du wirst gewiß einmal ein sehr tüchtiger Schwimmer werden ...
Da aber antwortete Franz mit einer seiner sonstigen Schwerfälligkeit ganz fremden Plötzlichkeit und Schlagfertigkeit — und wieder stand das seltsame Leuchten in seinen Augen —:
— Der bin ich schon!
Der Rektor lächelte.
— Aber ja. Sonst hättest du dir das da nicht verdient. Ich meinte auch nur, daß du dich noch weiter ausbilden kannst; das willst du doch gewiß?
Franz war wieder der alte, und er antwortete mit seiner eben zu der Einsegnung eingelernten Verbeugung, die das einzige war, was ihm von der ganzen Geschichte »dieser heiligen Handlung« geblieben war:
— Jawohl, Herr Rektor!

Die Feierlichkeit war zu Ende und keiner froher darüber, als Franz, der sofort nach der Volksbadeanstalt stürzte und sie gerade noch lange genug offen fand, um im Wasser für eine halbe Stunde zu vergessen, was auf der Erde um ihn vorging.

Acht Tage vorher war er eingesegnet worden, und so waren die beiden größten äußeren Ereignisse seiner bisherigen kindlichen Jugend zusammengefallen.

Die Einsegnung selbst hatte ihn ganz kalt gelassen und er hatte mit dem besten Willen nicht die üblichen Tränen hervorquetschen können, die bei dieser Gelegenheit erwartet wurden. Aber die Verleihung der Medaille hatte ihn doch etwas innerlich erregt, da die andern so viel Wesens davon machten und ihn anstaunten, wo er ging und stand. Den tiefsten Eindruck machte es ihm, daß sein Name in den Zeitungen stand, und als an einem Abend dieser Woche der Onkel Sattlermeister aus der kleinen Markusstraße in dem elterlichen Keller erschien und mit dröhnender Stimme bei verschiedenen Weißen die Notiz im »Lokal-Anzeiger« über seinen Neffen vorlas, da war dieser fast so glücklich, wie einige Tage später, als derselbe Onkel ihn »zur Einsegnung« mit einer silbernen Taschenuhr beschenkte.

Jetzt war er von der Schule endgültig frei, die er im letzten Jahre geradezu gehaßt hatte. Er war nun darauf angewiesen, auf eigenen Füßen zu stehen, Geld zu verdienen, um seinen Eltern ein Kostgeld zu zahlen, mit einem Wort: sich durchs Leben zu schlagen, so gut es ging.

Für einen bestimmten Beruf konnte er sich noch nicht entscheiden.

Die besseren Berufsarten, die der Mechaniker, Ingenieure usw., bei denen ein Lehrgeld in der Höhe von mehreren hundert Mark zu bezahlen war, waren überhaupt ausgeschlossen, da sein Vater nie in der Lage gewesen wäre, auch nur hundert Mark auf einmal für einen seiner Söhne aufzutreiben. Aber auch die Lehrstellen, bei denen ein Lehrgeld nicht gefordert wurde, die nur die drei- oder vierjährige Verpflichtung unentgeltlicher Kraft verlangten oder nach einiger Zeit und sogar von Anfang an ein kleines, von Jahr zu Jahr um etwas höher werdendes Gehalt bewilligten, waren ihm versagt, denn jetzt, wo er vierzehn Jahre alt geworden war, erklärten die Eltern, ihn nur bei sich behalten zu können, wenn er wöchentlich seinen Beitrag für Wohnung und Essen beisteuerte.

Alle seine Brüder hatten das getan, bevor sie sich selbständig gemacht, das heißt geheiratet hatten oder in die Fremde gegangen waren, und Franz wäre der letzte unter ihnen gewesen, der nicht eingesehen hätte, wie berechtigt die Forderung war. Die Familie Felder hatte immer zusammengehalten und gesucht, sich das Leben gegenseitig zu erleichtern; daß es so schwer war, nahmen alle als eine unabänderliche Notwendigkeit, und Franz machte keine Ausnahme, wenn er nicht darüber nachdachte, warum es eigentlich für sie alle so schwer war...

Er ging ohne Zaudern daran, sich Arbeit zu suchen. Er schreckte vor keiner zurück. Im Winter war er Laufbursche und Austräger in verschiedenen Geschäften, hatte dann eine Stelle als Bote in einem großen Zigaretten-Importgeschäft, zu dem er in einer auffallenden Uniform und in einer Mütze mit Aufschrift gehen mußte; und im darauffolgenden Sommer zog er für eine Papeteriewarenhandlung mit einem Karren und einem Hunde, meist allein, zuweilen aber auch mit einem zweiten Jungen, vom Morgen bis zum Abend in der ganzen Umgegend von Berlin herum um Waren abzuliefern. So brachte er es fertig, während dieses ganzen Jahres nie weniger als zehn Mark die Woche zu verdienen, und meistens noch etwas mehr, bis zu dreizehn und selbst vierzehn, die Trinkgelder eingerechnet.

8

Alles, was er an Geld und Zeit erübrigen konnte, gehörte bis auf die letzte Minute und den letzten Pfennig seiner ersten Liebe: dem Wasser! –

Immer brachte er es fertig, auf seinen Geschäftsgängen — und mußte er sich noch so sehr vorher und nachher beeilen — so viel an Zeit zu erübrigen, daß er in das zunächst gelegene Schwimmbad eilen konnte auf ein kurzes, oder, wenn es irgend anging, auf ein langes Bad. Im Sommer fast täglich: da befand er sich meist in den Vororten von Berlin, und statt der wenigen Winter-Schwimmbäder der Stadt fand er überall ein Sommerbad. Und mochte er in Reinickendorf oder Steglitz, am Plötzensee oder in Rixdorf sein – im Sommer wenigstens durfte kein Tag vergehen, an dem er nicht in die Fluten tauchen konnte, die sein Element waren. Er verzichtete auf die Mittagsruhe unter einem Baum auf dem Felde; er überredete seinen Kameraden, mit dem Wagen eine halbe Stunde auf ihn zu warten, und versuchte es auf alle Weise – selbst durch Bestechung mit einem Sechser oder mit einem Glas Bier; er stellte den Wagen bei Bekannten, die er überall machte, für eine Stunde unter, nur um auf sein Vergnügen nicht verzichten zu müssen. Sonst so schwerfällig, wurde er schlau in der Anwendung der Mittel, die ihn zu seinem Ziele führen konnten: seinem täglichen Bade.

Übrigens fand er im Sommer meist Zeit. Bei diesen weiten, tagelangen Fahrten konnte sein Fortbleiben vom Geschäft aus nur selten so genau kontrolliert werden, wie im Winter; wenn er abends, und mochte es auch schon spät sein, mit dem leeren Wagen nach Hause kam und nur alle Bestellungen abgeliefert waren, war der Chef zufrieden, um so mehr, als Franz sehr zuverlässig und ehrlich war, so daß ihm oft große Summen zur Einkassierung anvertraut wurden.

Auch die paar Groschen für das Bad fand er immer. Sie waren seine einzige Ausgabe. Er hatte sonst kein Bedürfnis und verzichtete lieber auf sein Glas Bier, als auf sein Bad. Er konnte hungern und dursten – und oft genug tat er beides –: aber sein Vergnügen ließ er sich nicht nehmen. Auch war es ja ein so billiges Vergnügen. Da er sich immer noch in vielen Fällen auf ein Kinderbillet durchschmuggelte, so kostete ihm sein Hallenbad nicht mehr als zwanzig, sein Sommerbad meist aber nur zehn Pfennig. Das konnte er sich schon leisten. Nur sprach er nicht mehr so viel von seinem Vergnügen. Die Mutter hätte selbst über die kleine Ausgabe geklagt, und seine Freunde verstanden seine Leidenschaft doch nicht so, wie er sie fühlte. So umgab er sie mit der ganzen Heimlichkeit einer wirklich ersten Liebe und stahl sich zu seinem einzigen und größten Vergnügen wie zu einem Stelldichein.

Seine kleine Badehose, die zusammengerollt nicht größer war als seine Faust, trug er mit sich, wo er ging und stand. Und mehr als sie, den Groschen und eine Stunde Zeit, brauchte er ja nicht! ...

Es war eine harte und freudlose Kindheit, die dem Knaben beschieden wat. Aber eine große Freude, die schon jetzt etwas von der alles in ihm beherrschenden, verzehrenden Leidenschaft späterer Jahre an sich hatte, übergoldete ihre graue Nüchternheit, ließ ihn Müdigkeit und Entbehrungen vergessen, und diese Freude war es, in der er seine ganze Jugend auslebte und auskostete in ihrer ersten Kraft und in ihrem ersten unendlichen Genießen.

9

Ihm war das Schwimmen noch keine Kunst. Er ahnte noch nicht einmal, daß es als eine solche betrachtet werden konnte. Wohl wußte er von der sportlichen Ausbildung der Schwimmer, aber diese reizte ihn nicht. Sie war ihm fremd.

Wie als kleiner Kerl von fünf Jahren, so tummelte er sich auch jetzt noch im Wasser, nur daß er mit seiner zunehmenden Kraft gelernt hatte, es jetzt völlig zu beherrschen.

Als nochmals ein Sommer zu Ende ging, da gab es für den jungen Burschen kein Wasser in der ganzen näheren Umgebung von Berlin, wenn es nur eben so groß war, daß man in ihm baden konnte, in dem er nicht geschwommen hätte. Berlin war eine große Stadt mit vielen Straßen und unzähligen Häusern, aber ihre Bedeutung bestand doch nur darin, daß um sie herum die Teiche und Seen lagen und daß sie der dunkle Fluß durchzog...

Er schwamm nur zu seinem Vergnügen und nur zu eigener Lust. Sein einziger Wunsch war, den ganzen Tag im

Wasser zu liegen, und er war glücklich über die langen Sonntagnachmittage, an denen er es konnte.

Mit seinen kurzen, stämmigen Beinen, seinen festen Armen, an denen sich die Muskeln auszubilden begannen, beherrschte er das Wasser mit vollkommener Sicherheit. Es war sein Freund, zu dem er unbedingtes Vertrauen hatte – sein bester, sein einziger Freund. An seiner Brust vergaß er alle Mühseligkeiten seines jungen Lebens, und wenn er bei ihm sein durfte, war er glücklich.

Und das Wasser vergalt ihm seine Liebe. Es war wie ein Aufschrei der Freude seiner Wellen, wenn es ihn umfing, und es trug ihn sicher und freundlich, wie er nur wollte. Sie spielten, sie rangen miteinander, wie Knaben es tun, um ihre Kraft zu messen, aber sie vertrugen sich immer.

Ach, und wie der Knabe es liebte!

Wie andere Kinder den weißen Sand, mit dem sie spielen, durch die Hände gleiten lassen, so nahm er oft, auf dem Rücken liegend, das flüssige, rätselhafte Element, um es zu fassen, in die Hände und es zwischen den Fingern zerrinnen zu sehen in flüchtigen Blasen.

Wie andere Kinder zu ihrer Mutter gehen mit ihren Klagen und Wünschen, so kam er zu ihm, um sich trösten zu lassen.

Sein ganzer, kleiner Körper zitterte vor Aufregung, wenn er das Wasser sah, und er suchte den köstlichen Augenblick zu verlängern, in dem er hinein durfte.

Lag er dann im Wasser, so rollte er sich zunächst förmlich über die Fläche hin, überschlug sich vor Wonne und kugelte sich zusammen, ging unter und kam wieder hervor, streckte die Glieder in unendlichem Wohlbehagen und glitt auf der Oberfläche hin, wie eine Schlange, bis er zu schwimmen begann.

Dann schwamm er, ruhig, langsam und lautlos, fast andächtig; oder in voller Kraft auf ein Ziel los, daß das Wasser rauschte.

Er schwamm, und er wurde nie müde.

Er tauchte, und seine kleine Brust weitete sich mühelos.

Er schwamm und schwamm, wo und wann er konnte. –
Es war ein heißer Sommer, ein langer Sommer, ein arbeitsvoller Sommer.
Aber es war doch ein Sommer voll Freude.
Viel noch sollte Franz Felder in seinem Leben schwimmen.
So sorglos, so unbekümmert vielleicht nie mehr.

—

Zweiter Teil

I

AUCH DIESER SOMMER WAR VORBEI, UND WIEder war es zu kalt geworden, um im Freien zu baden. Die offenen Sommeranstalten schlossen sich. Franz Felder hatte seine Stelle aufgeben müssen, da im Geschäft nicht mehr genug zu tun war, und suchte nun, nach einem gerührten Abschied von Cäsar, dem treuen Gefährten so vieler schöner, heller Sommertage, eine neue Stelle für den Winter. Einstweilen nahm er mit, was er kriegen konnte.

So oft er konnte, ging er nun wieder in das große Volksbad, dessen hohe, warme Halle sich das ganze Jahr über nur an den zweiten Feiertagen schloß und immer weniger besucht wurde, je kälter es draußen wurde.

Es war ja nicht dasselbe, sagte Franz zu sich, wie das Baden im Freien. Aber es war doch wenigstens ein Wasser, in dem man schwimmen konnte.

Als er sich eines Abends so mit seinen Kameraden im Bassin tummelte und sie gerade in einer kleinen Race auf 50 Meter spielend geschlagen hatte, kam ein Herr auf ihn zu, den er schon oft gesehen, und fragte ihn, ob er denn nicht Lust habe, in einen Schwimmverein einzutreten.

Es war nicht das erstemal in letzter Zeit, daß an den Jungen diese Frage gestellt wurde, und schon wollte er sagen, daß er einstweilen noch etwas warten wolle, als er hörte, was der Herr weiter sagte:

– Sie müssen wissen, wir nehmen nicht jeden in unsere Jugendabteilung, sondern nur Kräfte, von denen wir uns etwas für unseren Verein versprechen.

Und plötzlich schoß es Franz durch den Kopf: der Herr gehörte ja zum »Schwimmklub Berlin von 1879« – dem ältesten und angesehensten Schwimmverein Berlins, dem so viele Meisterschaftsschwimmer entstammten, der die großen Feste gab, und in den einzutreten überhaupt eine

Unmöglichkeit schien ... und noch etwas außer Atem und ganz hochrot fragte er fast ungläubig:
— Schwimmklub Berlin von 1879? —
Der Herr lächelte.
— Jawohl. Sie wissen vielleicht, unsere Beiträge sind um etwas höher, als in den anderen Vereinen, aber wir sind nicht rigoros in dieser Beziehung, und der gute Wille zählt hier mit, wenn es einmal nicht so geht. Übrigens haben Sie so viele andere Vorteile bei uns, besonders wenn Sie viel baden, daß sich das schon machen lassen wird ...
Als er sah, daß Franz noch immer nicht antwortete, lächelte er wieder und machte eine Bewegung:
— Ich will Sie übrigens nicht überreden ... Sie können sich die Sache ja überlegen —
Aber da sagte Franz hastig, als könne ihm das unerwartete Glück wieder entgehen:
— Nein, nein, ich will schon gern —
Der Herr zog sein Notizbuch hervor:
— Also, der Name ...
— Franz Felder —
— Adresse?
— Berlin O, Münchebergerstraße 102, und etwas zögernder: — Hof — im Keller —
Der andere schrieb alles auf. Dann reichte er ihm die Hand:
— Unsere Übungsstunden für die Jugendabteilung kennen Sie wohl? — Jeden Dienstag und Freitag abends acht Uhr.
Franz nahm die dargebotene Hand, machte eine tiefe und respektvolle Verbeugung, wie er sie vor seinem Pfarrer und seinem Rektor gemacht hatte, sah, wie der Herr wegging, und fühlte zugleich einen freundschaftlichen Rippenstoß in der Seite:
— Du, wat hat denn der von dir jewollt?
Er sah seine Freunde um sich und sagte nur von oben herab:
— Ich bin aufgefordert worden, dem »Schwimmklub Berlin 1879« beizutreten, und ließ sie stehen.
Nun, da er es ausgesprochen hatte, glaubte er es selbst, und eine unbändige Freude ergriff ihn.

O, er wollte Ehre einlegen! – Und die siebzig Pfennige Monatsbeitrag wollte er schon aufbringen und so pünktlich zahlen, daß man ihm deshalb nie einen Vorwurf machen sollte, wenn er auch einstweilen noch nicht wußte, wie sie aufzutreiben waren.

Im Geiste sah er sich schon in dem blaugesäumten Trikot und der Badehose, die in Blau die gestickten Anfangsbuchstaben und die Zahl 1879 trug, und er machte vom Sprungbrett einen Freudensprung, aber so ungeschickt in seiner Aufregung, daß nur eine gewandte Wendung im letzten Moment ihn davor bewahrte, flach aufzuschlagen.

Daran, daß es ihm nie als ein besonderes Vergnügen erschienen war, einem Verein anzugehören, daß er den Zwang der Stunde, das Schwimmen-Müssen um bestimmte Längen, dabei unter schärfster Aufsicht und steter Kritik, daran, daß ihn das ganze Klubleben, soweit er es kannte, mit einem Wort: das »offizielle Schwimmen« nie angezogen hatte, an all dies dachte er nun nicht mehr. Sein Ehrgeiz war angestachelt. Man hatte ihn bemerkt und so ausgezeichnet, ihn zur Mitgliedschaft an dem ersten und ältesten Schwimmverein Berlins aufzufordern.

Er gehörte von heute ab dem »Schwimmklub Berlin 1879« an, und allen, die es hören wollten, und sehr vielen, die es nicht hören wollten, erzählte er die ihm selbst unglaublich erscheinende Tatsache, tief entrüstet über die Gleichgültigkeit, mit der sie allgemein aufgenommen wurde.

2

Es gab kein jugendliches Mitglied des Vereins, das pünktlicher zu den Übungsabenden gekommen wäre, keines, daß sich williger und begeisterter jeder Anordnung an diesen Abenden gefügt hätte, als Franz Felder. Man merkte es bald, und er erwarb sich manche Bekanntschaft im Klub dadurch auch von solchen, die der Einführung von Mitgliedern, und noch so verheißungsvollen, aus, wie sie es nannten, »anderen Verkehrskreisen«, fremd, ja feindlich gegenüberstanden. Bei fast allen von ihnen erwarb sich der neue Ankömmlung Achtung und Sympathie, einmal wegen des leidenschaftlichen, fast komisch-weihevollen

Ernstes, mit der er die Sache betrieb, und dann wegen der Bescheidenheit und Ehrlichkeit seines Wesens, das sich nie vordrängte. Man setzte bald große Hoffnungen auf ihn und ließ ihn nicht aus den Augen.
Das nächste große Ereignis, das sein Eintritt in den Klub zur Folge hatte, war eine Lehrstelle in einer großen mechanischen Werkstätte, die ihm durch einen seiner neuen Sportfreunde dort verschafft wurde. Er sollte gleich von Anfang an einen Wochenlohn erhalten und erhielt die Zusicherung sorgfältiger und vollständiger Ausbildung. Da unterdessen auch seine Brüder in besseren Stellungen waren und die Einsegnung eines jüngeren bevorstand, trat er die Stelle an. Er blieb bei seinen Eltern wohnen und der größte Teil seines wöchentlichen Verdienstes wanderte nach wie vor in ihre Hände. Was er für sich behielt, brauchte er dazu, um am Sonntag auf den Ausflügen mit seinen Klubgenossen ein Glas Bier zu trinken, und für die ersten paar Mark, die er erübrigte, schaffte er sich ein tadelloses Trikot an, eine Sportmütze und das Klubabzeichen, ein kleines Schild, das auf dem Rockaufschlag getragen wurde.
Er ging nun völlig auf in dem Leben des Vereins. Die Vergnügungen des Klubs waren seine Erholungen, seine Arbeit die seine. Die Sportkameraden waren seine Freunde, mit denen er alles teilte. Die Arbeit des Tages in der Fabrik tat er, weil sie getan werden mußte, und er tat sie gut und fleißig. Seine Familie sah er nur, wenn es unbedingt nötig war, bei den unerläßlichen Geburtstags- und anderen Feiern; mit den paar Freunden seiner Kinderzeit verkehrte er fast gar nicht mehr.
Seine Dankbarkeit gegen seinen Klub wuchs allmählich ins Ungemessene. Er konnte sie einstweilen nur durch völlige Hingabe beweisen. Aber immer wieder schwur er sich selbst zu: seinem Klub Ehre zu machen in jeder Beziehung, Ehre um jeden Preis. Er sollte keinen Unwürdigen in ihm aufgenommen haben.
Er wußte, daß er über eine Kraft verfügte, die ihn vielleicht einmal zu Siegen führen konnte, wenn er sie stählte und übte. Nicht für sich wollte er diese Siege erringen,

daran dachte er nicht. Doch er träumte bereits im stillen davon, um den alten Namen des Vereins neue Lorbeeren zu schlingen, die er selbst in heißem Kampfe erfechten würde.

Er schwamm nicht mehr nur ausschließlich zu seinem Vergnügen, er schwamm um ein Ziel, und begeisterter schwenkte keiner die Sportmütze, lauter schrie keiner mit, wenn das »Gut Naß! – Hurra! Hurra! Hurra!« erscholl, als Franz.

3

Seine Fortschritte waren rapide und setzten selbst seine neuen Lehrer in Erstaunen. Bei all seinen Fähigkeiten und all seiner unvergleichlichen Liebe zur Sache war es doch ein rohes Material, das hier in Ausbildung genommen wurde.

Dieses jüngste Mitglied der Jugend-Abteilung – zu der die jungen Leute meist aus der Knabenabteilung mit ihrem vierzehnten Jahre kamen und in der sie etwa bis zu ihrem siebzehnten blieben – war bei seinem Eintritt ein guter Schwimmer gewesen, aber sonst auch nichts. Stil und Form bekam sein Schwimmen erst jetzt unter der steten und strengen Bewachung an den Übungsabenden. Aber wie bald wurde die Form schön und sein Stil sicher! – Nach ein paar Wochen schon war Felder der anerkannt beste Schwimmer seiner Abteilung.

Auf dem internen Wettschwimmen des Klubs, das alljährlich im Winter in der Schwimmhalle des Volksbades stattfand und auf dem mit Ausnahme eines Gastschwimmens befreundeter Klubs nur Klubmitglieder schwammen, holte sich Franz seinen ersten Preis: den im Junioren-Schwimmen über 50 Meter. Es war ein kleiner, einfacher Lorbeerkranz mit bedruckter Schleife, den er nach Hause trug.

Es war nicht das erstemal, daß er ein Schwimmfest sah, denn er war in letzter Zeit oft zu solchen mitgenommen und hatte mit tiefer, innerer Erregung den Wettkämpfen zugesehen, an denen er sich noch nicht beteiligen durfte. Nun schwamm er zum ersten Male mit. Er wußte, daß er

siegen würde, denn er kannte ja alle seine Gegner und hatte jeden einzelnen bei den Übungen wieder und wieder geschlagen. Dennoch war er aufgeregt und freute sich, als es vorbei war.
Befangen, wie damals, als ihm der Rektor das Rettungszeichen an die Brust heftete, nahm er seinen ersten, kleinen Siegerpreis in Empfang.
Aber im Grunde war er doch mächtig stolz, als er den Kranz zu Hause in dem gemeinschaftlichen Schlafzimmer über dem schmalen Bett aufhing, in dem er mit einem jüngeren Bruder den festen, traumlosen Schlaf der gesunden Jugend schlief, und bei Strafe unermeßlicher Schläge verbot er der ganzen Gesellschaft, auch nur ein Blatt zu berühren.
Der Kranz wurde erst angestaunt, blieb hängen und wurde dann über höheren und reicheren Ehrungen vergessen, verdorrte und verstaubte, und war doch der erste Lorbeer der diese junge Stirn berührt hatte.

4

Wieder folgte für Franz Felder auf seinen ersten kleinen Sieg ein Jahr ernsten Strebens. Es galt jetzt nicht mehr, sich mit seinen Klubgenossen zu messen, sondern seine Kräfte an weitere, außenliegende Ziele zu wagen.
Er war sehr in die Höhe geschossen, und die Schlankheit seines Körpers verriet nicht, wie groß die Kraft war, die in ihm lag. Aus dem stämmigen, dicken Jungen mit den behaglichen, etwas schwerfälligen Gliedern wurde schnell ein sehniger, junger Mann. Nur das Gesicht blieb noch ganz dasselbe: die blauen, treuherzigen Augen, die vollen, roten Lippen und Wangen und die eigenwillige Stirn, über die das schwarze Haar jetzt immer in einem Büschel niederfiel, so daß es alle Augenblicke zurückgestrichen werden mußte, waren dieselben – das unschuldige, vertrauensvolle Gesicht eines Kindes, das noch vom Leben nichts erlebt hatte. Und derselbe blieb auch der Blick dieser Augen. Es war der gedankenlose, etwas träumerische Blick eines Menschen, in dessen Gehirn mit hartnäckiger Zähigkeit immer und immer wieder nur eine Idee wiederkehrt

– eine Idee, die in der Zukunft lebt, einer Zukunft voll großer Erfüllung verschwiegener, noch unausgesprochener, nicht einmal erkannter Wünsche. –

Felders Zeit war jetzt völlig eingeteilt. Kam er von der Arbeit des Tages, so war am Abend immer etwas los: entweder es fanden Übungsstunden statt, oder Sitzungen, oder es galt Vorbereitungen für irgendein Fest zu treffen – immer nahm ihn sein Klub in Beschlag. Auch die Sonntage gehörten nach wie vor ausschließlich dem Verkehr mit den Sportgenossen – der Besuch fremder Schwimmfeste, anderer sportlicher Veranstaltungen, geselliger Vereinigungen zu Musik und Tanz, im Sommer Ausflüge in die Umgegend, Kahnpartien und vor allem die langen Bäder (überall da, wo Wasser war) füllten sie aus und waren seine Freude und seine Erholung. Franz Felder blieb still, wie er es schon als Kind gewesen war, und beteiligte sich höchstens an den Gesprächen über schwimmsportliche Fragen. Sie waren auch die einzigen, die ihn interessierten. Für keinen anderen Sport hatte er das geringste Interesse; in keinem anderen dachte er auch nur daran, sich zu versuchen. Er kannte nur einen einzigen, neben dem alle anderen verblaßten und gleichgültig erschienen.

Es dauerte ziemlich lange, bis er sich heimisch in dem neuen Kreise fühlte. Wenn er auch nie Gefallen an den rüden und lauten Belustigungen seiner früheren Schulkameraden und Altersgenossen gehabt hatte, so waren ihm doch die Verkehrsart und der Ton seiner neuen Bekannten zu fremd, als daß er sich hätte so leicht in sie finden können. Aber diese neuen Freunde hatten ihn wirklich gern und taten ihr Bestes, indem sie ihn überallhin mitnahmen und jetzt ganz als den Ihrigen betrachteten. Langsam trat so eine Wandlung nach der anderen in ihm ein. Auch in seinem Äußeren. Er war nicht mehr der arme Junge in geflickten Kleidern und dem offenen Hemde, sondern ein sauber, oft mit ziemlich geschmackloser Eleganz gekleideter junger Mann, dessen regelmäßige, wenn auch einstweilen nur geringe Einnahmen ihm erlaubten, etwas auf sich zu halten.

Vermochte er auch nie eine gewisse Schwerfälligkeit und

Langsamkeit zu überwinden, so beeinflußte ihn doch in allem der gute Ton seines Klubs zum Guten. Er lernte sich in Lebensformen fügen, die ihm bisher unbekannt geblieben waren und die ihn zwanglos das eine tun und das andere lassen ließen – Dinge, an die er bisher überhaupt nicht gedacht hatte. Jene unausbleiblichen Streitigkeiten des Sportlebens mit Ernst und Freundlichkeit zu schlichten, auch laute Fröhlichkeit nie in Rohheit und Zank ausarten zu lassen, und vor allem das Prinzip der Schwimmkunst als eines edlen, den Menschen durch und durch erfrischenden und veredelnden Sports, hoch zu halten – das war von jeher die Aufgabe dieses Vereins mit dem einfachen Namen und der stolzen Vergangenheit gewesen, der mehr als irgendein anderer dazu beigetragen hatte, das Interesse für eine Sache zu wecken, die überhaupt bis vor kurzem noch als keine Kunst, sondern fast allgemein nur als Mittel zu der zeitweiligen, notwendigen Reinigung des Körpers betrachtet wurde.

War – vielleicht nicht zum wenigsten infolge der strengen Befolgung dieses Prinzips, das mehr im allgemeinen für die Sache des Schwimmens zu wirken versuchte, als auf Züchtung großer Erfolge und mit ihnen verbundener Namen ausging – der »Schwimmklub Berlin 1879« in den letzten Jahren etwas in den Hintergrund getreten und an Mitgliederzahl und äußerer Bedeutung von dem einen oder anderen neueren Verein übertroffen, so war er doch durchaus nicht gewillt, auf seinen alten Ruf, erstklassige Schwimmer und Springer hinauszusenden, zu verzichten und stets bereit, neue Lorbeeren zu den alten zu fügen. Die nächsten Jahre sollten auch nach außen hin wieder zeigen, daß der Klub in keiner Weise zurückgeblieben war – dahin gingen die Wünsche der Mitglieder einstimmig. Sie sollten beweisen, daß man nicht schlief, wenn man auch nicht immer mitschrie.

Man setzte, wie gesagt, große, noch unausgesprochene Hoffnungen auf Franz Felder. Wenn irgendeiner, so war er es, der den Klub zu außergewöhnlichen Erfolgen zu führen versprach. Derselbe Herr, der zuerst stillschweigend auf den kräftigen Jungen aufmerksam gemacht hatte, der sich mit so erstaunlicher Sicherheit und so unbändiger Wonne im Wasser herumwälzte, war und blieb sein treuer Berater. Er wachte mit fast ängstlicher Sorgfalt über seinem Zögling. Bernhard Nagel, von Beruf Chemiker, war seit zwei Jahren wieder Schwimmwart des »S.-C. B. 1879«. Selbst in früheren Jahren ein berühmter Schwimmer, lange Zeit der unangefochtene Inhaber so mancher Meisterschaft, ein ausgezeichneter Turner auch heute noch und von jeher ein allbeliebtes Klubmitglied, hatte sich – gerade zur rechten Zeit, auf seiner Höhe – von jeder aktiven Tätigkeit zurückgezogen und sein Name erschien schon lange nicht mehr öffentlich in den Programmen der Schwimmfeste.

Damit aber war sein Interesse an seinem Klub um nichts vermindert. Seine Kraft gehörte jetzt mehr als je den Fortschritten der Sache, und seine Tätigkeit erstreckte sich vor allem auf die Ausbildung der Jugendabteilung. Wie sein scharfes Auge gleich in dem unbekümmerten, wasserfrohen Knaben den geborenen Schwimmer erkannt hatte, so nahm er sich nun seiner von der ersten Stunde hilfreich an. Er war ein strenger Lehrmeister, der scharf aufpaßte und so leicht nichts durchgehen ließ. Bei Felder hatte er indessen eigentlich mehr zu zügeln, als anzuspornen, denn dessen hauptsächlichster Fehler bestand darin, daß er immer gleich zu heftig ins Zeug ging, um dann am Schluß eines Rennens den Anstrengungen, denen sein Körper noch nicht gewachsen war, und somit erfahreneren und geübteren Schwimmern gegenüber zu unterliegen. Aber das gab sich von Woche zu Woche, und Franz lernte allmählich mit seiner Kraft haushalten. Er vergalt das Interesse seines Schwimmwarts mit unbegrenzter Dankbarkeit. Nicht nur, daß er diesem Manne den Eintritt in den Klub und damit in ein für ihn ganz neues Leben, sowie die Stellung verdankte, die ihn der Not um sein tägliches Brot enthob – er fühlte ganz gut, daß jener Hoffnungen auf ihn setzte; und immer wieder schwur er sich im stillen zu, ihm seine Dankbarkeit eines Tages auch durch Taten zu zeigen. Daher hörte er auf jedes Wort des Tadels und der Ermutigung, wie auf ein Gebot, und das eine konnte ihn ebenso beseligen, wie ihn das andere niederzudrücken vermochte.

Bei der Unzugänglichkeit seines Wesens und seiner Schweigsamkeit, die selten das erste Wort fand, um sich auszudrücken, schloß er sich nur schwer und langsam an seine anderen Kameraden an und ließ sie lieber zu sich kommen, als daß er sich ihnen von selbst genähert hätte. So kam es, daß er zwar mit den meisten in gutem und freundlichem Einvernehmen stand, aber doch keine näheren Freundschaften schloß. Unter den Jugendmitgliedern, seinen Altersgenossen, hatte er manchen Gegner – schon jetzt, wo es noch keine besonderen Erfolge zu beneiden gab. Davon merkte Franz nun zwar noch nichts. Seine glückliche Unbekümmertheit, seine reine Freude an der Sache überhörte oder verstand die unausbleiblichen Bemerkungen nicht, die schon gemacht wurden, als er noch gar nicht öffentlich geschwommen hatte. Er konnte sich nicht denken, daß sie ihm galten. Was war überhaupt die Person! – Wenn nur der Klub siegte! –

Dagegen fielen ihm zwei Freundschaften zu, um die er sich in keiner Weise bemühte. Als er in den Klub trat, fand er unter den vielen fremden Gesichtern ein bekanntes – das eines Altersgenossen, der eine Zeitlang in demselben Hause wie Franz gewohnt und mit ihm in dieser Zeit auch oft gesprochen hatte. Koepke war seitdem Kaufmann geworden, fast schon mit seiner Lehrzeit in einem großen Manufakturwarenmagazin zu Ende und sah bereits seiner Anstellung als wohlbestallter Kommis mit Selbstgefühl entgegen. Wie er in den Schwimmklub Berlin 1897 gekommen war, das war vielen der Jüngeren ein Rätsel, denn er schwamm wie ein Klotz und befand sich allem Anschein nach auf dem Lande weit wohler als im Wasser. Aber die älteren Mitglieder des Klubs wußten, daß sie ihn eines Verwandten wegen aufnehmen mußten, der vor Jahren dem Verein große Dienste geleistet und seinen Eintritt dringend gewünscht hatte. Man hatte ihn sogar nicht einmal ungern aufgenommen. Es gab in jedem Schwimmverein Mitglieder, die – wenn sie es auch ausübend zu nichts brachten – sich doch ganz gut gebrauchen ließen, um in der »Verwaltung« tätig zu sein, wo es immer genug zu rechnen und zu schreiben gab, und die sich sehr wohl fühlten, wenn sie von ihrem Schreibzeug aus die Interessen des Klubs mit Leidenschaft wahrnehmen durften und nicht ins Wasser brauchten. Koepke war dazu die rechte Person. Voll Diensteifer stürzte er sich auf jede ihm zugeschanzte Arbeit. Seine Leidenschaft für das Wasser aus der Ferne war zudem über jeden Zweifel erhaben, und atemloser verfolgte kein Zuschauer die Wettkämpfer, feierlicher notierte keiner die Zahlen in das Programm, als er.

Als er Franz zum ersten Male im Klub sah, kam er ihm gleich entgegen und begrüßte ihn als alten Bekannten aus der Jugendzeit. Er war ein gutmütiger und in keiner Weise überheblicher Mensch. Daß sein Spielkamerad in seinen einfachen Arbeitskleidern vor ihm, dem geschniegelten Kommis, stand, merkte er ebensowenig, wie er es ihn früher irgendwie hatte fühlen lassen, daß seine Eltern im ersten Stock des Vorderhauses und die Franz Felders im Hof wohnten. Der letztere – immer in dieser Beziehung zum Mißtrauen geneigt – merkte es gleich wieder. Man schüttelte sich die Hand. Als Franz aber seinen ersten kleinen Sieg erfochten, besaß er einen ergebenen und ihn schon sehr bewundernden Freund an dem »zweiten Schriftführer« des Vereins.

Bei einem anderen Klubgenossen bedurfte es für ihn nicht erst dieses Sieges, um in ihm einen ausgesprochenen Gönner zu haben.

Der dicke Brüning war der letzte Inhaber der Hauptschwimmeisterschaften im Klub gewesen und sein fabelhafter Stoß hatte die Gewässer der halben Welt durchfurcht. Nach seinem Rücktritt war in dem Siegeslauf des Klubs die große Pause eingetreten, die heute noch währte. Übrigens waren in diesen Jahren auch sonst keine Siege im Schwimmsport zu verzeichnen, denen die Brünings aus früherer Zeit nicht mindestens ebenbürtig gewesen wären. Darüber freute er sich noch heute.

Einer reichen Charlottenburger Familie entstammend und im Besitz eigenen Vermögens konnte er es sich leisten, seine Jugend dem Vergnügen eines Sports zu widmen, und nachdem er erst in Deutschland überall gesiegt, war er auch außerhalb jahrelang zu allen großen Festen auf seine eigenen Kosten gereist, um überall sich und den Farben seines Klubs Ehre auf Ehre zu erobern und dem Namen des »S.-C. B. 1879« eine internationale Berühmtheit zu verschaffen. Das konnte und wollte ihm sein Klub nie vergessen, und allein sein Name bedeutete heute in ihm noch eine Tat – einen Sieg, so frisch, als wäre er erst gestern erfochten.

Jetzt war der Meister dick geworden und schwamm nur noch »zu seinem eigenen Vergnügen«, wie er sagte. Wenn er ins Wasser ging, sah ihm noch jeder nach. Aber nur bei der älteren Generation lebte noch die Erinnerung an jenen furchtbaren Schwimmer, der mit der phänomenalen Kraft und Wucht seiner Leistungen einfach alles andere totgeschlagen hatte. Brüning selbst hatte ohne großes Bedauern seinen Erfolgen Lebewohl gesagt, sich dem Sportleben im allgemeinen zugewandt und ließ jetzt rennen. Übrigens verstand er nichts von Pferden.

Zuweilen noch, aber doch nur selten, erschien er an einem Übungsabend oder auf einer Veranstaltung seines alten Klubs. Wenn er kam, erhob sich ein allgemeines Hurra, denn er war allgemein beliebt, weil er ein nobler Kerl war: immer lustig und aufgelegt, immer bereit zu helfen mit Geld und Rat und riesig freigebig, wenn es galt, die Zeche zu bezahlen. Bei den Jüngeren hieß er nur der »Sektonkel«, aber die Älteren hielten große Stücke auf sein erprobtes und unbeeinflußbares Urteil.

Als er eines Abends in der Schwimmhalle neben dem Schwimmwart Nagel stand, machte ihn dieser auf das neue Mitglied aufmerksam, das gerade stillvergnügt für sich hundert Meter schwamm. Brüning kniff die Augen etwas zusammen, wie es ihm eigen war, wenn er das tat, was er nachdenken nannte, sagte aber noch nichts. Als Franz aus dem Wasser kam, musterte er ihn, wie er seine Pferde prüfte. Das Resultat war sehr zufriedenstellend. Er gratulierte Nagel zu seiner Akquisition, schüttelte Franz kameradschaftlich die Hand, und dieser hatte sich von dem Tage an seiner ausgesprochenen Protektion zu erfreuen.

Mit der Zeit erklärte ihn Brüning unter vier Augen als den einzigen im ganzen Klub, der vielleicht eines Tages sein ebenbürtiger Nachfolger werden könne, »wenn er hielt, was er versprach«.
Das Interesse Nagels vergalt Franz mit unauslöschlicher Dankbarkeit; die Freundschaft Koepkes ließ er sich gefallen; an das Wohlwollen Brünings aber glaubte er lange Zeit nicht. Als er dann sah, wie stetig und warm es war, freute er sich sehr; und er blieb immer einer der wenigen, die die Freigebigkeit des Sektonkels nie mißbrauchten.

5

Die Kunst des Schwimmens ist eine junge Kunst. Man kann von ihr als solcher erst im vorigen Jahrhundert sprechen, und recht eigentlich erst in seiner letzten Hälfte.
Das Schwimmen als körperliche Übung ist von jeher geübt, wenn es auch nie wiedet zu der allgemeinen Notwendigkeit wurde, die es in jenen Tagen des Altertums war, von deren Schönheitsfreude noch heute die gigantischen Thermentrümmer der Alten in beredsamem Schweigen zeugen. In Deutschland kam sie erst wieder in Aufnahme, als an der Spree durch die Initiative eines preußischen Generals die große Anstalt entstand, die noch heute seinen Namen trägt. Bedeutet der Name von Pfuel so ein Wiedererwachen langverlernter Übung, so kann von einer Kunst des Schwimmens doch noch kaum geredet werden, als sich in den sechziger Jahren die ersten Hallenschwimmbäder in Deutschland öffnen, sondern mit Recht erst dann, als sich die ersten Schwimmer zusammentun, um ihre Kräfte unter- und gegeneinander zu messen.
Erst spärlich und fast unbeachtet – einer der ersten unter ihnen der »S.-C. B. 1879« – wachsen und vermehren die Schwimmvereine sich nur langsam, kämpfen wohl schon zu Beginn der achtziger Jahre ihre Meisterschaften aus, gelangen aber erst um die Hälfte dieses Jahrzehnts zu allgemeinen Wettschwimmbestimmungen, auf die hin sie sich einigen. Aber von da an geht es schneller. Mit den Winterschwimmbädern in vielen Städten entstehen über-

all auch Schwimmvereine, die sich erst unter sich und dann in dem großen Verbande zusammenschließen, dessen Ziel es ist, alle Vereine und Unterverbände zu einer gemeinsamen Bestrebung für die neue Sache zu vereinigen.
Ein Jahrzehnt später, und auch die Kunst des Wasserspringens hat ihre Wertungsform gefunden.
Man hat gesiegt. Das jüngste Stiefkind des Sports hat sich Beachtung und Achtung errungen. Weit mehr gebunden, als irgendein anderer Sport an bestimmte Bedingungen, hat er sich kühnlich neben jeden anderen gestellt; und eines hat er vor jedem voraus: er feiert, seine Feste Sommer und Winter. Im Sommer unter blauem Himmel, in jedem Wasser, dessen Ausdehnung es erlaubt; im Winter unter den hohen Wölbungen von Eisen und Glas.
Natürlich bleibt der Sommer die Hauptsaison und die größten und wichtigsten Feste fallen in seine Zeit. Doch kam es auch vor, daß die wichtigsten internen Veranstaltungen einzelner oder vereinigter Klubs in den Winter fielen, da der Sommer zu viel von auswärtigen Interessen in Anspruch genommen wird.
Jetzt gibt es nicht mehr nur vereinzelte Vereine in einzelnen Städten. Wie die Pilze wachsen die Klubs aus der Erde – ihre Namen mit Vorliebe den alten Wassergöttern und allem möglichen Wassergetier entlehnend –, vereinigen und – bekämpfen sich untereinander, erbittert und leidenschaftlich; jetzt drängen sich die kleinen und großen Feste Sonntag auf Sonntag, und kaum einer im Jahre ist frei von einem solchen Feste in einer Stadt wie Berlin.
Es ist die Zeit des reichsten Wachstums und damit der stürmischsten Gärung, der der alte »S.-C. B. 1879« fast allein ruhig zusehen kann, da beides bereits hinter ihm liegt; und es ist die Zeit, als Franz Felder in ihm in unablässigem Training um seine ersten Siege ringt. –
Der Verlauf der Schwimmfeste ist im allgemeinen ein ziemlich gleicher, und sie unterscheiden sich wesentlich nur durch ihre Ausdehnung. Von den kleinen, internen Veranstaltungen der Klubs unter sich an den Sonntagnachmittagsstunden angefangen erstrecken sie sich bei den großen nationalen und internationalen Meetings oft über zwei

Tage. Auf dreierlei Art wird auf allen gekämpft: im Schwimmen, im Springen und im Tauchen.

Geschwommen wird um kürzere oder längere Strecken, und zwar ist entweder der Stil freigestellt oder als Brust-, Seiten- und Rückenschwimmen vorgeschrieben. Geschwommen werden kann in stromfreiem Wasser, Seen und künstlichen Bassins, oder auch in Flüssen mit zu überwindendem Strömungswiderstand.

Die Zahl der Sprünge ist naturgemäß eine begrenzte. Die Sprungtabelle des Deutschen Schwimmverbandes von 1892 weist deren fünfunddreißig auf, die nach den Punkten 0–5 und dem Schwierigkeitsgrade 1–6 gewertet werden. Von dem einfachen Abfallen und dem Abrenner, den einfachen und schwierigeren Kopfsprüngen steigen sie langsam auf zu den Hecht- und Schlußsprüngen in ihren verschiedenen Drehungen des Körpers. Aber es herrscht eine große Mannigfaltigkeit unter ihnen. Die Höhe des Sprungbrettes wechselt von einem zu drei und sechs Metern. Viele Sprünge können ebensowohl aus dem Stand, wie mit Anlauf gemacht werden; und bei vielen tritt hinzu, daß sie sowohl vor-, als auch seit- oder auch rückwärts ausgeführt werden können. Daher ist das Amt eines Preisrichters für das Springen kein leichtes und erfordert langgeübte und intime Kenntnis der einzelnen Sprünge und ihrer Werte. Auf den Festen gibt es ebensowohl Konkurrenzen für Pflicht-, wie für Kürsprünge.

Das Tauchen ist einfach. Man taucht entweder in die Tiefe nach Tellern (Sieger ist, wer in der kürzesten Zeit die größte Anzahl hervorholt), oder in die Länge: das Hechttauchen – man schwimmt unter dem Wasser, und die dort in gerader Richtung erreichte Meterzahl gibt den Ausschlag.

Auf jedem Feste findet auch ein Mehrkampf statt, der meist sehr interessant verläuft: gekämpft wird in allen drei Arten, und Sieger bleibt, wer durchschnittlich in allen die höchste Punktzahl erreicht.

Die Preise werden entweder Eigentum des Siegers oder gehen in den Besitz seines Klubs über. Sie bestehen bei den großen Meisterschaften oft in wertvollen Gegenständen, die die Veranstalter oder auch die Stadt stiften; oder in Medaillen, Ehren-Urkunden und dem einfachen Lorbeer mit den farbigen Schleifen, die in goldenen Lettern von dem heißerrungenen Ruhme erzählen – unvergeßliche Andenken! – Es gibt Preise, die dem Sieger sofort zufallen; aber es gibt auch Wanderpreise, die erst nach mehrmaligem schwererstrittenen Sieg erringbar sind und mehrere Jahre hintereinander ausgefochten werden müssen, ehe sie in den Besitz des Siegers übergehen oder Klubeigentum werden.

Was sonst die Feste noch zeigen, dient mehr zu ihrer äußerlichen Bereicherung und Ausschmückung. Das Schwimmen »älterer Herren«, die die Zeit der höchsten Ausbilbildung ihrer Stärke bereits hinter sich, wie die einleitenden Schwimmen der Knaben und Junioren, die sie noch nicht erreicht haben, diese Trost- und Ermunterungs-Schwimmen können bei weitem nicht das Interesse erwecken, das die jungen Leute vor oder nach ihrem zwanzigsten Jahre in der höchsten Leistungsfähigkeit ihrer Kraft bieten, und deren Namen daher mit Recht in der Mitte aller Programme stehen. Groteske und lustige Wasserpantomimen sollen so manchen geduldigen Zuschauer, der wenig oder nichts von den für Nichtkenner oft eintönigen Kämpfen versteht, entschädigen, und ein lautes, lebhaftes Wasser-Polo, in dem Klub gegen Klub sich mißt, fehlt heute auf keinem als Abschluß.

Die Preisverteilung findet am Abend des Festes statt. Musik und Tanz »halten die Teilnehmer noch lange zusammen«, wie es stets am Ende aller Berichte heißt.

– Gut Naß! – Hurra! Hurra! Hurra!

6

Auf der Meldeliste des »Schwimmklub Berlin 1879« für das diesjährige große Wettschwimmen des Berliner Schwimmerbundes stand zum ersten Male der Name Franz Felder. Der Inhaber dieses Namens war gemeldet für das Schwimmen um die Meisterschaft der Stadt Berlin.

Es war Brünings gewichtiges Wort gewesen, das, für das

junge Mitglied in die Wagschale gelegt, sie in der langen Beratung endlich zu Felders Gunsten sinken ließ.

Franz vergaß es ihm nie. Er war erst fast bestürzt, als er von der Entscheidung hörte, trotzdem sie kaum anders hätte ausfallen können, wollte der Klub sich überhaupt beteiligen. Dann ergriff ihn einfach ein Freudentaumel.

Sein Klub sandte *ihn* hinaus auf das große Schwimmfest des Winters, auf ihm um eine Meisterschaft, um die Meisterschaft der Stadt Berlin über die kurze Strecke von 100 Metern zu ringen! – Er sollte sich auf dem jährlichen Wettschwimmen des großen Berliner Schwimmerbundes mit ersten Schwimmern – unter ihnen alten Siegern – im Kampf um die silberne Medaille messen!!

Es war nur die Meisterschaft um eine Stadt, nicht die um ein Land oder gar um einen Erdteil, aber es war immerhin die Meisterschaft um die Hauptstadt, in der wie in keiner anderen der ganzen Welt der Sport des Schwimmens grünte und blühte, die überallhin die besten und gefürchtetsten Kräfte stellte, wo es galt, erste Erfolge zu erzielen. Eine Meisterschaft im Berliner Schwimmerbunde, der den größten Teil der Berliner Schwimmvereine umfaßte, der im Allgemeinen Deutschen Schwimmverbande die erste Stelle einnahm, war ein großer Sieg – ein Sieg ersten Ranges, vielumstritten und heißbegehrt...

Und *sein* Klub sandte ihn, den jungen, unbekannten Franz Felder, hinaus, diese Meisterschaft zu erkämpfen! – Sein Klub, der vor vielen Jahren zuerst die Initiative zur Gründung eben dieses Schwimmerbundes gegeben hatte, sein Klub, der älteste und angesehenste Berlins, mit dessen schlichtem und doch so berühmtem Namen die so vieler erster Schwimmer der Welt unauslöschlich verbunden waren, der nicht nur für sich und seine Mitglieder, sondern für die ganze Sache des Schwimmens von jeher ein unnachahmliches Beispiel gewesen war – der »S.-C. B. 1879« entsandte *ihn* zum diesjährigen Wettbewerb!

Wenn er sein junges Mitglied in dieser Weise allen anderen vorzog, so wußte er, was er tat. Dann war es ohne Zweifel sein bester Schwimmer. Aber was mehr war, als diese äußere Anerkennung seiner Kraft, war die innere:

der Klub hätte nie ein Mitglied hinausgesandt, von dessen innerlicher Zusammengehörigkeit mit den Bestrebungen und Zielen des Klubs – und das waren in der Sache unbedingt die höchsten – er nicht überzeugt gewesen wäre. Er hatte sich jahrelang von den Festen zurückhalten können, stolz auf alte Erfolge und unbekümmert um neue, als die alten Kräfte, die sich zurückziehen mußten, nicht sogleich durch neue von gleicher Stärke ersetzt werden konnten; und er würde sich Zeit genommen haben, im nötigen Falle nochmals jahrelang zu warten, denn nicht um künstliche Züchtung einzelner Größen und die Erlangung lauter Triumphe, sondern um die allgemeine Hebung der Sache war es ihm stets in erster Linie zu tun gewesen. Entschloß man sich daher heute zu neuer aktiver Beteiligung, so mußte man des Sieges ziemlich gewiß sein – und nicht nur dieses einen Sieges, sondern eines neuen Ruhmesblattes in dem alten Kranze...

Felder war sich über all dies durchaus nicht klar. Er fühlte nur, wie sehr man ihn auszeichnete, nicht nur als Schwimmer, sondern auch als Menschen, indem man seinen Namen als Vertreter seines Klubs zum ersten Male öffentlich nannte; er wußte, man vertraute ihm die Ehre des Klubs an, nicht nur einen neuen Erfolg. Weiter sah er noch nicht. So ging sein ganzer Ehrgeiz einstweilen dahin, diesen Sieg, auf den es ankam, für seinen Klub zu erfechten. Er fühlte, er *mußte* ihn erringen!

Er war sehr stolz und sehr glücklich. Aber er hatte Angst, richtige Angst – zum erstenmal in seinem Leben. Er wußte bisher nicht, was Angst war. Nie hatte er sie empfunden. Aber nun ergriff sie ihn. Es war das Kanonenfieber des Soldaten, der zum ersten Male in die Schlacht geht.

Denn wenn er unterlag? – Wenn er nur einen zweiten, dritten oder überhaupt keinen Preis erhielt? – Er kannte seine Gegner wohl. Fast alle hatte er wiederholt auf den Schwimmfesten gesehen und bewundert. Aber mit keinem hatte er sich bisher je gemessen. – Außer dem seinen stand nur noch ein neuer Name unter den Meldungen. Und er war der Jüngste von allen! –

Wohl schlug er schon die Ältesten seines Klubs über die kurze Strecke. Aber sein Klub hatte, so lange er in ihm war, keine Meisterschaften mehr aufzuweisen. Was wollte es also sagen, daß er, Franz Felder, sein bester Schwimmer war? – Nicht allzu viel.

Nagel, der seine innere Aufregung sah, redete ihm wiederholt ernstlich zu. Er war besorgt um seinen Zögling – nicht, weil er fürchtete, daß er unterliegen könne, sondern weil er sah, in welcher verzehrenden Unruhe er umherging und übte. Er warnte ihn, allzu viel Wert auf dies Rennen zu legen. Was war es denn, wenn er auch unterlag? – Was heute Niederlage war, konnte morgen zum Siege werden, und umgekehrt. Er hatte das mitangesehen, viele Male, und es an sich selbst erlebt; und auch Franz würde das erleben. Das war nicht das erste und letzte Schwimmen, gewiß nicht – und immer wiederholte der gute und erfahrene Freund:

– Schwimm so gut, wie du kannst. Kümmere dich um nichts, als um dein Ziel. Mehr kannst du nicht tun, als was deine Kraft dir erlaubt, zu tun. Damit sei zufrieden...

Felder hörte zum ersten Male seinem Freund nur halb zu. Sein Klub hatte *ihn* hinausgesandt. In seinen Händen lag seine Ehre. Er durfte ihm keine Schande machen; er mußte siegen – er *mußte!* –

7

So kam der Sonntag des Festes heran. Franz hatte in der letzten Woche nach der Arbeit des Tages noch allabendlich trainiert. Gestern war er früh zu Bett gegangen, aber er hatte wenig schlafen können.

Am liebsten hätte er am Morgen noch einmal die Strecke geschwommen – nur einmal... aber das wurde ihm natürlich nicht erlaubt. So verging der Vormittag in untätiger Ungeduld. Er aß mäßig und trank fast nichts.

Man hatte in dem Restaurant des Klublokals in der Lindenstraße gegessen und spielte nun gemütlich im Sitzungszimmer einen Kaffeeskat an verschiedenen Tischen. Franz, der keine Karte anrührte, sah wie gewöhnlich zu, aber es wurde ihm diesmal nicht leicht, ruhig zu bleiben. Er ging

von Tisch zu Tisch, bis ihn eine plötzliche Müdigkeit überfiel und er vor sich hindruselte.
– Leg' dich doch hin, wir wollen dich schon wecken, wenn es Zeit ist! rief Brüning ihm zu und Franz rollte sich hinter dem großen Tisch auf dem alten, knarrenden Sofa zusammen, auf dem sonst bei den feierlichen Beratungen der Vorsitzende saß. Nach zwei Minuten schlief er wie ein Toter.
Allmählich leerten sich die Tische; man ging zum Fest. Der, an dem Nagel und Brüning saßen, spielte ruhig weiter.
Um halb vier warf Brüning die Karten zusammen und zog seine goldene Uhr:
Massenhaft Zeit noch! – Aber wollen doch lieber gehen...
Er und Nagel standen vor dem Sofa, auf dem Franz noch immer schlief. Er lag da wie ein Kind, und sein Atem ging still und friedlich durch die etwas geöffneten Lippen. Sicherlich träumte er jetzt von keiner Niederlage.
Brüning betrachtete ihn mit fast zärtlichem Lächeln.
–Wie ein junger Gott, was? – Und noch das reine Kind! – Aber wecken wir unseren jungen Sieger!
– Er ist es noch nicht, sagte Nagel und rührte den Schlafenden bei der Schulter.
Franz fuhr in die Höhe, und sein erster Griff war nach der Uhr.
– Aber wir versäumen das Schwimmen, rief er außer sich, als er sah, daß sie bereits über halb vier zeigte.
Die anderen lachten ihn aus, packten ihn in eine Droschke und fuhren mit ihm zum Fest. –
Die enorme Halle des großen Schwimmbassins der Wasserfreunde war festlich geschmückt. Der weite Raum mit den hohen, gotischen Wölbungen war bis in den letzten Winkel durch die großen, elektrischen Bogenlampen erleuchtet, denn durch die bunten Fenster drang nur noch das trübe Licht eines frühdunklen Wintertages. Die sonst so kahle Halle war nicht wiederzuerkennen. An der Rückwand hingen von der Decke bis zur Galerie die langen Fahnen der veranstaltenden Vereine herab und verhüllten die weiße Fläche der Mauern mit ihren bunten Farben.

An den Langseiten zogen sich von Pfeiler zu Pfeiler in langen Reihen hunderte von winzigen, auf Seile gezogenen Fähnchen in buntem Farbengemisch, und hoch von der Wölbung der Decke hernieder schwebte regungslos über der Mitte des Bassins die mächtige weiße Fahne des »S.-C. B. 1879« mit dem blauen Rande und dem blauen Namenszuge in der linken Ecke. An der Eingangsseite bei dem großen, sechs Meter hohen Sprungbrett spielte – hinter grünem Blattwerk verborgen – die Musik.
Die Seiten des Bassins und die breiten Galerien waren dicht mit Zuschauern besetzt, die sich gespannt vornüber beugten, um besser die Wasserfläche unter sich überschauen zu können, in der die Wettkämpfe stattfanden. Die engen Reihen boten ein buntes Bild: jung und alt – alles saß hier durcheinander, und unter die dunklen Röcke der Herren mischten sich die festlichen Toiletten der Damen und gruppenweise die weißen, buntgeränderten Mützen der zahllosen Sportgenossen. Alle Schwimmvereine Berlins waren vertreten und scharten sich ihrer Zusammengehörigkeit nach hier und dort zusammen.
In den Pausen und zu Beginn jedes neuen Rennens waren alle Augen auf die Eingangswand gerichtet. Dort saß unter der Galerie an einem mit Papieren bedeckten Tische der Ausschuß des Festes: die Preis- und Zielrichter, die beiden Schiedsrichter und in ihrer Nähe einige hervorragende Gäste, Vertreter der Stadt Berlin und einiger Behörden. Hier befanden sich auch die reservierten Plätze für die Vorstände der Vereine, denn hier nahmen die Rennen ihren Anfang.
Als Felder und seine Begleiter ankamen, mußten sie sich an der Aufgangstreppe, wo an der Kasse die üblichen fünfzig Pfennig als Entree erhoben und von Sportkameraden die Programme verkauft und die Besucher empfangen wurden, bereits durch dichte Menschenmassen arbeiten und hatten Mühe, sich durchzudrängen, um zu den Auskleideräumen zu gelangen.
Es war gerade eine Pause, und die Wölbung hallte wider von dem erregten Sprechen und Lachen der vielen Menschen. Es war bereits erstickend heiß. Über der noch vom

letzten Rennen her leise bewegten Wasserfläche zogen sich leichte, weiße Streifen, und die ganze Halle dampfte von dem Dunst des Wassers und der Menschen.

Die Uhr wies über die vierte Stunde hinaus. Man näherte sich den großen Wettkämpfen. Längst war die stereotype Eröffnungsrede des Vorsitzenden des Berliner Schwimmerbundes, eines redegewandten und liebenswürdigen Herrn, in seiner bekannten eleganten Weise gehalten und der Eröffnungsreigen geschwommen. Bereits war das Schwimmen der Knaben und Junioren, der Kleinen bis zum vierzehnten und der Knaben bis zum siebzehnten Lebensjahre vorbei, und künftige Meister hatten den ersten Anhauch ihrer Erfolge auf der heißen Stirn gespürt. – Auch die älteren Herren, die über dreißig, hatten geschwommen und vielleicht zum letzten Male die Hand nach dem Siegeskranze gestreckt. Endlich war bereits ein interessanter Mehrkampf ausgefochten worden, über dessen unerwartetes Resultat noch hin und her geredet wurde.

Nun kam ein Brustschwimmen und ein großes Tellertauchen mit unzähligen Konkurrenzen an die Reihe. Es konnte also noch lange dauern, bevor die Meisterschaft Berlins ausgefochten werden sollte – für alle Kenner der Clou des Tages.

Felder wollte sich ausziehen, aber Nagel riet ihm ab. Wozu? – Man hatte noch lange Zeit. Man gesellte sich also noch zu den Klubgenossen, die eine ausgezeichnete Ecke am Anfang der Galerie erobert hatten und besetzt hielten. Hier war man unter sich, unter lauter Bekannten und Freunden, denn auch die Damen, die heute mitgekommen waren, waren von so vielen geselligen Veranstaltungen des Vereins her alte Bekannte. Es war wie eine große Familie, diese Ecke. Koepke empfing Franz mit der gewohnten Lebhaftigkeit. Er war so erregt, als solle er selbst um den Preis schwimmen. Er war natürlich wieder voll von Neuigkeiten, von denen kein Mensch etwas wußte. Georgy vom S.-C. »Spree« sollte nicht mitschwimmen infolge eines Zerwürfnisses mit seinem Klub. Aber Wenzel war da; und Hoffmann, der gefürchtete vom »Triton«, auch.

Hatte Franz ihn schon gesehen? – Dort unten stand er, der lange mit der Hakennase und den mächtig vielen Bändern über der Brust. – Und Riesecker war da, der heute zum ersten Male seit zwei Jahren wieder mitschwamm. Aber es würde ihm wohl nichts helfen ...

Felder hörte kaum auf das Geschwätz. Er hatte seinem Freunde das Programm aus der Hand genommen, und instinktiv suchte er seinen eigenen Namen. Er brauchte in dem kleinen Heft nicht lange zu blättern. Da stand es:

IX. Schwimmen um die Meisterschaft der Stadt Berlin

Offen für alle Mitglieder. Bahnlänge 100 Meter
gleich 4 Längen.

1. B. Riesecker ...... (1. Berliner Amateur-S.-C.)
schwarze Kappe
2. K. Wenzel ...... (S.-C. »Poseidon«)
gelbe Kappe
3. W. Georgy ...... (S.-C. »Spree«)
rot-weiße Kappe
4. F. Felder .... (S.-C. Berlin 1879)
blaue Kappe
5. P. Hoffmann ...... (S.-C. »Triton«)
weiße Kappe
6. W. Hofstetter .... (Berl. S.-Sport-C. von 1888)
rote Kappe

Darunter war der Raum freigelassen zum Einzeichnen der Sieger:

Erster: .... Zeit: .... Min. .... Sek.
Zweiter: .... Zeit: .... Min. .... Sek.

Da stand sein Name. Noch keine Stunde würde vergangen sein, und die Entscheidung war erfolgt. Welcher unter diesen sechs Namen würde eingetragen werden in die kleine leere Stelle? – Der seine? –

Er hielt es nicht mehr aus. Der Gleichmut seiner Freunde erregte ihn. Ahnten sie, wußten sie denn nicht, was auf dem Spiele stand? – Warum lachten sie noch? ... Außer dem dummen Koepke schien keiner von der Größe des Augenblicks erfüllt zu sein.

Das Tauchen hatte begonnen. Es würde bei der großen Beteiligung mindestens eine halbe Stunde dauern. Aber Franz ertrug es nicht länger, ihm untätig zuzusehen. Die Zeit, in der die ersten beiden unter Wasser blieben, erschien ihm endlos.

Er stahl sich weg und suchte einen der hinten gelegenen Auskleideräume auf. In dem ersten, den er betrat, hatten sich bereits sechs oder sieben Teilnehmer ausgezogen. Ein wüstes Durcheinander herrschte in dem engen Gelaß. Der Boden triefte von Nässe und Schmutz, unter den Lattenbelägen standen Wasserlachen, Stiefel lagen herum, die nicht zueinander paßten, und Kleidungsstücke verschiedenster Art waren wahllos übereinander geworfen – friedlich vereinigten sich hier die toten Dinge, während sich draußen ihre Besitzer so bitter bekämpften. Felder bemerkte das alles kaum. Er war es nicht anders gewohnt.

Er war zufrieden, noch einen freien Haken zu finden, und kleidete sich langsam aus. Er war ganz allein in dem abgelegenen Raume, in dem ein trübes Dunkel herrschte, da man vergessen hatte, hier Licht anzuzünden. Durch die engen Fenster sah mit ihrem letzten Schein die früh erlöschende Wintersonne, und nur von ferne drangen verlorene Rufe aus der Halle bis hierher.

Als er das Trikot angelegt hatte und darüber die weiße Badehose mit dem blauen Rande streifte, überkam ihn wieder die zeitweilige Mutlosigkeit der letzten Tage. Er hüllte sich in sein Badetuch und setzte sich in eine Ecke. Er wußte, daß man ihn rufen würde, wenn es Zeit war, und es war ihm ganz lieb, daß man ihn bis dahin allein ließ.

Er glaubte nicht mehr daran, daß er siegen konnte. Es war eine Vermessenheit von ihm, zu schwimmen; und es war mehr als eine solche von seinem Klub, ihn zu diesem Wagnis verleitet zu haben. Auf ihn fiel die Schmach, wenn er unterlag. Und er mußte ja unterliegen – wenn nicht gegen die anderen, so doch gegen Wenzel. War überhaupt jemals

ein Mensch gegen den aufgekommen? Und gerade heute nach einjähriger Pause schwamm der wieder mit!
Er sah trübe vor sich hin.
Plötzlich wurde er aus seinem Sinnen gerissen. Zwei nasse Gestalten stürzten herein und suchten lärmend nach ihren Kleidern, während sie laut miteinander über das eben beendete Tauchen sprachen.
Hinter ihnen her Koepke.
—Wo bleibst du denn, Mensch?—Jetzt wird es aber wirklich Zeit. So komm doch—alle warten schon auf dich!
Felder ließ sein großes Badetuch von den Schultern gleiten und folgte dem wieder Forteilenden langsam. Als er sich mühsam durch die immer enger zusammengepreßte Menschenmenge zu seinen Leuten durchgerungen hatte, kam eben der letzte Taucher, mit seinen zwanzig Tellern beladen, blaß und schweratmend an die Oberfläche.
Es herrschte an der Eingangsseite ein unglaubliches Gedränge. Alles stieß sich durcheinander: Herren vom Wettschwimm-Ausschuß in schwarzen Fräcken; Kellner mit gefüllten Biergläsern; Bademeister in hellen, frischgewaschenen Leinwandanzügen; Klubmitglieder in Mützen und Abzeichen, viele die Brust mit Medaillen und Schleifen übersät, freundlich oder feindlich gesinnt, und sich entweder herzlich begrüßend oder höflich ausweichend; und Gäste des Festes, jeden Alters und Standes und Geschlechtes—alles mußte hier durch, um hinaus oder zu seinem Platz zurückzugelangen, und kaum wurde den Schwimmern ausgewichen, die triefend von Wasser durch sie alle hindurch und zu ihren Kleidern zu gelangen suchten. Die Halle dröhnte wider von dem Durcheinanderlärmen zahlloser Stimmen.
Man machte vor dem Hauptrennen des Festes die kurze Pause um einige Minuten länger, während welcher die Starter versuchten, einen kleinen Raum um die Sprungbretter herum zu schaffen.
Felder stand eingekeilt in einer Ecke. Nagel hatte ihm selbst die blaue Kappe übergezogen, die ihm das Los bestimmt hatte, und erinnerte ihn noch einmal an seine Platznummer: »Du hast also Nr. 3 und schwimmst in der Mitte

zwischen zwei Gegnern!« Er hörte Brünings spöttische Stimme, der über den »Blödsinn des übertriebenen Tauchens« sprach und fühlte dabei, wie sein Blick aufmerksam auf ihm ruhte. Als er ihm begegnete, versuchte er, sorglos zu lächeln, aber er konnte es nicht. Er hatte nur den einen Wunsch, daß alles vorbei sein möchte.

Dann sah er, wie der Starter auf das eine der unteren Sprungbretter trat und seine Fahne schwang. Der Lärm in der Halle verminderte sich, Rufe um Rufe wurden laut, und eine klare Stimme tönte bis in den fernsten Winkel des Raumes:

– Neunte Konkurrenz: Schwimmen über hundert Meter um die diesjährige Meisterschaft Berlins. Herr Wenzel vom Schwimmklub »Poseidon« schwimmt wegen plötzlich eingetretenen Unwohlseins nicht mit.

Ein Murmeln der Überraschung erhob sich auf verschiedenen Seiten. Dann lösten sich aus den dunklen Massen schnell einige helle, nackte Gestalten und sprangen mit kurzem Ruck in das Wasser. Felder hatte kein Wort verstanden. Er fühlte sich plötzlich vorwärts gestoßen und sah, wie der Raum vor ihm frei wurde. Er trat vor.

Einen Augenblick – eine kurze Sekunde – stand seine jugendlich-schlanke, ebenmäßige Gestalt allein über dem Bassinrand in der Mitte unzähliger Blicke und überstrahlt von dem grellen Lichte der Bogenlampen, als könne sie sich nicht entschließen, den Sprung zu tun – dann streckte Felder die Arme aus, neigte sich vor und ging mit glattem Sprunge in das Wasser unter sich. Und in demselben Augenblick, als sein heißes Gesicht in die kühle Flut tauchte und seine Hand nach der Stelle des Brettes griff, wo seine Nummer stand, war es ihm, als müsse er aufschreien vor Lust, und er fühlte nichts anderes in dieser Minute mehr, als die maßlose Seligkeit, schwimmen, jetzt losschwimmen zu dürfen! – Endlich im Wasser, war er jetzt wieder Herr seiner selbst und seiner ganzen Kraft, und den Blick geradeaus auf die glatte Fläche vor sich geheftet, hörte er die Stimme des Starters auf dem Sprungbrett über sich:

– Sind die Herren bereit? –

Der Platz neben Felder lag leer. Aber dieser hatte keine Zeit, darüber nachzudenken, denn schon erklang über ihm wieder die feste Stimme:

– Achtung! – . . . – Fertig!

Und sofort danach mit dem gleichzeitigen Schwung der Fahne durch die Luft:

– Los! – –

Fünf Hände ließen das Brett los, und fünf Gestalten durchschnitten mit rasender Geschwindigkeit das Wasser.

Die Musik setzte ein, und es wurde so still unter der ungeheuren Wölbung, daß man außer ihr nur das Rauschen des Wassers unter den peitschenden Schlägen der Arme und Hände vernahm. Eine atemlose Spannung ergriff selbst die Fernsitzenden unter den Zuschauern, und allen teilte sich etwas von der inneren Erregung mit, die von diesem Kampfe ausging.

Die erste Länge von fünfundzwanzig Metern wurde fast gleich genommen. Beim Wenden legte der Tritone in weißer Kappe sich vor und blieb so liegen bis fast an das Ende der zweiten Länge, wo er seinen Vorsprung gegen drei Gegner, unter ihnen Felder wieder verlor.

Wieder stießen fast gleichzeitig vier der Schwimmer zur dritten Länge ab; der fünfte war zurückgeblieben und blieb es.

Die vier Körper lagen nun fast nebeneinander. Bei jedem Stoß verschwanden die Köpfe mit den bunten Mützen unter der Wasserwoge, die über sie wegging; dann sah man, wie sich die Arme wieder hoben, um zu neuem Schlage auszuholen und die Körper, von neuem, mächtigen Stoße der Beine getrieben, vorwärts flogen, als würden sie gezogen . . .

Gegen Ende der dritten Länge schien es, als schwämmen die vier auf einen bestimmten Punkt zu, so sehr näherten sie sich einander. Aber dann gingen sie wieder auseinander und jeder auf seine Nummer los. Wieder erfolgte der Anschlag fast gleichzeitig; doch hatten sowohl die rotweiße wie die rote Kappe eingebüßt, da ihnen die Richtung ein wenig verloren gegangen war. So kam es, daß

Felder zuerst, oder doch fast gleichzeitig mit dem Träger der schwarzen, wenden konnte.
Die Musik schwieg plötzlich und die ersten vereinzelten Rufe der Teilnahme und der Ermutigung wurden laut. Auf der Galerie waren die Zuschauer aufgestanden und überall drängten sich die Köpfe so weit wie nur möglich vor. Die Spannung erreichte den höchsten Grad.
Die ersten Längen hatte Franz geschwommen wie er immer schwamm: ohne Aufbietung seiner letzten Kraft. Er war so glücklich, schwimmen zu können, daß er fast vergessen hatte, um was es sich handelte. Nun erwachte er plötzlich wie aus einem Traum: er hörte die Rufe und sah dicht neben sich den langen Riesecker, der sich eben wandte und ihm mit dem nächsten Stoß schon voraus war. Da packte ihn eine fürchterliche Wut. Er wußte wieder, wo er war – und tief Atem holend, stieß er sich ab. Ganz einerlei jetzt – ob er siegte oder nicht; aber leicht wollte er jenem den Sieg nicht machen! Er griff in das Wasser und schoß in ihm hin; er kämpfte mit ihm wie mit einem persönlichen Feinde, außer sich vor Wut und Raserei.
Die Zuschauer sahen wie sich die zu Anfang der Endlänge nicht mehr gerade Linie der vier Köpfe wieder schloß – wie der zweite dem ersten wieder näher und näher kam und wie sich ihm die beiden anderen zugesellten. In der Mitte des Bassins lagen die Schwimmer fast so wieder zusammen, wie zu Anfang des Rennens.
Die Aufregung der Zuschauer stieg ins maßlose. Man rief nicht mehr, man schrie den Schwimmern von allen Seiten zu, und jeder ihrer vier Namen erklang aufmunternd, anfeuernd – drohend von überallher ...
Franz nahm seine letzte Kraft zusammen. Er hörte und sah nichts mehr. Er wußte nicht mehr, wohin er schwamm, ob er überhaupt noch in einer Richtung ging. Neben ihm peitschte irgend etwas mit beiden Armen wie ein Ertrinkender das Wasser – er sah und hörte nichts mehr. Er fühlte kaum, wie seine Finger das Holz des Brettes berührten ... Er wußte nicht einmal mehr, war es nun zu Ende oder nicht ...

Dann vernahm er das frenetische Jubelgeschrei, das die Halle durchbrauste und das den Tusch der Musik völlig übertönte. Über sich sah er erregte Gesichter und neben sich für einen Augenblick seine Gegner – erschöpft wie er. Wie sie holte er noch einmal tief Atem. Dann tauchte er unter und schwamm mit einem Stoß auf die Leiter zu. Er hatte sich vollkommen ausgegeben.
Er hörte nicht, was die Umstehenden sagten. Er hatte nur das eine Bedürfnis sich jetzt hinsetzen zu dürfen. Er drängte sich aufs Geratewohl durch die Menschen, die ihm keinen Platz machten. Man hatte ihm ein Tuch übergeworfen, wie einem Pferde nach dem Rennen die Decke. Er hüllte sich fest hinein, um das Zittern seiner Glieder zu verbergen, und machte sich rücksichtslos Platz. So gelangte er zu dem Raum, wo seine Kleider hingen, und setzte sich, noch immer keuchend, in eine Ecke.
Sie drängten sich ihm alle nach, seine Freunde, lachend über seine eilige Flucht und sein böses Gesicht, und versuchten, ihm die Hand zu drücken.
Als er sie alle vor sich sah, die bekannten Gesichter, wurde er noch böser:
– Aber warum denn? – Ich war doch nicht erster! –
Er sah, wie sie wieder lachten.
– Wer denn sonst, fragte Brüning.
Franz sah von einem zum andern. Ohne Zweifel, sie lachten ihn aus.
Dann erblickte er seinen Schwimmwart und sah ihn an. Und eine Ahnung stieg in ihm auf, daß es wahr sein könne. Wenn Nagel es sagte, dann glaubte er es.
Und als auch dieser nickte und sagte:
– Mit $^2/_5$ Sekunden etwa ... da war ihm, als löse sich von seiner Brust der ungeheure Druck und eilig sprang er auf, um nach seinen Kleidern zu greifen.
Hastig riß er Badehose und Trikot herunter und warf sich in seinen Anzug. Um ihn herum ließen die Mitglieder des »S.-C. B. 1879« jetzt ihren Gefühlen freien Lauf. Lebhaft wurde das eben beendete Rennen besprochen. Allgemein stimmte man darin überein, daß es ein ganz außergewöhnliches Rennen gewesen war, »wieder einmal eines von je-

nen, bei denen alles anders gekommen war ...« Am außergewöhnlichsten sicherlich das Endresultat.

Nur einer war ganz zurückgeblieben; einer hatte nicht mitgeschwommen. Die übrigen vier waren fast gleichzeitig durchs Ziel gegangen. Es konnte sich bei ihnen nur um ein paar Sekundenfünftel handeln. Aber Felder hatte unbedingt zuerst angeschlagen. Sie alle hatten es gesehen. Gleich nach ihm hatte Riesecker die Hand angelegt, und es hatte sich vielleicht nur um dies Anlegen der Hand gehandelt; dann Georgy vom »Spree«-Verein, und wieder fast gleichzeitig mit diesem der junge Erstlingsschwimmer Hofstetter, dem das kein Mensch zugetraut hätte. Hoffmann, der berühmte Hoffmann vom »Triton«, der Meister des Vorjahres, war überhaupt ganz zurückgeblieben und hatte zu Ende der dritten Länge schon gänzlich ausgesetzt.

Das an den Richtertisch gesandte Mitglied, wo unterdessen die Zeit festgestellt und bekannt geworden war, kam zurück und bestätigte fast jede Einzelheit. Die hundert Meter waren geschwommen in der Zeit von $1:23^4/_5$ bis 1:25 Minuten. Riesecker hatte den zweiten Preis mit $24^1/_5$; der dritte hatte mit $24^3/_5$ abgeschnitten und mit $^1/_5$ Sekunde später der junge Hofstetter.

Der Rekord für Deutschland betrug 1:18 Minuten. Er war also keineswegs erreicht, wie überhaupt in den letzten Jahren nicht mehr. Was aber die Leistung Felders zu einer so außergewöhnlichen machte, war die Jugend des Siegers. Wenn man sie in Betracht zog, war es ein Erfolg, fast einzig in seiner Art.

Neueintretende erzählen von der allgemeinen Verblüffung. Der ganze Amateur-Schwimmklub sei in Aufruhr und wolle das Resultat anfechten, da zwischen seinem Mitglied und Felder ein totes Rennen stattgefunden habe: man habe ganz genau gesehen, daß Riesecker und Felder zu gleicher Zeit angeschlagen hätten, und man habe es von ihrem Platze aus besser sehen können, als von dem Tische der Richter.

Die Freude der Mitglieder wurde durch die Nachricht von dem Ärger der anderen natürlich nur erhöht, und man

freute sich im voraus auf die nicht ausbleibenden Reibereien der nächsten Zeit.
Nur Franz war merkwürdig still geworden. Jetzt, wo er wirklich diesen so heißersehnten und noch immer unbegreiflichen Sieg sein eigen nannte, erschien ihm so wenig, was er errungen. Die Unruhe und Angst der letzten Zeit waren vorbei. Aber geschwunden war auch zugleich mit ihnen und wie mit einem Schlage das Gefühl des Angespanntseins, das einer inneren Gehobenheit trotz aller Verzagtheit ... Was hatte er getan? – Wofür wurde er gelobt? – Er hatte geschwommen, wie schon hundert Male, von Rand zu Rand der Wasserfläche – etwas besser, nicht viel schlechter heute, als sonst. Nur hatte er diesmal etwas getan, was andere nicht gekonnt: um den Bruchteil einer Sekunde, um einen Augenblick früher hatte er die Hand zum Anschlagen erhoben, und diese eine, diese einzige Bewegung der Arme und der Hand erhob ihn plötzlich so, daß ihn alle anstarrten wie ein Wundertier. Wäre er unterlegen, ja, wäre er nur zweiter geworden, kein Mensch würde sich um ihn kümmern, niemand seinen Namen nennen ... Außerdem: Wenzel hatte nicht mitgeschwommen. Wäre er nicht erkrankt, so hätten sie alle miteinander einpacken und zusehen können!
Er wollte wissen, wie er geschwommen hatte. Nagel würde es ihm sagen. Er drängte sich zu ihm, als er fertig war, und ging mit ihm hinaus.
Dann hörte er es: »Ein schöner Sieg, weil er so schwer errungen wurde. Wie du geschwommen hast? – Die ersten drei Längen ganz gut. Bei der letzten hast du natürlich den Stil verloren und bist über deine Kräfte hinausgegangen. Sonst hättest du auch nicht gesiegt. – Freu' dich nur ruhig. Wir freuen uns auch.«
Ja, Franz freute sich, als er dies hörte, und zog sich seine Sportmütze über die noch nassen Haare. Jetzt erst freute er sich *wirklich!* –
Mit den anderen ging er hinaus, und eine Weile noch standen alle in ihrer Ecke der Galerie, wo der Sieger mit neuen Glückwünschen empfangen wurde.
Die schwüle Hitze in der Halle hatte noch zugenommen.

Der Dunst des warmen Wassers und der vielen Menschen war erdrückend. Überall sah man rote Gesichter, auf denen der Schweiß stand, und alles versuchte die innere Glut mit großen Gläsern Bier zu löschen. Aber noch immer erschienen die Reihen der Zuschauer ungelichtet. Man blieb, weil man einmal da war, oder auch, weil man noch das Wasserpolo und die lustige Pantomime am Schluß nicht aufgeben wollte. Die letzten Rennen gingen unter allgemeiner Interesselosigkeit vorüber. Selbst ein langes, aber vortreffliches Kürspringen vermochte es kaum mehr aufrecht zu erhalten. Wie immer, rächte sich an diesen letzten Nummern die offenbar unvermeidliche Überladung des Programms.

In der Ecke der 79er drängte Brüning seine näheren Freunde zum Aufbruch, endlich »dies verfluchte Schwitzbad« zu verlassen. Er könne es nicht mehr aushalten, und wenn sie noch zehn Minuten länger hierblieben, könnten sie es erleben, daß er sich auszog und ins Wasser ging. Er hatte aus Anlaß des Sieges sogleich ein kleines Festessen geplant und den immer bereiten Koepke (der als Belohnung dafür mit eingeladen wurde) in ein benachbartes Weinrestaurant geschickt, wo die Nennung seines Namens und kurze Angaben genügten, um eine gemütliche Nische und ein ausgesuchtes kleines Souper für sechs Personen nach einer Stunde bereit zu finden.

Die Geladenen verabschiedeten sich für ein paar Stunden von ihren Leuten und verließen, von vielen Blicken gefolgt, die heiße Halle. –

Bei Tisch herrschte die lebhafteste Fröhlichkeit. Franz saß zunächst dem Gastgeber, neben ihm ein älterer Schwimmer mit großem Namen, und ihm gegenüber sein verehrter Schwimmwart. Er war äußerlich still, wie immer, aber innerlich war jetzt alle Sorge von ihm genommen, und er ließ sich alle die guten und ungewohnten Dinge, die auf den Tisch kamen, mit dem ganzen unverdorbenen Appetit seiner jungen Jahre schmecken.

Aber als Brüning zum Schluß, als der Sekt kam, das Glas in die Hand nahm und – halb ernsthaft, halb launig, wie es so seine Art war – eine Rede auf ihn hielt und alle aufstanden, um auf den heutigen und alle künftigen Erfolge mit ihm anzustoßen, da übermannte ihn fast die Rührung über so viel unverdiente Freundschaft. Ein großer Entschluß keimte in ihm auf, und während die anderen schon weiteraßen und weiterlachten, stand er plötzlich auf und sagte geradeausschauend und ganz schnell:

– Es lebe der Schwimmklub Berlin 1879. Ich danke ihm, daß er mich aufgenommen hat, und ich werde mich anstrengen, ihm immer so Ehre zu machen, wie heute …

Das war ein kurzer Toast, aber ein guter, und alle wunderten sich, daß er ihn so zustande gebracht hatte; Brüning nannte ihn sogar einen Beweis für »die unvermutet glänzende Rednergabe unseres lieben Mitgliedes Franz Felder«.

Aber das störte diesen nicht weiter, und äußerlich still, aber innerlich glücklich blieb er den ganzen Abend: während der Droschkenfahrt nach dem Lokal, wo die Preisverteilung stattfand; während dieser selbst, als er – noch einmal der Zielpunkt aller Blicke – die silberne Medaille und die Urkunde, die ihn den Meister von Berlin für das kommende Jahr nannte, erhielt; und während der langen Stunden, die sich noch durch die halbe Nacht zogen, als man an den Tischen zu seiten des großen Saales saß, in dem unermüdlich getanzt wurde, und als immer wieder und wieder von allen Seiten alte und neue Bekannte kamen, um mit ihm anzustoßen, zu trinken und ein Wort zu wechseln …

Und glücklich war er, als er endlich durch die helle und kalte Winternacht heimwärts ging. Denn wie der Himmel dort oben, so war auch seine Zukunft voll lichter Sterne, und ein jeder von ihnen war ein neuer, ein großer und ein immer größerer Erfolg!

8

Er durfte seinen Sternen vertrauen. Einer nach dem anderen neigte sich gegen ihn und fiel nieder in seine jungen, hoch emporgestreckten Hände – Sieg um Sieg! –

Die Meisterschaft der kurzen Strecke für Berlin hatte Franz Felders Namen mit einem Schlage bekannt gemacht. Jetzt konnte im Klub kaum mehr darüber gestritten werden, wer zu den nächsten Schwimmkonkurrenzen entsandt werden sollte; es handelte sich nur noch darum, an welchen Schwimmen er sich beteiligen konnte, und bei welchen es besser war, von einer Beteiligung noch abzusehen. Das galt natürlich in erster Linie bei den langen Strecken, für die es im Klub kein Mitglied gab, das sich mit den Meistern dieser Jahre über sie hätte messen können. Aber man konnte sich nach dem unverhofften Triumphe seines jungen Mitgliedes jetzt nicht mehr zurückziehen, um so weniger, als man neben Felder einen ausgezeichneten Springer, Grafenberger, herangebildet hatte, der sich auf dem Bundesschwimmen einen zweiten Preis geholt, und auf den man als Springer ebensolche Hoffnungen zu setzen begann, wie auf Felder als Schwimmer.

So war der alte Schwimmklub Berlin von 1879 mit einem Schlage wieder in den Vordergrund des Interesses getreten, und seine alten Mitglieder sahen wohl ein, daß sie dem Drängen der jüngeren nicht länger widerstreben durften und konnten, sondern verpflichtet waren, das Eisen zu schmieden, das wieder zu glühen begann.

Mit der Hoffnung auf neue, rege Beteiligung an der Öffentlichkeit und mit der begründeten Aussicht auf neue Siege begann sich ein neues, frisches Leben in den Sitzungen, wie auf den Übungsabenden zu entfalten, und nie war der Ton bei den Zusammenkünften so frei und fröhlich gewesen, wie zu Beginn dieses Sommers ...

Felder übte unablässig. Als der laute Tag vorbeigerauscht war, der ihm seinen so heißersehnten Sieg gebracht, erschien es ihm wieder so wenig, was er getan, daß ein tiefes Gefühl der Unbefriedigtheit ihn fast nicht mehr verließ. Ja, er hatte gesiegt – aber war das ein Sieg gewesen, wie er zu wünschen war? – Weder war seine Zeit eine besondere gewesen, noch sein Stil bis zu Ende rein geblieben; dabei hatte er seine Kraft völlig verausgabt; und endlich hatte Wenzel, der Meistgefürchtete, nicht teilgenommen. Alles das beeinträchtigte den Wert seines Sieges in seinen Augen bedeutend und er war ungeduldig nach neuen Kämpfen.

Er übte unermüdlich. Er erreichte es zunächst, die hundert Meter in derselben Zeit, wie auf dem Bundesschwimmen, aber in glatt durchgeführtem Stil zu schwimmen; dann verbesserte er seine Zeit von Woche zu Woche um ein weniges.

Als der Frühling kam und die ersten Ausschreibungen für die Sommerfeste erlassen wurden, begann er, das frühere Training für Strecken über drei- und fünfhundert Meter wieder aufzunehmen. Seine Fortschritte setzten selbst seine Klubgenossen in Erstaunen. Sogar Nagel, der ihn unausgesetzt beobachtete, sagte nichts mehr. Nach außenhin bewahrte der Klub absolutes Stillschweigen.

Dann kamen die Siege dieses Sommers, einer nach dem andern: er siegte zweimal auf den internen Veranstaltungen seines Klubs gegen seine eigene Mannschaft, war dessen erklärter bester Schwimmer über alle Strecken und in jeder Stilart und verzichtete damit fürs erste auf die Beteiligung an Kämpfen mit seinen eigenen Leuten. Er schlug auf dem schönen Fest des »Delphin« dessen besten Schulschwimmer im Brustschwimmen über 150 Meter; er holte sich ein Diplom in Reinickendorf und einen Ehrenpreis in Halensee. Und er erlebte einen anderen, in seiner Art merkwürdigen Triumph. Er erreichte auf dem diesjährigen großen Verbandsschwimmen im Kochsee, auf dem er zu dem großen 500-Meter-Schwimmen um den Hauptpreis nicht gemeldet war, da diesmal die abmahnenden Stimmen seines Klubs, die vor allzu hastigem Vorgehen warnten, im Übergewicht gewesen waren, er erreichte auf diesem Fest im Juniorenschwimmen über dieselbe Strecke, bei dem er natürlich startete, eine Zeit, die so nahe an die des Siegers im Hauptschwimmen heranreichte, daß alle Gegner schweigen und denen recht geben mußten, die schon für dieses Jahr ungestüm eine Beteiligung Franz Felders an ersten Konkurrenzen gefordert hatten. – Das war auch ein Sieg, und nicht der schlechteste!

Dazu kamen noch in diesem Sommer seine ersten Reisen. Sie wurden über den Sonntag gemacht, da er zur festgesetzten Zeit wieder bei seiner Arbeit sein mußte. Im Fluge hin, im Fluge zurück; oft im Morgengrauen zur Bahn, eine lange Fahrt, ein hastiger Sieg, ein Telegramm an den Klub, und schon wieder zum Bahnhof zurück ... Nur einmal konnte er ein paar Tage Urlaub benutzen, um nach Stuttgart zu gehen, wo er zwei Tage blieb. Auf diesen seinen ersten Reisen, die mehr Ausflüge waren, unternommen auf Kosten seines Klubs und stets in Begleitung irgendeines Kameraden, kam er nacheinander nach Magdeburg, Hamburg und Stuttgart und im Spätherbst nochmals nach Hamburg, wo er den schönsten aller seiner bisherigen Siege errang: in dem deutschen Schulschwimmen einen Ehrenkranz mit Gravierung für ein tadellos durchgeführtes Brustschwimmen von hundert Metern gegen und hundert Metern mit dem Strom, bei dem die Art des Schwimmens, nicht nur die Schnelligkeit gewertet wurde. In Stuttgart holte er sich den zweiten Preis im Wettschwimmen über einhundert Meter, in Magdeburg den ersten im Hindernisschwimmen: ein in seiner künstlerischen Ausführung wirklich wertvolles Diplom.

Und dann hatte sich Felder im folgenden Winter in seiner Meisterschaft von Berlin im Schwimmerbund über die kurze Strecke zu behaupten: diesmal gegen Wenzel vom »Poseidon« und die besten Berliner Schwimmer, und er tat es in einer Weise, die deutlich zeigte, welche Sicherheit ihm bereits die sommerlichen Siege verliehen hatten – er schwamm die kurze Strecke nicht nur in reinstem spanischem Stil und verbesserte seine eigene Zeit gegen das Vorjahr nicht nur um fast drei Sekunden, sondern er schlug den gefürchtetsten Gegner, der alles daran setzte, die verlorene Meisterschaft wieder zu gewinnen, um eine ganze Sekunde.

Zum zweiten Male war er Meister von Berlin geworden. Kaum war ein kurzes Jahr vergangen, und doch: welcher Unterschied zwischen heute und damals!

Als er – umstanden von seinen jungen und alten Klubfreunden – sein Trikot überzog und der immer behäbiger werdende Brüning den anderen in seiner spöttisch-gutmütigen Art erzählte, wie sie ihn damals vom Sofa aufgeweckt und den Mutlosen in einer Droschke hierher gebracht, dachte Felder selbst einen Augenblick an die trübe, ein-

same Viertelstunde, in der er hier allein niedergedrückt bei dem grauen Zwielicht eines trüben Wintertages gesessen, fast verzweifelnd an sich und seiner Zukunft.
Heute zweifelte er nicht mehr. Er dachte überhaupt wenig mehr an Siegen und Unterliegen. Die heitere Zuversicht der Ruhe, erworben in so manchen ernsten Kämpfen des letzten Jahres, war über ihn gekommen, und kaum ließ die Erwartung jetzt sein Herz höher schlagen, wenn ein neuer Sieg ihn reizte. Er wußte, er tat, was er konnte, und er tat es in erster Linie für seinen geliebten Klub. Er hatte ihm bereits Ehre gemacht. Er wußte es, und er war stolz darauf. Als das Diplom des Bundesschwimmens, das seinen Namen trug, in dem alten, gemütlichen Klubzimmer der Lindenstraße, wo der Klub nun schon seit fast einem Jahrzehnt tagte, dieser Stätte so zahlreicher, erregter Debatten, so zahlloser freudiger und gehobener Stunden, zwischen der Unmenge Ehrengeschenke und Urkunden vergangener Tage seinen Platz fand, wich zum ersten Male recht eigentlich das Gefühl einer gewissen Fremdheit, das ihn nie ganz verlassen hatte, von ihm: denn jetzt hatte der Arbeitersohn aus dem Osten angefangen, seine Schuld zurückzuzahlen, und man brauchte es nicht mehr zu bereuen, den armen Jungen unter sich aufgenommen zu haben. Und er schwur sich damals und viele Male später, immer und immer wieder zu: ganz und bis aufs letzte die in seinen Augen so unermeßliche Schuld zurückzuzahlen, und vielleicht nicht nur das, sondern dem »S.-C. B. 1879« mit Zinsen und Zinseszinsen zu vergelten, was er an ihm getan.
Daher freute er sich an jedem seiner Erfolge, nicht nur für sich, sondern auch für seinen Klub mit. Und so glücklich er auch war, einen Preis nach Hause tragen zu dürfen und die Ehrenzeichen und Medaillen auf seiner Brust sich vermehren zu sehen – lieber war es ihm doch noch und größer seine Siegerfreude, wenn er seine Preise in den Besitz des Klubs übergehen und dort die Wand zieren sah, während ihm selbst nur eine einfache Urkunde – gewissermaßen als Bestätigung – zuteil wurde.
So rein und ehrlich war seine Freude, daß er fast noch keine Neider hatte, wenigstens nicht unter seinen Leuten.

Er war noch ganz der, als den sie ihn damals aufgenommen hatten, wenn er auch äußerlich ein junger, eleganter Mann geworden war, der es lernte, Wert auf sein Äußeres zu legen. Auf seinen Lippen zeigte sich der erste Flaum, aber sein Körper – obwohl Felder auch im letzten Jahre tüchtig in die Höhe geschossen war – zeigte noch immer die unentwickelte Formen des Knaben, und wenn er an den Start ging, verschwand seine Gestalt fast neben denen der anderen. Wer ihn nicht kannte, prophezeite ihm vor seinen meist voll entwickelten, muskulösen Gegner sicher nicht den Sieg, bis er ihn mit kurzen und sicheren Schlägen das Wasser teilen und den schmächtigen Schwimmer schnell allen vorauseilen sah.

Diese Liebe zu seinem Klub, diese fast kindliche Freude an seinen ersten Triumphen, diese so bescheidene und doch selbstbewußte Zurückhaltung und Ruhe, die Felder eigen war, erhöhte seine Beliebtheit im Klub von Tag zu Tag; und wann immer er kam, woran er auch teilnahm, stets war er gern gesehen und fühlte sich mehr und mehr heimisch in diesem Leben, das mehr als je fast jede seiner nicht der Tagesarbeit gewidmeten Stunden in Anspruch nahm. Noch immer waren und blieben die besten seiner Freunde die alten: Nagel, der treue und ernste Berater; Brüning, dessen ausgesprochener Schützling er blieb und der, so oft er nur konnte, den Unerfahrenen auf seinen Reisen begleitete und natürlich stets alles zahlte; und Koepke, der Unzertrennliche, sein Schatten, der bei jedem neuen Siege von neuem aus dem Häuschen geriet und ihm Erfolge voraussagte, über die Felder selbst einstweilen nur lächelte. Aber auch an manchen anderen Klubgenossen hatte er wahre und aufrichtige Freunde, die verlernt hatten, sich an seiner Schwerfälligkeit und Wortkargheit zu stoßen und ihm näher standen, als Felder es selbst wußte.

Und noch eines trug dazu bei, seine Beliebtheit zu erhöhen: trotz seiner erstaunlichen Fortschritte und der in Anbetracht seiner Jugend außergewöhnlichen Siege drängte er sich doch nie zu den Konkurrenzen, und immer war es der freie Entschluß seines Klubs, der ihn – vor der von

Brüning und einigen anderen gelenkten Majorität sich beugend – hinaussandte. So ließ er sich ruhig mitnehmen in die fremden Städte, überwand schnell das anfängliche Unbehagen der hastigen und überstürzten Fahrten, und tat sein Bestes, sich für die Kämpfe möglichst frisch zu erhalten, indem er geduldig die Ratschläge seiner Begleiter über sich ergehen ließ und aß und schlief, wenn diese es für nötig erachteten, und nicht, wenn er hungrig und müde war. Die Reisen selbst interessierten ihn wenig: er sah wohl hier und da eine Sehenswürdigkeit der fremden Stadt, wenn es zufällig eine freie Zwischenstunde erlaubte, auch machte das neue und bunte Hafenleben Hamburgs einigen Eindruck auf den Binnenländer, aber im allgemeinen drehten sich seine Erinnerungen an diese Reisen doch nur um deren Zweck und Ziel: um die Wettläufe am Nachmittag und die Preisverteilung am Abend, und die glichen sich alle mehr oder minder, mochte es nun in Hamburg sein oder in Stuttgart oder Berlin.

Aus diesem Jahre, vielleicht dem glücklichsten seines kurzen Lebens, stammte eine Photographie, auf der er sich zum ersten Male bildlich im Schmucke seiner Siegeszeichen zeigte. Die kleine, braune Rettungsmedaille war fast nicht mehr sichtbar unter den sechs bis sieben großen Silbermünzen, die bereits eine ganze Reihe auf der linken Brustseite bildeten; und um den Hals trug der junge Meister bereits das breite Band mit der kleinen, vergoldeten Medaille, das in leuchtenden Buchstaben den frühen Ruhm seines Trägers verkündete.

Als der »Welt-Sport«, das berühmte und angesehenste Sportblatt der ganzen Welt, Felder um sein Bild bat und es zu Ende dieses Winters seinen Lesern zeigte, schrieb es dazu:

»Wenn wir heute – entgegen unserer sonstigen Gewohnheit – unseren Lesern das Bild eines jungen Schwimmers zeigen, dessen Name, obwohl bereits rühmlich bekannt in seinen Kreisen, doch noch keine eigentlich nationale Geltung erlangt hat, so tun wir es in der sicheren Überzeugung, daß der Name Franz Felder eines, vielleicht nicht einmal fernen Tages über die Grenzen seines Vaterlandes hinaus genannt werden wird. Was uns zu diesem Ausspruch treibt, sind nicht so sehr die in Anbetracht seiner Jugend allerdings außergewöhnlichen Leistungen und staunenswert schnellen Fortschritte dieses Schwimmers, sondern vor allem die Beobachtung der ganz nur auf ein Ziel gerichteten Energie dieses jungen Mannes, mit der er von früh auf sich selbst gesteckte Ziele rastlos und unbekümmert zu verfolgen scheint ... Wir wüßten unter allen deutschen Schwimmern der jüngeren Generation keinen, der uns so zu den höchsten Hoffnungen berechtigt erscheint, wie Franz Felder, der Meister von Berlin über die kurze Strecke der letzten beiden Jahre ...«

Als an einem Sitzungsabend des Klubs die Nummer herumgereicht und von allen Seiten mit launigen und spöttischen Bemerkungen über den Schreiber begleitet wurde, war es wieder nur Nagel, der ernst blieb. Indem er verstohlen das Bild mit dem ihm seit Jahren bekannten Gesicht verglich und Zug für Zug hier wiederfand, was er dort so gut kannte: die niedrige, trotzige Stirn, den Mund mit den ausdrucksvollen, gewölbten Lippen, das energische Kinn und die oft so unnatürlich ernsthaft blickenden blauen Augen mit den scharf gezogenen Brauen darüber – da mußte er innerlich dem gewiegten und in allen Lebenssätteln gerechten Menschenkenner des großen Sportsblattes recht geben und seiner Beobachtungsgabe Bewunderung zollen. Aber was jenen, den gleichgültigen Kritiker, so zu überschwänglichen Prophezeiungen begeisterte, erfüllte ihn mit heimlich-banger Sorge um seinen Schützling.

Er sprach nicht aus, was er dachte. Man würde ihn mitverlacht haben. Denn für die meisten anderen lag alles dies, was er in diesem Augenblick in voller Schärfe sah, noch verborgen unter der Weichheit der Jugend, die in diesen Zügen noch nichts Hartes hervortreten ließ, und gerade in dieser Stunde, in diesem lustigen Kreise, unter diesen ihm so vertrauten und lieben Menschen, kam alles, was in Felders Natur an unbekümmerter Fröhlichkeit, an sich und anderen vertrauender Güte und natürlicher Liebenswürdigkeit lag, hervor. Mit den anderen lachte er über die Überschwenglichkeiten des Reporters, denn wenn je in ihm die Stimme des Ehrgeizes geschwiegen hatte, so tat sie es jetzt. Seine ersten Siege hatten ihn beruhigt. Wenn es so leicht war, zu siegen – nun, dann wollte er noch oft siegen. Aber wozu darüber nachdenken? – Das würde alles schon kommen, wie es kommen sollte. Für ihn war die Hauptsache, daß er seinem Klub Ehre und Freude machte. Hier hatte er die Heimat seiner knabenhaften Wünsche gefunden, und hier wollte er bleiben. Sein Klub würde ihn leiten und ihm sagen, wie weit er zu gehen, wo er stehen zu bleiben hatte. Er vertraute sich ihm ganz.

Er war ganz ruhig, ganz sicher, ganz glücklich.

Er hatte ein großes Vertrauen in seine Kraft gewonnen. Denn er fühlte sie wachsen von Tag zu Tag, von Tag zu Tag!

9

Sie waren eine glückliche Zeit für den jungen Schwimmer – die Jahre dieses rapiden, sicheren und doch nicht überhasteten Aufstiegs.

Aber nie schien ein Sommer in Franz Felders Leben so voll Sonne zu werden wie dieser nächste, der seines achtzehnten Lebensjahres, in dem er seine Lehrzeit beendete und in dem er in einer Fülle anderer erstklassiger Siege, die sich Schlag auf Schlag in fast beängstigender Schnelle folgten, auch seine erste, ganz große Meisterschaft und mit ihr die große goldene Medaille erfocht: die Jahresmeisterschaft von Deutschland über die große Strecke von tausend Metern – den schönsten und reinsten aller seiner bisherigen Siege.

Der Wunsch, sich an diesem höchsten Wettkampf zu beteiligen, um den alle ersten Schwimmer Deutschlands Jahr für Jahr mit ihrem besten Können rangen, hatte lange in ihm gelegen, bevor er sich hervortraute. Die kurze Strecke, über die er sich Meister fühlte, reizte ihn schon nicht mehr. So kam es, daß er sich mehr und mehr auf die langen Strecken legte und im Frühjahr dieses Jahres wochenlang überhaupt nur noch über tausend Meter trainier-

te, bis er auch hier Zeiten erreichte, die sich kühnlich neben anderen sehen lassen konnten. Aus dem unübertrefflichen Flieger war ein ausgezeichneter Steher geworden. Als daher die Beratungen über die jährliche Beteiligung begannen, konnten die schwachen und vereinzelten Einwände meist älterer Mitglieder gegen ihn nur seiner Jugend gelten, und sie wurden von dem allgemeinen lebhaften Verlangen des Klubs nach neuen und größeren Siegen auf neuem Gebiet glatt überstimmt.
Das große Schwimmen des »Allgemeinen Deutschen Schwimmverbandes« sollte in diesem Jahre besonders großartig ausgestaltet werden, jede Art von Konkurrenz im Schwimmen, Springen und Tauchen umfassen und sich über zwei ganze Tage erstrecken, einen Sonnabend und einen Sonntag im Juli. Als Ort war diesmal Grünau gewählt, der allbekannte Sportplatz an der Dahme, der »wendischen Spree«, dem Heim der großen Regatten. Seit Jahren waren keine zahlreicheren und bedeutsameren Meldungen aus allen Orten Deutschlands eingetroffen, und die gesamte Schwimmwelt blickte den entscheidenden Tagen mit außergewöhnlicher Spannung entgegen. Der »Schwimmklub Berlin 1879« hatte neben Felder, der am ersten Tage in einem 200-Meter-Schwimmen, am zweiten sich an dem großen Schwimmen beteiligen sollte, seinen ausgezeichneten Springer, Grafenberger, und zu den kleineren Wettkämpfen mehrere verheißungsvolle Kräfte gemeldet, so daß er schon nach der Zahl seiner Meldungen im Vordergrund des Interesses stand! –
Der Eröffnungstag, der Sonnabend, war nicht vom Wetter begünstigt und verlief auch sonst unbefriedigend. Grafenberger hatte seinen schlechten Tag, und sogar Felder holte sich nur einen zweiten Preis, indem er gegen den Meisterschwimmer Westdeutschlands aus Frankfurt über die 200-Meter-Strecke unterlag. Man trennte sich unter strömendem Regen früh, um sich zu dem Haupttage durch ausgiebigen Schlaf zu rüsten.
Um so zahlreicher und auserlesener war am Sonntag die Zuschauermenge, die in dichten Reihen die Holzbänke an dem sanft aufsteigenden Ufer zu vielen Hunderten

schon vor der angesetzten dritten Stunde des Beginnes besetzt hielt, während von einem wolkenlosen, blauen Himmel die Sonne in vollster Pracht auf Wasser, Wälder und sie, die Menschen, herniederstrahlte.
Fast alles, was in der Welt des Schwimmsports einen Namen hatte, war vertreten. Man sah mehr bunte Mützen und Farben als je zuvor, und aus der Zahl der Zuschauer und der Vertreter und Deputierten öffentlicher Behörden konnte man ersehen, welchen Aufschwung das Schwimmwesen in den letzten Jahren genommen und wie sehr es an Interesse in weiteren Kreisen gewonnen haben mußte.
Von Anfang an wurden alle Rennen mit allgemeinster Aufmerksamkeit verfolgt, und selbst solche, die sonst nur Ermüdung und Langeweile bei den Zuschauern hervorzurufen pflegten, wurden mit Beifall begleitet.
Als dann aber das Hauptschwimmen kam, als die schlanke, ebenmäßige Gestalt Felders die Flut mit der Regelmäßigkeit und Kraft eines Dampfers durchschnitt, als er erst den bestaunten Koloß der Hamburger, dann den Meister der langen Strecke von Süddeutschland, endlich in der letzten Länge auch den bisher als unbesieglich geltenden Karl Becker, den Sieger des Vorjahres, hinter sich ließ und vor allem ebenso ruhig aus dem Wasser stieg, wie er hineingegangen war, da löste sich die aufs höchste gestiegene Spannung in einem nicht endenwollenden Jubel. Es war ein Sieg, so rein und schön erfochten, daß jedes Mäkeln und Deuteln vor ihm verstummte; und so einfach und ungezwungen war die Haltung des Siegers (als habe er das Selbstverständlichste der Welt getan), daß man nicht anders konnte, als ihn bewundern und lieben zu gleicher Zeit.
Felder konnte sich vor den Beglückwünschungen kaum retten. Da es ihm bei seiner Schwerfälligkeit noch immer lästig war, vor so vielen fremden Menschen Rede und Antwort zu stehen, suchte er sich ihnen möglichst bald zu entziehen. Heute hatte er einen guten Grund.
Seine ganze Familie hatte heute ausnahmsweise »nach Grünau hinausgemacht«, um »einmal zu sehen, auf welche Weise er denn zu all diesen schönen Geschenken und den Medaillen käme«. Franz hatte zuerst protestiert. Was

fiel ihnen plötzlich ein? – Er wollte sie nicht da haben. Sie sollten ihre eigenen Wege gehen, wie er die seinen ging. Aber er konnte ihnen schließlich nicht verbieten, unter den Zuschauern zu sein und zuzusehen. So hatte er ihnen denn möglichst gute Plätze verschafft und im benachbarten Restaurant einen großen Tisch am Wasser belegt. »Einen recht großen, denn es würden noch mehrere dabei sein«, meinte sein Vater.

Jetzt kam ihm diese ganze Familiengeschichte gerade recht, um sich auf eine Stunde den anderen zu entziehen. Auch war er ganz zufrieden, daß die Seinen nun endlich einmal gesehen hatten, was aus ihm geworden war, wenn sie auch nicht viel davon verstanden. Denn mehr als je zerfielen für ihn die Menschen in die zwei Klassen: in die, die schwimmen konnten, und in die, die es nicht konnten...

Als er – die Brust bedeckt mit seinen Siegeszeichen – an den Tisch trat, fand er auch bereits seine Familie fast vollzählig vor: die Geschwister, verheiratete und unverheiratete, waren da, die Kinder der ersteren und andere Verwandte. Außerdem befreundete Familien, von denen er nur einzelne Mitglieder kannte – alle bunt durcheinander.

Man hatte ihm einen Ehrenplatz oben am Tische aufgehoben. Er sah sich flüchtig um. Zu seiner Linken saß ein junges Mädchen, das ihm fremd war, zur Rechten seine alte Mutter. Ein paar Plätze von ihm entfernt machte sich ein beleibter Herr mit einer mächtigen Bowle zu schaffen. Überall bekannte Gesichter.

Franz nickte seiner Mutter zu.

Mit einem schwachen und seltenen Versuch, zu scherzen (sein neuer Sieg hatte ihm Mut gemacht) meinte er:

– Na, Mutter, heute ging es ja noch mal gut; aber das nächste Mal ertrinke ich dann sicher. – Die alte Frau glaubte nämlich noch immer, ihr Franz müsse eines schönen Tages seinen Tod im Wasser finden. Ins Wasser gehen bedeutete für sie, sich ganz unnötigerweise einer Gefahr aussetzen; und wenn sie in letzter Zeit auch begriff, weshalb ihr Sohn das tat – denn er brachte doch die schönen

Preise nach Hause – so war sie doch immer noch nicht aller Sorge ledig. So antwortete sie denn nur:
– Wenn du auch schwimmen kannst, ertrinken kannst du doch!...
Man lachte sehr über ihre Antwort, und Franz lachte mit, obwohl er sich ein wenig über das Unverständnis der alten Frau ärgerte.
Da hörte er sich plötzlich von links her angesprochen:
– Kennen Sie mich denn wirklich nicht mehr, Herr Felder? –
Er sah seine Nachbarin überrascht an. Schon als er sich setzte, war sie ihm aufgefallen, und er hatte gedacht, wer sie wohl sei. Sie war noch ganz jung, etwa in seinem Alter, und sehr elegant gekleidet: ein weißes Sommerkleid mit rotem Besatz, ein großer Strohhut, blonde Haare und ein Stumpfnäschen, sehr hübsch und schon recht selbstbewußt – so kam sie ihm vor. Er sah ihr nun gerade ins Gesicht; dann sagte er aufs Geratewohl:
– Aber gewiß, Fräulein, voriges Jahr auf dem Bundesfest...
Er hatte sie nie gesehen. Es kam überhaupt selten vor, daß er mit Damen sprach. Höchstens auf den Vereinsvergnügungen oder auf den Schwimmfesten, wo er von den Damen, die den Sieger in der Nähe sehen wollten, zum Tanze geholt wurde, machte er eine flüchtige Bekanntschaft.
Sie lachte laut.
– Nein, sagte sie, es ist viel länger her...
– Viel länger her? – –
Er wußte nicht, was sie meinte. Er wußte es wirklich nicht, soviel er sie auch ansah.
Sie lachte noch immer; dann kam sie ihm zu Hilfe.
– Na, wir haben doch immer zusammen gespielt, als wir noch Kinder waren. Wissen Sie denn nicht mehr, in der Fruchtstraße, im Hof, da wohnten wir doch. Vatern gehörte doch dazumalen das Haus...
Ja, jetzt erinnerte er sich dunkel, aber auch nur ganz dunkel. So oft, wie sie sagte, »immer«, konnten sie übrigens nicht zusammen gespielt haben, denn er war doch meist fort gewesen, am Wasser. Aber daß sie sich als Kinder

gekannt hatten, war schon richtig, denn er erinnerte sich jetzt sogar ihres Namens: Elise Heinecke.
– Na, Sie hätte ich aber nicht wiedererkannt, Fräulein Heinecke!
– Ja, glauben Sie, ich Sie? – Aber als wir neulich Ihren Namen im »Morgenblatt« lasen, meinte Vater, ob das wohl dieselben Felders sind, die dazumal in der Fruchtstraße bei uns gewohnt haben; und da er doch alles kennt, ist er denn gleich zu dem Herrn Faßbender, was doch der Vorsitzende von Ihrem Verein ist, gegangen, und der hat ihm gesagt, wenn wir uns überzeugen wollten, brauchten wir nur heute nach Grünau zu machen, da würden wir Sie schon in Ihrem Glanze sehen. »Machen wir!« sagte Vater, und auf dem Bahnhof haben wir denn auch gleich Ihre Eltern getroffen. Nein, können Sie aber schwimmen!
Die letzte Bemerkung machte Franz warm. Überhaupt, er wußte nicht, was es war, aber sie gefiel ihm ausnehmend. Es war so leicht, sich mit ihr zu unterhalten. Sie fragte und verstand immer Dinge zu fragen, auf welche er Antwort zu geben wußte. Und wenn er keine gab, so sprach sie gleich weiter und nahm es nicht weiter übel.
Das Schwimmen war vorüber, und der große Garten füllte sich bis auf den letzten Platz mit Sportsfreunden und Zuschauern. Überall an den Tischen gruppierten sich die durstigen Mitglieder der vielen Vereine und ihre zahlreichen Angehörigen. Ganz dicht am Wasser an der anderen Seite hatte sich der S.-C. B. 1879 – heute der Mittelpunkt aller anderen – einen langen Tisch reserviert.
Als Felder, bereits von allen Seiten vermißt, von seinen Leuten gefunden und fortgeholt wurde, war er erstaunt, zu hören, wie schnell die Zeit vergangen war. Er mußte versprechen, nach der Preisverteilung wiederzukommen, um teil an der Bowle zu nehmen, und der alte Heinecke, stolz auf sein gelungenes Werk, sagte ihm mindestens dreimal, sie sei nur ihm zu Ehren angesetzt. Wichtiger aber war für Franz, was auch die Tochter sagte, als er ging: »Ja, Herr Felder, kommen Sie bald wieder. Sie müssen mir noch viel über Ihre Siege erzählen.«
Er dachte an sie, als er unter seinen Freunden saß, und

zum ersten Male, solange er denken konnte, hätte er eine andere Gesellschaft als die seines Klubs vorgezogen, und immer wieder blickte er nach dem Tische hinüber, von wo ein weißes Kleid wie grüßend zu ihm herüberschimmerte.

Als jedoch die Preisverteilung in dem großen Saale des Restaurants stattfand, als er aus den Händen des ersten Verbandsvorsitzenden die schöne große Medaille von Gold erhielt und ihm das breite, dreifarbige Band, an dem sie hing, um den Hals gelegt wurde, als an sein Ohr die Worte schlugen, die ihm galten –: »Wohl noch nie ist ein Sieg, wie der heutige, von einer so jungen Kraft errungen worden. Was aber seinen Wert noch erhöht, ist die tadellose Art, in der er gewonnen wurde. Indem ich Ihnen, Herr Franz Felder, daher hiermit den großen Preis Ihres Sieges, den von allen deutschen Schwimmern am heißesten begehrten, überreiche, kann ich keinem anderen Wunsche Ausdruck geben als dem: Möchten alle Ihre künftigen Siege, mein junger Meister von Deutschland, so rein und schön sein wie dieser heutige ...« – als diese Worte an Felders Ohr klangen und ihn dann wieder der ungezügelte Jubel des ganzen Saales umtoste, da hatte er alles, alles in der Welt vergessen, bis auf seinen geliebten Sport, und nur ein Wunsch, eine Sehnsucht hielt ihn wieder gefangen: sich immer würdig zu zeigen der hohen und großen Ehre dieses Tages.

So sehr hatten ihn die einfachen, warmen Worte des alten Herrn ergriffen, daß er lange Zeit brauchte, um sich zu sammeln. Jeder wollte mit ihm sprechen, jeder ihn und sein Ehrenzeichen sehen. Man zog ihn an diesen Tisch und an jenen, überall wurden ihm offene Hände und gefüllte Gläser entgegengestreckt; er mußte antworten, anstoßen und mittrinken, und als er sich endlich seines Versprechens erinnerte und an den Tisch zurückkehrte, wo ihn die Bowle, seine Familie und ein junges Mädchen erwarteten, da begannen bereits die ersten Schatten des Abends zu fallen.

Wie er sie wiedersah, war er gleich wieder in dem Bann dieser braunen, lustigen Augen. Er nahm die Glückwünsche seiner Familie und eine lange, schwülstige Rede des

dicken Hausbesitzers hin, weil es so sein mußte, aber er sprach fast nur mit ihr.
Sie schmollte erst ein wenig mit ihm, daß er nicht eher gekommen war, aber sie begriff doch, daß er an einem solchen Tage viele Verpflichtungen habe; denn wenn sie auch, wie sie lachend meinte, wohl seine älteste Bekannte hier im Garten sei, so kannten ihn doch alle anderen besser als sie. Sie erzählte ihm, wie sie im Saale gewesen sei und ganz dicht bei der Tribüne gestanden habe, so daß sie jedes Wort gehört habe. Sie bewunderte nach Gebühr seine neue Medaille und las Wort für Wort die Inschrift auf dem Bande, wobei sie es, wie liebkosend, durch die Hand gleiten ließ. Dann kam sie auf die vorhin unterbrochenen Erklärungen seiner anderen Preise zurück, und von neuem mußte Franz ihr Herkunft und Bedeutung eines jeden erklären. So erfuhr sie von allem, was seinem Leben bisher Inhalt und Wert gegeben, und es schien sie aufrichtig zu interessieren, so daß sich Felder sagte: das ist nicht nur ein schönes, sondern auch ein kluges Mädchen.
Später gingen sie miteinander durch den Garten, und wieder stellte sie Fragen, die zu beantworten ihm Freude machte. Sie wollte wissen, wer die an diesem und die an jenem Tische waren, ob es befreundete oder fernstehende Vereine waren. Sie fragte nach den Namen von solchen, deren Brust sie, wie die seine, mit Preisen bedeckt sah. – Waren es Springer oder Schwimmer, wie er? – Hatte er schon mit ihnen gekämpft und hatte er sie geschlagen?
Es machte ihr offenbar Freude, so an seiner Seite durch die Reihen der Tische zu gehen, zu sehen, wie Felder überall von Grüßen und Zurufen begleitet wurde, und dabei mit angesehen zu werden.
In demselben Saale, in dem die Preisverteilung stattgefunden, wurde jetzt getanzt. Als sie hörte, daß er zwar etwas tanze, sich aber nichts daraus mache, meinte sie auch, es könne kein besonderes Vergnügen sein, in dem heißen und überfüllten Raume sich herumzudrehen, wo es doch draußen jetzt so schön kühl geworden sei.
Die Bowle war fast geleert, und überall im Garten brannten die Lichter, als sie von ihrem Rundgang an ihren Tisch

zurückkehrten. Man war natürlich wieder dagewesen und hatte nach Franz gefragt. Die alten Leute waren müde geworden und wollten nach Hause. Die Kinder schliefen schon zum Teil, und man brach auf, da man dem kolossalen Gedränge der letzten Züge und der Gefahr, überhaupt nicht mehr mitzukommen, entgehen wollte. So brach die ganze Gesellschaft zusammen auf. Franz wollte sie noch bis zum Bahnhof begleiten, bevor er sich endlich wieder zu seinen Kameraden gesellte.

Man ging in einer langen Reihe durch den Kiefernforst zu der etwa zehn Minuten entfernten Station.

Es kam wie von selbst, daß der junge Mann und das junge Mädchen die letzten wurden.

Als die Lichter der Häuser in Grünau hinter ihnen lagen, umgab sie die Dunkelheit des Waldes, und sie konnten nur noch die Zurufe der vor ihnen Gehenden hören, ohne die Gestalten mehr recht zu unterscheiden.

Die beiden gingen dicht nebeneinander, so schmal war der Weg. Unsicher über seine Richtung in dem tiefen Dunkel unter dem dichten Nadelholz, kam es, daß sie sich berührten, wenn sie ihn mit ihren Schritten suchten. Sie war stumm geworden, und er, nicht mehr von ihr gefragt, wußte nicht, was er sagen sollte. Sie mußten ziemlich weit zurückgeblieben sein, denn das Sprechen und das Gelächter der Ihren tönte zu ihnen zurück wie aus weiter Ferne.

Wieder stießen sie in der Dunkelheit aneinander, und er hörte, wie sie lachte. Ihr Lachen machte ihm Mut, und er fragte:

– Soll ich Ihnen nicht meinen Arm geben, Fräulein? Sie werden sonst noch fallen.

– Nehmen Sie mich bei der Hand, gab sie zur Antwort, und er fühlte ihre weichen, warmen Finger in den seinen.

Und dann – wie es kam, wußte er nicht – blieben sie beide stehen. Er legte seinen Arm um ihre Taille und beugte sich nieder, um sie zu küssen. Er stieß erst gegen ihren breiten Sommerhut, berührte ihre Wange und küßte sie dann mitten auf den Mund. Sie hielt ganz still.

Dann sagte sie nur:

– Aber nicht doch, Herr Felder ... –

Aber sie ließ seine Hand nicht los, und nach einigen Schritten blieben sie wieder stehen. Diesmal brauchte er nicht zu suchen, denn sie hob das Gesicht zu ihm empor, und er küßte sie wieder und wieder und wieder, und er täuschte sich nicht, wenn er fühlte, wie ihr Mund seinen Mund immer von neuem suchte.

Endlich aber wich sie von ihm zurück.

– Wir müssen uns eilen, sagte sie hastig und eindringlich, die anderen müssen schon am Bahnhof sein.

Sie gingen Hand in Hand so schnell wie möglich, aber keines von ihnen sprach ein Wort. Sie war es, die vorwärts trieb. Bevor sie in die vor ihnen heller und heller aufleuchtenden Lichter hinaustraten, suchte er sie noch einmal an der Hand zurückzuhalten. Aber sie sagte:

– Nein, nein. Wir müssen uns eilen. – Und sie gingen weiter.

Sie wurden von der ganzen Gesellschaft gesehen, wie sie aus dem Walde traten. Sie warteten alle vor dem Bahnhof auf den Abgang des Zuges. Der alte Heinecke machte ein böses Gesicht und ging auf seine Tochter zu. Man suchte den Wartesaal auf. Der Zug hatte natürlich Verspätung.

Dort, in der gräßlichen Enge und Hitze des vollgedrängten Raumes, suchte sich Felder dem Mädchen vergebens noch einmal zu nähern. Nur, als endlich alle auf den Bahnsteig strömten, gelang es ihm, ihr noch einige Worte zu sagen:

– Sie werde doch ganz sicher in acht Tagen auf das Kochseefest kommen? – Vater sei sehr böse, flüsterte sie zurück, – aber sie wolle sehen... Der Ausdruck ihres Gesichtes erschien ihm ganz verändert, wie sie an ihm vorbeiging. Alle Freundlichkeit schien aus ihm geschwunden; es war eine ganz andere als die, welche er noch eben in seinen Armen gehalten.

Als sie alle in dem bereits überfüllten Zuge untergebracht waren – die einen hier, die anderen dort, aber alle auseinander gerissen – und er Eltern und Verwandten Adieu gesagt, suchte er sie noch einmal mit den Augen. Aber er fand die Abteilung nicht mehr, wo sie eingestiegen war.

Eilig ging er den Weg zum Garten zurück. Er fühlte sich so leicht und glücklich wie nie zuvor in seinem Leben.

Als er unter seine Freunde trat, wurde er mit Jubel, aber auch mit unmutigen Bemerkungen über sein Fernbleiben empfangen.

Ob er wohl lange genug Familie gesimpelt habe?—Und ein anderer rief über den Tisch hin:

– Laßt ihn, Franz hat eine Braut ... –

Felder kümmerte sich um nichts, sondern griff nach einem Glase. Er war durstig, durstig und glücklich, und er wurde selbst nicht böse, als ihm ein Dritter in täppischer Vertraulichkeit zuflüsterte:

– Du, die kleine Heinecke mußt du dir festhalten. Der Alte hat Moneten wie Heu. Zwei Holzplätze im Norden ...

Ob er sich wohl *darum* gekümmert hatte! – Er wußte nicht einmal, was der Alte war. Aber das hatte er sich schon gedacht, daß die Bemerkungen nun nicht ausbleiben konnten.

Ein Übermut ergriff ihn, der ihm sonst ganz fremd war. Er hörte nicht, was die anderen sagten. Er lachte und trank und ließ sie reden. Ein schönes Mädchen, ein kluges Mädchen, und wie sie küssen konnte! ...

Es war ein wunderbarer Sommerabend, weich und warm. Die breite Wasserfläche lag still und schwarz und nur vom anderen Ufer her blinkten noch einige Lichter.

Die Bänke und Tische wurden leerer und leerer. Aber noch gegen Mitternacht, als sich der Schwarm verlaufen hatte, kamen an dem Tische der 79er einige der angesehensten Sportkameraden zusammen, um unter sich bei einem letzten Glase nochmals den Sieg des heutigen Tages zu feiern, und unter allen Ehrungen dieses und aller vorhergehenden Feste war keine schöner und wertvoller für den jungen Sieger als die einfache und neidlose Bewunderung, die ihm die Besten ihrer Kunst in dieser späten Stunde darbrachten, indem sie sich zu ihm gesellten. Wieder wurde er ganz der Schwimmer, der er mit Leib und Seele war, und wieder fühlte er sich hier, nur hier unter den Seinen, zu Hause wie sonst nirgends auf der Welt.

Erst als sie lange nach Mitternacht Brünings Motorboot bestiegen und das sicher gelenkte, elegante Fahrzeug lautlos an den flachen Ufern vorüberglitt, während sich die Müdigkeit über die in den Ecken Hockenden und Liegenden breitete, kehrten seine Gedanken noch einmal zu dem jungen Mädchen zurück, das er heute in seinen Armen gehalten und das seine Küsse so willfährig und so innig erwidert hatte, und er konnte in dieser stillen Stunde dem sehnsüchtigen Wunsche nicht wehren, nur noch einmal wieder diese Lippen mit den seinen zu berühren, diese weichen Lippen, die so verständnisvoll zu fragen, so freundlich zu lächeln und so heiß zu küssen verstanden.

10

Acht Tage später schwamm er auf dem Feste des »Deutschen Wettschwimmkartells«.

Zum ersten Male, solange Felder sich an den Kämpfen beteiligte, waren seine Gedanken nicht ganz und ungeteilt bei seiner Aufgabe, obwohl es durchaus kein sicheres Schwimmen für ihn war. Es galt einen vielbegehrten Wanderpreis, der erst nach dreijährigem, Jahr auf Jahr errungenem Siege in den Besitz des Klubs überging, den Preis der Stadt Charlottenburg, zum zweiten Male zu gewinnen, und Felder wußte ganz gut, daß sein großer Sieg des letzten Sonntags die Gegner nur noch hitziger gemacht hatte. War doch der Sieger des vorletzten Jahres, Biedermann vom »Ersten Charlottenburger Schwimmklub«, unter seinen Gegnern und brannte darauf, ihm heute den bereits einmal erstrittenen, dann wieder verlorenen Preis seiner eigenen Stadt streitig zu machen. Er wußte also gut, daß er sich zusammenzunehmen hatte.

Aber er konnte nicht so ruhig sein wie sonst. Immer wieder überflog sein Auge die Menschenmengen, die an dem abgegrenzten Ufer des Wassers langsam die Zuschauerreihen der Bänke zu füllen begannen, ohne unter ihnen das weiße Kleid mit dem roten Besatz und den großen Hut erkennen zu können. Selbst als sein Schwimmen begann, und er an den Start ging, suchte noch sein Blick in dem dichten Gewühl eine Gestalt zu unterscheiden, ohne daß es ihm gelang. War sie gekommen, wie sie versprochen? Oder nicht?

Er dachte immer wieder daran, als er im Wasser lag und die ersten Längen schwamm. Und so kam es, daß er in der Mitte der vierten plötzlich dicht vor sich den Charlottenburger und neben sich einen zweiten Gegner sah, von dem er nicht einmal wußte, wer es war, so wenig hatte er die Konkurrenzen im Gedächtnis. Ein gewaltiger Schrecken durchfuhr ihn. Mit mächtigem Schlage ausholend, ließ er den neben ihm Liegenden hinter sich, erreichte Biedermann, schlug kurz vor ihm an und glaubte gesiegt zu haben. Aber während er sich ruhig an dem Balken hielt und den Abstieg suchte, sah er zu seinem grenzenlosen Erstaunen alle beide, erst den einen, dann auch den anderen, die neue Länge beginnen – und als es ihm plötzlich klar wurde, daß er sich um eine ganze Länge geirrt hatte, waren sie ihm bereits um ein paar Meter voraus und die übrigen teils schon neben ihm, teils ebenfalls am Ende dieser Länge. Da aber hatte Felder auch alles andere vergessen, und sich fest auf die Seite legend und tief Atem holend, sah und dachte er jetzt nur noch eines: sein Ziel! – Wäre die Länge 75 statt 100 Meter gewesen, es wäre ihm nie möglich geworden, die so leichtsinnig und nutzlos verlorene Zeit wieder einzubringen. So aber – und infolge seines ausgezeichneten, nie versagenden Trainings – dachte er keinen Augenblick daran, den Sieg schon verloren zu geben; und während die Richter bereits glaubten, daß er freiwillig ausgesetzt habe, sahen sie ihn jetzt wieder näher und näher kommen, dann an der Seite des zweiten, gleich darauf an der des ersten Gegners liegen und endlich in einer fast unglaublichen Anstrengung dicht vor diesem anschlagen ...

Von tosendem Beifall umhallt, von erregten Fragen über das Geschehene bestürmt, wurde Felder erst jetzt sein unbegreiflicher Irrtum recht klar. Der Schrecken lag ihm noch in den Gliedern und er hatte sich vollständig ausgegeben. Er winkte den Freunden ab, die sich um ihn bemühten, und mußte sich im Ankleideraum sofort setzen, so erschöpft war er. Als er wieder ruhiger atmete, schämte er sich. Das konnte ihm, ihm passieren, sich in den Län-

gen zu irren! – Und das alles, dieses leichtsinnige Aufsspielsetzen eines wenn heute verlorenen, erst in Jahren wieder einbringbaren Sieges, dies alles nur darum, weil er nicht aufgepaßt hatte! – weil er an ein kleines Mädchen dachte, statt an seine verdammte Pflicht und Schuldigkeit! Er hätte sich selbst ohrfeigen mögen, so wütend war er.
Er wurde nicht ruhiger, als er Nagel vor sich sah, der ihn heftig anfuhr:
– Du fängst ja schon an, es dir bequem zu machen. Du paßt wohl schon nicht mehr auf? – Na, weißt du, so leicht ist die Sache denn doch nicht, und solche Scherze solltest du einstweilen noch unterlassen! . . . Sonst könnten sie doch böse Folgen für uns haben! Geschwommen hast du natürlich zuletzt wie ein Schwein! –
Felder sagte kein Wort. Er saß da wie ein Schüler, der von seinem Lehrer bestraft wird.
Er wurde erst ruhiger, als er sich nach dem Ankleiden – er trug heute einzig und allein die große goldene Medaille seiner Deutschland-Meisterschaft auf der Brust – unter seine Freunde mischte und die Erregung wahrnahm, die nach seinem unglaublichen Endspurt unter ihnen immer noch nachzitterte. Keiner habe auch nur einen Pfennig mehr um seinen Sieg gegeben, versicherte man ihm, als man ihn in der letzten Länge so weit hinter Biedermann liegen sah. Ob er mit Absicht zurückgeblieben sei, um zu zeigen, was er könne? – Ob ein Krampf ihn befallen habe! – Ob er sich in den Längen verzählt habe? – so bestürmten ihn die Frager von allen Seiten, bis Felder von neuem ärgerlich wurde und sie stehen ließ.
Er nahm Koepke auf die Seite. Er möge doch einmal nachsehen, ob der alte Heinecke mit seiner Tochter nicht da sei, ja? – Und er möge ihm Bescheid in den Garten bringen.
Koepke rannte fort wie ein getreuer Hund, aber die Antwort, die er nach einer halben Stunde brachte, war nicht geeignet, Felders Laune aufzubessern. Er habe alle Reihen durchgesehen, meldete Koepke, aber er habe von den Gesuchten nichts finden können.
Jetzt war es klar, daß sie nicht gekommen war. Natürlich war der Alte schuld daran, der sie nicht gelassen hatte.

Wie sollte er es jetzt anfangen, sie so bald wiederzusehen? –

Mißmutig saß er vor seinem Biere in einer Ecke des Gartens und ließ seine Freunde schwatzen, soviel sie wollten, ohne ihnen zuzuhören. Mißmutig und noch schweigsamer als sonst blieb er auch den Rest des Nachmittags. Er wartete nur noch die offizielle Bekanntgabe der Resultate ab, dann schloß er sich einem Klubfreund an, der früh nach Hause wollte, da er morgen früh an die Arbeit mußte.

Das einzige, was ihn einigermaßen über seine eigene Dummheit tröstete, waren ein paar Worte, die Brüning ihm zugerufen, als er im Garten an ihm vorbeigegangen war: »Menschenskind, du kannst ja viel mehr, als wir alle wissen und du selber ahnst. Wer das fertig bringt, was du eben getan hast, der kann sich schon einen Scherz erlauben.« Und er hatte ihm zugenickt und war mit seiner Mätresse fortgefahren. — — Ja, Brüning hatte recht: er konnte weit mehr, als alle und er selbst es wußten.

Zu Hause warf sich Felder aufs Bett und verschlief die Erinnerung dieses Unglückstages, wie er ihn nannte, in zehnstündigem Schlaf.

Die ganze nächste Woche nagte es an ihm, daß sie nicht gekommen war. Im Grunde war es weniger die Sehnsucht, sie wiederzusehen, als eine gewisse Unruhe, diesem ihm so unbekannten Gefühl ein Ende zu machen, das ihn für einen Abend, statt zum Schwimmen, in der Nähe ihrer Wohnung auf und ab gehen ließ, in der Hoffnung, sie ausgehen oder heimkehren zu sehen und zu sprechen. Nachdem er fast eine Stunde vergeblich herumgelaufen war, sah er nicht sie, sondern eine ihrer Freundinnen, die er ebenfalls vom vorigen Sonntag her kannte, aus dem Hause treten, glücklicherweise allein. Er ließ sie bis zur nächsten Straßenecke vorausgehen und redete sie dann an.

Die kleine Dicke stieß erst einen erstaunten Schrei aus, als sie Felder erblickte, war es dann aber gleich selbst, die seinen Fragen zuvorkam.

O, Lieschen hatte sie ja in alles eingeweiht – wie gut es war, daß sie ihn sah, denn sie habe ja Nachrichten für ihn! – Er habe sie wohl zufällig gesehen? – Habe er auf Elise hier gewartet? – Nein? – Also: ob er denn noch gar nicht wisse, daß sie fort sei? – Nein? – Ach, es war ja eine ganze Geschichte. Der alte Heinecke sei wütend gewesen am Sonntag vor acht Tagen, darüber, daß sie den ganzen Nachmittag zusammengesessen hätten, und dann, daß sie im Dunklen im Wald zurückgeblieben seien. Schon auf der Rückfahrt habe er angefangen – wenn sie schon daran dachte, würde ihr noch ganz schlecht, so geschimpft habe der Alte. An einem der nächsten Tage sei sie denn auch gleich hingegangen, um von Elise zu erfahren, was denn eigentlich vorgegangen sei. Aber die Freundin habe nur geweint – o so geweint! – und immer nur gesagt, sie möchte doch so gern am Sonntag kommen, um ihn noch einmal zu sehen. Als sie aber endlich Mut gefaßt und ihrem Vater das gesagt habe, da sei die Geschichte von neuem losgegangen, und um ihr ein Ende zu machen, sei sie noch in derselben Woche nach Posen geschickt, zu einer Tante, um dort ein Jahr zu bleiben und die Haushaltung zu erlernen. Sie habe Elise noch vor ihrer Abreise gesehen, und diese habe ihr ausdrücklich aufgetragen, doch Herrn Felder noch recht schön zu grüßen und ihm zu sagen, daß er doch nicht böse sein solle, wenn sie am Sonntag nicht kommen könne, denn es sei doch nicht möglich, daß daraus etwas würde, und so sei es denn schon das beste, wenn sie sich fügten und einander vergäßen ...

So schwatzte die Dicke darauf los, selig, ihre Wissenschaft loszuwerden und einen so guten Zuhörer zu haben. Denn Felder ging neben ihr her, durch die Menschenströme, und erwiderte keine Silbe.

Heute abend sei sie nun oben gewesen – so ging es weiter – um zu sehen, ob noch kein Brief von Elise da sei. Ja, sie habe schon geschrieben: es gefalle ihr ganz gut in der Stadt, in der sie jetzt sei, und in vierzehn Tagen sei ein Ball im Kasino, wo auch Offiziere hinkämen, und sie habe die Tante gebeten, hingehen zu dürfen, und die Tante habe es ihr erlaubt ... Der Alte sei auch schon ganz beruhigt, und er habe heute abend sogar gelacht, als er davon sprach daß seine kluge Elise schon nicht so töricht sei, zu denken, daß »daraus« etwas Ernsthaftes werden könne, denn wenn er – Felder – auch ein vorzüglicher Schwimmer sei, so seien das doch nur brotlose Künste, und er könne doch sein einziges Kind nicht einem jungen Menschen versprechen, der eben erst aus der Lehre sei und keinerlei sichere Zukunft vor sich habe ...

Weiter kam sie nicht. Denn Felder blieb plötzlich stehen und fragte:

– Hat sie Ihnen keinen Brief für mich gegeben?

Nein, keinen Brief. Aber sie habe ihm doch gesagt, daß Elise ihn recht schön grüßen lasse und es so bedauere ...

Dann stand sie wieder allein auf der Straße unter den vorbeieilenden Menschen. Ihr Begleiter hatte ganz unverhofft seinen Hut gezogen, ganz kurz guten Abend gewünscht und war verschwunden. Nicht einmal bis nach Hause brachte er sie!

Felder dachte nicht einmal daran. Was ging ihn die dumme Gans an! – Er dachte an das Mädchen, das mit ihm erst gespielt und ihn dann so leichten Herzens – mit einem flüchtigen Gruß – aufgegeben. Aber es war viel mehr das Gefühl einer erlittenen Beleidigung als das des Schmerzes, unter dem er in dieser Stunde litt. Daß man ihn, den Meisterschwimmer von Deutschland, so behandeln konnte, das war es, was ihn wurmte und einen bitteren Groll in ihm entfachte. Und mehr als alles hatte ihn das Wort des reichgewordenen Holzhändlers von der brotlosen Kunst getroffen. Er biß die Lippen aufeinander vor Wut, wenn er daran dachte, während er die Straße hinunterlief und sich rücksichtslos durch die Reihen der Fußgänger stieß. Als ob er je daran gedacht hätte, dieses Mädchen zu heiraten! – Er hatte überhaupt an nichts gedacht, dieser alte Geldprotz konnte ganz ruhig sein. Das Mädchen hatte ihm gefallen, am meisten die unverhohlene Bewunderung, die er in ihren Augen gelesen, und bei deren Blick ihm so warm geworden war.

Aber ihm geschah ja ganz recht. Warum hatte er seine Leute verlassen und war an den Tisch gegangen. Was gingen ihn die Frauenzimmer an? Er hatte sich bis jetzt nicht um sie gekümmert und sie nicht entbehrt, so würde er wohl auch noch dieses dumme Ding vergessen, um dessent-

willen er heute abend sein Schwimmen versäumte und fast einen Sieg verloren hätte ...
Er sah nach der Uhr. Aber es war schon zu spät. Und mit einer Bewegung des Ärgers schüttelte er diese ganze dumme Geschichte, die ihm schon viel zuviel Kopfzerbrechen gemacht hatte, von sich ab und schlug den Weg nach seinem Klublokal ein, wo er noch den einen oder anderen seiner Kameraden beim Biere zu finden hoffte ...
Von diesem Abend an dachte er nur noch zuweilen an das Mädchen, aber immer wallte von neuem das Gefühl verletzten Stolzes in ihm auf und blieb in ihm zurück – wie ein Rest von Bitterkeit allen Frauen gegenüber.
Mit verstärkter Genugtuung genoß er die zahlreichen Triumphe dieses Herbstes, von denen fast jeder Sonntag ihm einen neuen einbrachte: dieser die Odermeisterschaft und mit ihr die große silberne Medaille; der nächste zum zweiten Male den großen Staatspreis in Hamburg; und bereits der übernächste den vielumstrittenen Preis im Brustschwimmen, den die vereinigten westdeutschen Schwimmklubs gaben – einen silbernen Pokal für seinen Klub, so groß und wertvoll, wie dieser wenige besaß.
Bevor der Winter begann, nahm er sich dann in der Fabrik, in der er noch ein Jahr nach seiner Lehrzeit bleiben wollte, seinen ersten achttägigen Urlaub und machte das große Wettschwimmen des »I. österreichischen Amateur-Schwimmklub Wien« mit, auf dem er am ersten Tage Anton Riegler, den Meister Österreichs über die kurze Strecke, zum ersten Male schlagen durfte; und am zweiten den großen Derbypreis über die lange gegen die Teilnehmer dreier Staaten: Italien, Österreich und Deutschland, unter ungeheurer Erwartung aller beteiligten Kreise, ersiegte.
So griff der junge Meister von Deutschland mit diesen Siegen rasch und beherzt nach den Lorbeeren des Auslandes, nachdem er die seines eigenen, weiten Vaterlandes bereits sein eigen nannte.
Die Fahrt nach Wien, seine erste Auslandreise, war zugleich eigentlich die erste, an der er wirklich Vergnügen empfand. Er machte sie mit Brüning und zwei anderen

Mitgliedern seines Klubs, alten Freunden und lustigen Brüdern, war Gast in der herrlichen Villa eines reichen österreichischen Sportfreundes, der sich die Ehre nicht nehmen lassen wollte, den deutschen Meisterschaftsschwimmer bei sich zu beherbergen, ließ sich den ganzen Tag und die halbe Nacht durch alle Vergnügungen der schönen »Kaiserstadt an der Donau« schleppen und es sich wohl sein unter den leichtlebigen Menschen mit dem sorgenlosen Wesen und der gemütlichen Sprache. Noch nirgends hatte er sich so wohl gefühlt wie hier, und als endlich die acht Tage mit ihren Ausflügen, ihren fröhlichen Mahlzeiten, bei denen es an feschen Mädchen nie fehlte, ihren Fiakerfahrten, den Ronacherabenden und den durchjubelten Nächten zu Ende waren, da war er wie betäubt. Neben dem großen Preise für seinen Klub, dem Ehrenschilde, und den eigenen Ehren brachte er unvergeßliche Erinnerungen nach Hause, und unter ihnen war nicht die letzte die an die Liebe, die er ebenfalls in Wien erst kennen lernen sollte: die reue- und schmerzlose Liebe flüchtiger Stunden, lachend geboten und ohne Besinnen genossen, erfrischend wie ein Trank und süß wie eine vollsaftige Frucht.

Berlin kam ihm nüchtern vor, und er brauchte einige Zeit, um sich wieder an seine eintönige Tagesarbeit zu gewöhnen, nach diesen Tagen, in denen er geehrt worden war wie ein König und gelebt hatte wie ein Millionär!...

Der Winter verging stiller. Beim Hauptschwimmen Berlins mußte er aussetzen. Er war völlig übertrainiert. – Was schadete es? wenn er sich auch ärgerte. In seiner Brust regten sich neue Wünsche des Ehrgeizes, und heimliche Träume erzählten ihm von Siegen, die noch *nicht* die seinen geworden waren.

II

Wieder ging ein Winter und wieder kam ein Sommer.

Und wie alles in diesen letzten Jahren im Leben Franz Felders nur ein rastloses Eilen von Erfolg zu Erfolg gewesen war, so kamen mit dem nächsten Sommer jene Triumphe, die ihn auf eine Höhe führten, über die hinaus kein

Weg mehr ging: neben einer Reihe anderer erster Siege fiel ihm die der Europameisterschaft zu und mehr als das – er behauptete diese Meisterschaft auf jener glorreichen Reise nach England, wo er sie in einem in der Geschichte des Schwimmens einzig dastehenden Rennen gegen die englischen und australischen Meister verfocht, die größten und berühmtesten Schwimmer der Welt.

Die Europameisterschaft über die lange Strecke von eintausendfünfhundert Metern erschwamm er in Grünau auf einem Feste, das der große deutsche Verband, zu dem jetzt fast alle Schwimmvereine des Deutschen Reiches gehörten, in Verbindung mit den größten außerdeutschen Vereinen und Verbänden abhielt, zu dem Schwimmer fast aller Länder des Kontinents erschienen, und das sich zu einem Wettschwimmen gestaltete, wie es in diesem Umfang und dieser Bedeutung in Deutschland überhaupt noch nicht stattgefunden hatte. Es war nicht nur für Berlin, sondern auch für die gesamte Schwimmerwelt Deutschlands das große Ereignis des Sommers, hinter dem alle anderen Veranstaltungen weit zurücktraten. Noch nie hatte man einem Meeting mit solcher Erwartung entgegengesehen, noch nie hatte die Spannung eine solch fieberhafte Höhe erreicht...

Einmütigkeit herrschte unter allen Berliner Vereinen, selbst unter denen, die sonst nie müde werden konnten, sich zu bekämpfen: galt es doch, Berlin würdig nach außenhin zu vertreten, dem alten Ruhme, seit Jahren die eigentliche Heimat der Schwimmerei zu sein, keine Schande zu machen. Daher wurden weder Mühe noch Kosten gescheut, und viele Wochen vorher begannen die Delegiertenversammlungen, um das lange Programm der Tage zu durchdenken, und bis in seine letzten Einzelheiten festzusetzen.

Nie war aber auch die Beteiligung an den Meldungen eine so rege und so aufregende gewesen. Mit Ausnahme Englands waren solche aus fast allen Ländern des Kontinents, von Italien bis Schweden, von Holland bis Österreich eingelaufen, und fast kein in den letzten Jahren genannter Name blieb unvertreten: neben den berühmtesten Schwim-

mern die ersten Springer, die gekröntesten Mehrkampfmeister Europas.
Natürlich waren im Schwimmen alle größten Hoffnungen auf den Meister von Deutschland gesetzt. In seinen Händen lag vor allem der Ruhm Berlins, die Ehre Deutschlands. Wenn er unterlag, so unterlag Berlin; wenn er nicht siegte, so blieb die Meisterschaft von Deutschland in den Händen des Auslandes.
Und Felder wußte es wohl! – Es gab keinen, der so überzeugt wie er selbst von der Wichtigkeit dieses Sieges gewesen wäre. Er fühlte, daß diesmal andere Dinge auf dem Spiele standen als sein eigener Ruhm und der seines Klubs, um die er bis jetzt gekämpft. Die Stadt, in der er geboren war, und sein ganzes Vaterland, das weite deutsche Reich, sahen auf ihn an diesem Tage. Er konnte ihnen keine Schande machen – es *durfte* nicht sein! –
Er trainierte mit beispielloser Ausdauer und Sorgfalt. Da nun auch das Jahr, das er nach seiner Lehrzeit noch in der Fabrik blieb, zu Ende war, wollte er mit dem Eintritt in eine neue Stelle warten, bis das große Ereignis vorüber war. Bei seiner Sparsamkeit hatte er vermocht, etwas zurückzulegen. Auch standen ihm genug Börsen wohlhabender Klubfreunde und Verehrer offen, aber Felder war viel zu stolz, um auch nur das geringste anzunehmen. Er hätte am liebsten seine Sportreisen selbst bezahlt, aber das konnte er natürlich nicht. Außerdem war sein Klub reich genug, um Opfer solcher Art nicht von seinen Mitgliedern erwarten zu brauchen.
Da Felder somit völlig Herr seiner Zeit geworden war, hinderte ihn nichts in seinem Training. Die Erfahrung des letzten Winters hatte ihn klug gemacht, und er hütete sich wohl, des Guten zuviel zu tun. Er hielt sich selbst in strengster Selbstkontrolle und gönnte sich kein Vergnügen, das über die zehnte Abendstunde währte, wo er todsicher bereits im Bett lag. Einige fanden seinen Ernst oft lächerlich; er ließ sie lachen.
Eine Art finsterer Entschlossenheit bemächtigte sich seiner in dieser letzten Zeit. Er wurde noch wortkarger und verschlossener, als er sonst schon war. Zugleich schien auch

die schöne und sonnige Ruhe, die nach den Siegen der letzten Jahre über ihn gekommen war und mit jedem neuen Siege mehr und mehr das Schroffe und abweisend Insichgekehrte seines Wesens gemildert hatte, von ihm zu weichen. Er glich jetzt wieder mehr dem armen und unbekannten Knaben von damals, mit der unjugendlichen Stirn und dem trotzigen Munde, der nichts war und doch so viel werden wollte, als dem von aller Welt gefeierten Sieger, der seine kühnsten Träume zur Wirklichkeit geworden sah und sich in ihrer Erfüllung sonnte.

Und es war ihm in der Tat so, als habe er noch nichts erreicht, als sei erst dieser Sieg über Europa allein alles Strebens wert, erst die eigentliche Krönung eines Gebäudes, zu dem alle anderen Erfolge nur als Stufen führten. Wenn er hier unterlag, er, auf dem die ungeheure Verantwortlichkeit der Repräsentation eines ganzen, großen Volkes lag, so war alles andere umsonst gewesen, so – in seinen bereits überhitzten Gedanken redete er es sich ein – so war nicht nur Berlin, sondern das ganze deutsche Reich dem Spott des mit dem Preise davonziehenden Auslandes preisgegeben.

Denn daß es auch einem anderen deutschen Schwimmer glücken könne, den Preis über »die Fremden« davonzutragen, daran dachte er nicht einmal – so sehr betrachtete er schon sich selbst als den unbesiegbaren Meister seines Vaterlandes. Aber er hatte Furcht vor diesen Ausländern, vor diesen Gegnern, die er nicht kannte, von denen er sich mit den wenigsten gemessen, über deren Kräfte er nichts Bestimmtes wußte. Und ein Gefühl der Unruhe und der Angst, hier, auf seinem eigenen Boden, den er sich gewissermaßen Meter für Meter in diesen Jahren erkämpft hatte, geschlagen zu werden, ließ nicht von ihm und verscheuchte jede unbefangene Freude ... Es war kein Genuß mehr, mit ihm zu verkehren und ihn üben zu sehen, und sein feierlicher Ernst, mit dem er kam und ging, steckte die andern an. Es war wie in den Tagen vor einer Schlacht ...

Er siegte.

In den letzten Tagen wich alle Unruhe wieder von ihm.

Eine große Entschlossenheit leuchtete aus seinen Augen, als müsse er siegen um jeden Preis. Er wies alles von sich ab, er wollte nichts mehr hören und sehen von dem, was alle um ihn herum beschäftigte. Was gingen ihn alle diese fremden Namen und Menschen an – ob er sie kannte oder nicht, er schwamm darum nicht besser. Er wußte nur eines: daß er siegen mußte!

Und gleich als wenn die Kraft seiner Muskeln seinem Willen gehorchen müsse, so geschah, was er wollte.

Er siegte.

Er schlug den berühmten Holländer, den gefürchteten Österreicher, er schlug den riesigen Norweger, einen Hünen an Gestalt und Kraft, er schlug die Besten seines eigenen Vaterlandes zum zweiten und dritten Male, und er siegte über seine eigene Zeit vom Vorjahre mit mehr als drei Minuten.

Ein unbeschreiblicher Tumult entstand, als er anschlug. Die Zuschauer rasten.

Seine Freunde erdrückten ihn fast. Völlig Fremde umarmten ihn. Man trug ihn mehr, als er ging, durch die Reihen von Menschen, die ihre Plätze verlassen hatten.

Deutschland hatte gesiegt. Und in Deutschland Berlin! – Und diese kühlen Berliner, so gern stets zu verkleinernder Kritik geneigt und so abhold jeder Gefühlsüberschwenglichkeit, waren kaum wieder zu erkennen in dem Jubel und der Freude über den Sieg ihrer Stadt.

Unglaublich, dieser Felder! – hörte man allenthalben, was der will, das kann er auch.

Und die Begeisterung wollte sich nicht legen...

Am ruhigsten waren noch Felder selbst und – Nagel. Der sagte schon lange nichts mehr, und nur ein Händedruck zeigte, daß er mitfühlte in diesem Moment. Bei sich dachte er: Jetzt, jetzt wird es sich zeigen – daran, wie er diesen Sieg erträgt. – Brüning rannte umher wie besessen und schrie nach Sekt, und Koepke war völlig unzurechnungsfähig. Er sprach nur noch in Hyperbeln.

An Felders Ruhe, die zudem viel mehr eine äußerliche als eine innerliche war, hatte übrigens eine gewisse seelische wie körperliche Abspannung ihren Hauptgrund. Jetzt, als alles vorüber war, merkte er erst, wie er sich in den letzten Wochen innerlich verzehrt hatte – in dem einen Wunsche.

In demselben Garten, in dem im vorigen Jahre seine Meisterschaftserklärung für Deutschland erfolgt war, wurde ihm nun die höchste aller Ehrungen zuteil, und unter dem achtungsvollen Schweigen vieler Hunderte nahm er den Weltmeisterpreis entgegen ...!

Die ganze warme Sommernacht hindurch dauerte wieder das Feiern um ihn herum. Er lebte ganz in diesen Stunden. Er dachte nicht zurück. Er dachte auch nicht in die Zukunft. Die Stimmen in ihm schwiegen. Zum erstenmal vielleicht in seinem Leben schwiegen sie *ganz*. Er hatte erreicht, nicht was er gewollt: nein, viel mehr als das. Sie mußten heute schweigen, diese Stimmen, denn sie wurden übertönt von dem einmütigen Jubel um ihn her. Die stillen Sterne leuchteten hernieder; der Atem der weichen Nacht spielte um die erhitzten Köpfe, und vom Wasser her kam die frische Kühle, die alle diese Menschen nicht müde werden ließ, zu sprechen, zu trinken, sich zu berauschen am Leben, an Freude und an der eigenen Kraft.

Und Felder trank – trank – trank – alles, was man ihm bot: Sekt, Bier und Wein, aber am süßesten schmeckte ihm der berauschende Trank des Erfolges.

Alles andere hatte er vergessen.

Selbst als er inmitten seiner wildesten Bewunderer wie berauscht endlich zum Bahnhof ging, zog auch nicht ein Erinnern in seine müden und wirren Gedanken, das ihm ein weißes Kleid, einen jungen Leib oder einen warmen Mund wachgerufen hätte.

Müde saß er in einer Coupéecke und während die anderen um ihn herum sich noch immer über den heutigen Tag ereiferten, schlief er ein; und den Sieger über seinen Siegen vergessend, dachten sie erst wieder an ihn und weckten ihn erst, als der Zug in die von der Morgendämmerung erhellte Halle des Görlitzer Bahnhofs einfuhr ...

Die ersten Tageszeitungen waren bereits erschienen. Man griff nach den noch feuchten Blättern und las die kurzen

Zeilen, die den Namen Franz Felders, den Triumph Berlins, den Sieg Deutschlands – in dieser Stunde der Welt verkündeten. Er selbst, der Sieger, war unfähig, sie zu lesen. Die Buchstaben flimmerten und tanzten vor seinen Augen.

12

Der Glanz dieses Tages konnte selbst durch die Reise, die Felder wenige Wochen später nach England unternahm, um dort in dem gelobten Lande des Sports seine Meisterschaft Europas gegen ihre ersten bisherigen Meister zu behaupten, kaum erhöht werden.

Die Reise war nie geplant. Es war an sie nie gedacht. Sie war einfach eine natürliche Folge dieses letzten Sieges.

Während die Sportzeitungen des Kontinents einig waren in der Anerkennung dieses Sieges, verhielten sich die englischen, an Zahl und Bedeutung gleich und im Ton immer überlegen, dem Siege gegenüber skeptisch und erhoben den Einwand, daß England sich nicht beteiligt habe, daß aber England in Sportsachen (wie auch in anderen Dingen) Europa sei, und daß Felder sich erst einmal mit englischen Schwimmern gemessen haben müßte, ehe ihm wirklich dei nur künstlich gemachte Titel des Europameisters gebühre. Natürlich verwahrte man sich gegen diese Beschuldigung und erklärte sie für lächerlich. Man hatte die ersten Schwimmer Europas eingeladen, auch die Engländer. Sie waren nicht gekommen, weil sie eben nie kamen. Und weil sie hochmütige Narren waren, die sich einbildeten, man müsse zu ihnen kommen.

Daher waren auch erst wieder manche Stimmen gegen die Reise Felders nach England. Ein Entgegenkommen dieser Art war ein Zugeständnis, eine Erniedrigung.

Aber andere sagten: Man muß es ihnen zeigen! – Jetzt ist die Gelegenheit da, ihre angemaßte und nur eingebildete Überlegenheit zu brechen. Wenn wir ihnen jede Entschuldigung nehmen, so werden sie sich bequemen müssen, von ihrem Piedestal herabzusteigen, auf dem sie schon viel zu lange gestanden, dann ist Beteiligung an kontinentalen Festen oder aber endgültiger Verzicht die unausbleibliche Folge.

Als dann auch der letzte Einwand: der der zu hohen Kosten dadurch kurz abgeschnitten wurde, daß sich Brüning, der sich jetzt sogar um seine Pferde nicht mehr kümmerte, erbot, sie sämtlich zu tragen und Felder nach England zu begleiten, wurde dessen Beteiligung beschlossen.

Wenn Felder später an diese Reise nach England zurückdachte, so kam sie ihm vor wie ein Traum. Ein wirres Durcheinander von Bildern aller Art zog an seinem Auge vorüber. Zunächst weite Landschaften, die im Fluge an dem dahinrasenden Zuge vorbeizogen. Die dunkle Regennacht auf dem Schiffe: das Meer, das er zum ersten Male sah – ein Wasser, wie er es nie geahnt, Wogen von einer Kraft, gegen die das mächtige Schiff rang, wie sein Körper rang gegen die stille Flut seines heimatlichen Flusses, und an der menschliche Einzelkraft zerbrechen mußte wie ein Streichholz unter dem Schlage eines Hammers. Wasser, nur Wasser, dasselbe Wasser, das er kannte und liebte wie kein anderer – und doch ein ganz anderes Element. Nicht das, welches ihm vertraut war von Jugend auf, sondern eine fremde, unheimliche Kraft, mit der zu messen er sich nie getraut hätte, vor der ihm graute, da er der Schwächere, ein Nichts war vor ihr ... das war das Meer! ... Elend, ganz zermalmt von der lächerlichen und doch so mächtigen Krankheit der See, atmete er erst auf, als er wieder Land unter den Füßen fühlte – er, der es sonst nur widerstrebend betrat, da er sein geliebtes Wasser verlassen mußte – und nur mit Schaudern dachte er an das Gebrüll, die Feindseligkeit, die ganze Furchtbarkeit des fremden Wesens zurück, das ihn behandelt hatte wie den ersten besten, eine Katze, die ein Tiger geworden war, ein Freund, plötzlich verwandelt in einen Feind, der die Maske fallen gelassen und ihn niedergeworfen, um ihn zu ermorden! ...

Dann, noch die Angst um das – gerettete – Leben in den Gliedern, die Öde und Unermeßlichkeit der in ewigen Dunst gehüllten Stadt, vor deren Grenzenlosigkeit ihm sein Berlin wie ein Dorf erschien. Endlich, in schärfstem

Kontrast dazu, die Tage der Races an dem stillen, umbuschten Ufer der Themse, wo der Himmel wieder lachte und der Frieden wieder in den versteckten weißen Häusern zu wohnen schien, wo er seinen Mut wiederfand, den Mut, sich daran zu erinnern, weshalb er hierher gekommen war, und die Kraft, zu siegen, sich wirklich den ersten Preis zu holen, weil er sich hier endlich wieder daheim fühlte, daheim im Wasser ...
Und die Bilder nach dem Siege.
Der Jubel dieser ihm erst so ernst, so steif erschienenen Menschen, gegen den der Beifall von Grünau wie ein Murmeln war. In seinem ganzen Leben zusammen hatte er nicht so vielen Menschen die Hand geschüttelt wie an diesem Tage. Man renkte ihm fast den Arm aus. Und dann schleppte man ihn zwei Tage lang von einer Festlichkeit zur andern, durchzog in Reihen von zwanzig Cabs – in denen nur je einer sitzen durfte – wie in einer Prozession die endlosen Straßen Londons, behandelte ihn wie einen Fürsten und überschüttete ihn in beispielloser Generosität und Gastfreundschaft mit Gaben jeder Art. Am letzten Tage überreichte ihm irgend jemand, dessen Namen er nicht einmal wußte, ein Ehrengeschenk von 150 Pfund, da man gehört hatte, daß er völlig auf die Arbeit seiner Hände angewiesen war. Es wurde mit so viel Achtung und Selbstverständlichkeit angeboten, daß Felder es unmöglich ausschlagen konnte. Er war ganz gerührt. Er hatte gedacht, diese Engländer würden es gewaltig übelnehmen, wenn ein Ausländer daherkam und sie auf ihrem Grund und Boden schlug, und nun sah und fühlte er überall nichts, als die neidloseste Bewunderung und eine Verehrung, wie sie ihm in solchen Formen noch ganz unbekannt war.
Und doch – war es die fremde Sprache oder was war es? – so gemütlich wie in Deutschland oder gar in Wien waren diese Tage nicht. Alles ging in ewiger Hast, von einem zum andern. Nie setzte man sich zu einem Glas Bier zusammen, um in Ruhe alles zu besprechen. Getrunken wurde zwar genug – und was nicht alles durcheinander! – aber alles im Fluge, im Stehen, und von einer Hand ging er in die andere, fast wie eine Sache, an der jeder ein Anrecht

hatte. Jeder wollte ihm die Hand geschüttelt und mit ihm getrunken haben ... Und immer wieder mußte er trinken und Hände schütteln, bis er am Abend so müde war, daß er die rechte nicht mehr von der linken zu unterscheiden wußte.

Nein, so gemütlich wie zu Hause war es nicht, und Felder war fast froh, als es an die Heimreise ging. Eigentlich hätte er sich nicht fremd zu fühlen brauchen, denn Brüning und ein anderer Klubgenosse waren stets mit ihm, und der erstere war der beste Reisemarschall, den man sich denken konnte: überall zu Hause, in allen Sprachen gerecht, praktisch und erfahren, dabei in unerschöpflich guter Laune und den schwerfälligen Felder über jede Verlegenheit spielend hinübertragend. Man kam aus dem Lachen mit ihm gar nicht heraus.

Aber Felder wurde nie ganz froh. Denn ohne es sich selbst einzugestehen, fürchtete er sich vor dieser Heimreise. Wieder sollte er – und diesmal einen ganzen Tag – sich dem furchtbaren Element anvertrauen, wieder ihm machtlos und jämmerlich gegenüberstehen und sich in elender Ohnmacht vor diesem Wasser krümmen, das er sonst siegreich packte, wo immer er es traf...

Er hätte sich nicht zu fürchten brauchen. Als sie nach einer letzten, halb durchjubelten und durchtrunkenen Nacht am Morgen von Queensborough abfuhren, war er so müde, daß die Freunde ihn fast aufs Schiff trugen, und kaum auf ihm angelangt, schlief er wie ein Toter bis zu dem Augenblicke, wo sie ihn in Vlissingen wieder aufweckten.

Das war seine Reise nach England.

Alles war herrlich, glorreich, einzig gewesen. Aber er war froh, als er wieder in Berlin war, wieder die heimatlichen Laute um sich herum vernahm und das Schreckgespenst vergaß, das ihn angegrinst hatte wie der leibhaftige Tod.

Denn er hatte es sich jetzt klar gemacht: das Meer war das Meer, und das Wasser war das Wasser. Aber dasselbe waren beide nicht! – Nie wollte er das Meer wiedersehen.

Hätte er es gesehen, wie es in stahlblauer Pracht dalag

ruhig, verschwiegen, lockend, wie ein tiefer See, und nur leise erzitternd unter den Strahlen der Sonne, wie es liebreich und versöhnt den Sieger heimtrug auf seinem breiten Rücken, er hätte es wiedererkannt als sein Element und nicht geruht, bis er sich seiner salzigen Flut anvertraut und die Wonnen seiner Umarmung genossen.

13

Das war Franz Felders Reise nach England, von deren Triumph nun die Zeitungen berichteten: ein wirres Durcheinander von Bildern aller Art, und leuchtend nur die Erinnerung an seinen Sieg, der ihm erst durch diese Berichte recht deutlich zum Bewußtsein gebracht wurde – den Sieg über die ersten Gegner der Welt, die von keiner Seite fürs erste mehr bestrittene Meisterschaft von Europa, die höchsten erreichbaren Auszeichnungen, und ein Ruhm, der seinen Namen von jenem Tage an für alle Zeiten unvergeßbar in die Annalen des Schwimmsportes eingrub.
Er hatte erreicht, was er gewollt.
Was er ersehnt, war Erfüllung geworden.
Er konnte etwas, was kein anderer Mensch außer ihm konnte.
Er war der Meister des Wassers.
Er hatte seinem Klub zu seinem alten Ansehen verholfen.
Mehr: er hatte seinen Namen mit dem eigenen berühmt gemacht weit über die bisherigen Grenzen. Seine Schuld war beglichen.
Aus dem armen Knaben war ein junger Mensch geworden, auf den alle mit Stolz und Bewunderung sahen, der keine Not mehr zu leiden brauchte, so viele waren der hilfreichen Hände, die sich ihm entgegenstreckten.
Nein, es war nicht richtig, daß er erreicht, was er gewollt.
Nie hatte er so hoch gewollt. Er war dahin getragen, wohin er sich nie zu sehnen gewagt.
Und so hoch war er getragen, daß er sich fragen mußte: wohin nun? – So viel hatte er erreicht, daß ihm nichts mehr zu wünschen übrig blieb.
Welcher Weg führte noch über die Höhe hinaus, auf der

er stand? – Denn sich dort zu behaupten erschien ihm selbstverständlich.

Die Welt nannte seinen Namen.

Er vergaß nur zweierlei: daß die Welt, die er so nannte, nur ein unendlich kleiner Teil der wirklichen weiten Welt war – wenn es auch die Welt war, in der er lebte; und daß selbst dieser kleine Teil von Menschen, die ihn heute anstaunten und bejubelten, sich seiner vielleicht morgen noch erinnern, ihn aber ganz sicher übermorgen vergessen haben würden.

Aber wie ihm seine Sache von jeher allein nur als die einzig wichtige erschienen war, so konnte er die Welt nie richtig messen, weil ihm von jeher jeder andere Maßstab gefehlt hatte. So war er allmählich dahin gekommen, sie nur unter einem einzigen Gesichtspunkt zu sehen, und jetzt folgerichtig dahin, sich als ihren Mittelpunkt zu betrachten.

Das einzige, was er sich noch wirklich klar machte, war, daß er jetzt die Höhe seiner Kraft erreicht hatte. Über sie hinaus konnte er nun nicht mehr.

Übertraf ihn, ja erreichte ihn nur irgendein anderer, so war es aus.

Es galt daher, sich auf dieser Höhe zu erhalten. Das mußte nun sein nächstes Ziel sein. Aber es war kein Ziel mehr, das ihn reizte.

Daher war er jetzt, auf der Höhe, nicht mehr so glücklich, wie er gewesen war, als er sie erklommen und jede seiner Bewegungen von tausend Augen verfolgt sah. Aber glücklich war er doch noch.

Daß einmal ein Tag kommen mußte, mochte er sich auch noch so lange behaupten, an dem er herabsteigen mußte, um einem anderen Platz zu machen, das wußte er. Darüber gab es keine Täuschung. Das war so sicher wie der Tod.

Aber er dachte nie an diesen Tag. Er wollte es nicht! –

Er stand oben und sah hinab auf den Weg, den er gemacht. Und aus der Tiefe zu ihm herauf klang berauschend Jubel und Neid gleich stark in seine Ohren. –

In dieser Zeit brachte jenes größte und angesehenste Sportblatt der Welt, das seinen Namen »Welt-Sport« daher nicht mit Unrecht führte, abermals sein Bild und erzählte seinen Lesern die einfache Geschichte seines Lebens und die bei- spiellose Geschichte seiner Erfolge.

Die Biographie konnte nicht mehr sein als die einfache Wiedergabe schlichter Tatsachen. Das Bild war die Reproduktion nach einer vorzüglichen Photographie. Sie zeigte den Meister von Europa im Brustbild, bekleidet, und neben den allerhöchsten Ehrungen nur die eine kleine, schlichte – und doch vielleicht die höchste von allen –, kaum erkennbar neben den schweren Medaillen von Gold und Silber, die kleine Münze, die er sich als erste Ehre einst, vor langen Jahren, geholt, indem er das Leben eines Menschen gerettet.

Das Bild selbst zeigte ein ernstes, schönes und stolzes Gesicht. Es war nicht mehr das Gesicht des Knaben. Derselbe war nur noch der seltsame Zug von Entschlossenheit um den Mund, und unverändert war noch die etwas niedrige, trotzige Stirn. Aber die Weichheit, die Rundung der Wangen und des Kinns, und vor allem der gutmütige, vertrauende Blick der blauen Augen waren verschwunden und einem frühernsten Ausdruck gewichen, so daß das Gesicht an Bedeutung gewann, was es an Liebenswürdigkeit verloren hatte. Es war das Gesicht eines Menschen geworden, der ruhig, selbstbewußt und entschlossen in steter Wachsamkeit um sich und in die Ferne blickt, damit ihm niemand zu nahe komme; der Ausdruck einer stets bereiten Abwehr, der in seiner furchtlosen Kühnheit ersetzte, was dem Gesicht an tieferer geistiger Intelligenz mangelte. In dem Augenblick der Aufnahme war er so lebendig geworden, daß er es eigentümlich belebte und interessant machte.

Es war noch immer ein sympathisches Gesicht, aber das liebenswürdige, gute Gesicht des Knaben war es nicht mehr.

Ein anderes Bild aber – aus derselben Zeit –, das den Meisterschwimmer in voller Figur und im Trikot zeigte und auf dem das Gesicht gegen den Körper zurücktrat, störte in keiner Linie. Es war das Bild einer wundervoll sicher und gleichmäßig entwickelten, vom Leben noch völlig unangetasteten, ganz einzigen Kraft in der Siegessicherheit ihrer Jugend.

14

Mit schweren Füßen gehen wir über die schwere Erde. Ewig ist in uns die Sehnsucht, uns über sie erheben zu können, und noch im Tode bitten wir, sie möge uns leicht sein. Denn schwer ist sie uns, wie das Leben.
Aber wir können nicht fliegen. Neidvoll sehen wir den Vögeln nach, die sich in die Luft erheben, die für uns zu leicht ist.
Zu schwer die Erde, zu leicht die Luft.
Aber wir können schwimmen.
Zwischen Himmel und Erde wiegt uns das Wasser. Halb zieht es uns hinab, halb trägt es uns hinauf.
Wir sind noch nicht oben, aber wir sind nicht mehr unten.
Es gibt uns das Vergessen: das Vergessen der Erde und die Ahnung, im Himmel zu sein, wenn es uns trägt.
Wir haben keine Flügel, aber wir fühlen die Schwere der Erde nicht mehr.
Wunderbares Element! – Warum haben wir uns aus dir, das unser aller Heimat und Wiege war, auf die Erde geflüchtet? – Warum sind wir nicht in deinen stillen, traumlosen, seligen Tiefen geblieben, statt in das Getöse, den Staub und den Kampf der Erde zu treten? – Warum keuchen wir aus schweren Lungen, statt mühelos aus leichten Kiemen zu atmen? –
Weil wir Wärme, Licht und Leben brauchten? – Ach, die Wärme der Erde ist sengende Glut, ihr Licht blendet unsere Augen, und unerträglich ist uns meisten das Leben.
Dort unten war Kühle, Dämmerung und Traum.
Aber wir wollten hinauf: aus den Tiefen hinauf auf die Erde. Und dann wollten wir höher und höher, von der Erde in den Himmel. Wir können es nicht. Und verzehren uns nun in der ewigen Sehnsucht, die nicht hinauf kann und nicht mehr hinab.
Wunderbares Element! – Die meisten haben dich vergessen. So fremd bist du ihnen geworden, daß sie Furcht vor

dir haben. Und statt sich dir anzuvertrauen, blicken sie mit angstvollen Augen auf dich und zittern vor der Berührung mit dir. Mit dir! – Mit dir, das du sie trägst und wiegst und ihnen neues Leben geben möchtest, das du ihnen den Staub aus den Augen und die Qualen vom Herzen wäschest und sie nur sinken läßt, wenn sie, dumm und ungebärdig, dich mißhandeln mit plumpen Gebärden und ungeschickten Fäusten, und, das Unmögliche heischend, in dir den Himmel suchen. Sie alle, die vergessen, daß du nicht wie ein Sklave behandelt sein willst, und es dir verdenken, wenn der Freie sich im Zorn empört und die ungebetene Last von sich abschüttelt und begräbt.

Aber nicht alle haben dich vergessen.

In einigen lebt noch die Sehnsucht nach dir fort, wie das Verlangen nach der Reinheit aus dem Schmutze, und wenn sie zu dir kommen, so nimmst du sie in die Arme, wiegst sie, küssest sie und vergiltst tausendfach jede ihrer noch so ungeschickten Liebkosungen. Und wer sich dir einmal so zu eigen gab, der begehrt den Himmel nicht mehr und kehrt nur auf die Erde zurück, weil ihr Staub ihn gebar und ihn nährt, der kehrt zu dir zurück, wann immer er kann, der ist dein eigen geworden für Lebenszeit...

Einer von diesen wenigen war Franz Felder. Als sich kaum die kleinen, dicken Kinderfäuste von der Mutterbrust gelöst, hatte ihn das erste, selbständige Lebensverlangen nicht auf das weite Feld der Erde, sondern in die stummen Tiefen des Wassers gezogen. Und das Wasser hatte ihn empfangen wie sein eigenstes Kind, hatte ihn unterwiesen in der Kunst des Lebens, ihn verhätschelt, ihn auf alle Weise der gehaßten Erde zu entreißen versucht, die Sehnsucht nach sich auf alle Art genährt, bis er sein eigen geworden war mit Leib und Seele.

So war es sein erster Spielkamerad gewesen und sein einziger geblieben. So war es sein erster Freund geworden, und in der Stunde, als er, noch fast ein Kind, bei einem allzu hastigen Sprunge sich eine tiefe Fleischwunde an einem Nagel, den er streifte, in den Arm riß, und sein Blut sich mit dem Wasser mischte, das es trank, war zwischen ihnen die Blutsbrüderschaft entstanden, die sich erst lösen konnte mit seinem Leben. Die Wunde war geheilt, das Wasser heilte sie wie von selbst, aber die Freundschaft zwischen ihnen hatte gewissermaßen ihre Weihe erhalten, und alle seine kleinen Schmerzen und Wunden trug Franz fortab zu seinem Freunde und ließ sie von ihm heilen, die offenen und die verschwiegenen.

Nun war das Wasser sein Gegner geworden.

Sie rangen miteinander, doch es war nicht das kindliche Spiel mehr des Augenblicks, vergessen im nächsten. Aus der knabenhaften Balgerei war ein ernsthaftes Messen der Kräfte geworden. Aber es war noch immer der achtungsvolle Kampf zweier Gegner, die sich vor und nach ihm die Hand schütteln und voneinander gehen ohne jeden Groll.

Noch immer herrschte die volle Eintracht der Einigkeit zwischen ihnen.

—

Dritter Teil

I

FRANZ FELDER WOHNTE NOCH IMMER BEI SEINEN Eltern. Zwar nicht mehr in dem dumpfen Keller, in dem er einen Teil seiner Jugend verbracht, aber doch immer noch in einer Hofwohnung, ohne viel Licht und Wärme. Er hatte sein eigenes Zimmer. Hier hingen alle seine Trophäen. Die Ehrenpreise, die in Gegenständen bestanden und nicht in den Klubbesitz übergegangen waren und dort das Vereinszimmer schmückten, hatte er zum Teil seiner Mutter überlassen, die mit ihnen die dürftige Armut der vorderen Wohnstube zu verdecken suchte. Dort stand das große Bierservice, die Fruchtschale aus Cuivre, der Rauchtisch und manches mehr – Dinge, die oft mehr dem guten Willen als dem Geschmack ihrer Stifter Ehre machten. Aber alles, was er sich sonst errungen in seinen vielen Kämpfen, hing hier in seinem eigenen kleinen Zimmer in Gestalt dorrender Lorbeerkränze und mehr oder minder künstlerisch ausgeführter Diplome an den Wänden, und von den bunten Schleifen leuchteten goldene Inschriften. Bis an die niedrige Decke hinauf hingen sie, und über dem Bette war fast schon kein Platz mehr für neue Ankömmlinge. Auch hatte Felder es längst aufgeben müssen, sich alle seine Urkunden einrahmen zu lassen.

Auf der Kommode in einem großen Glaskasten—dem Geschenk eines Klubfreundes, eines Schreiners, zu Weihnachten – lagen auf roter Sammetunterlage alle seine Medaillen, goldene und silberne, große und kleine, alle an ihren Schleifen, eine ganze Sammlung von nicht geringem Wert. Sie war sein höchster Stolz! – Mit welcher Liebe nahm er nicht zu den Festen Stück für Stück heraus, um es, eins nach dem andern, auf seiner Brust zu befestigen; mit welcher Sorgfalt legte er nicht jedes einzelne an seinen rechten Platz zurück! – Bei jedem neuen Siege verrückte der neue Erwerb den Platz und die Stellung der anderen, und in immer neuer Gruppierung lagerte sich um die schweren, goldenen Rundstücke erster Siege die Schar der kleinen Trabanten, alle gleich gekannt, alle gleich geliebt. Denn an jeden knüpfte sich eine unvergeßliche Erinnerung.

So viele waren ihrer geworden, daß sie längst nicht mehr auf der breiten Brust des Meisterschwimmers Platz fanden. Auf seiner letzten Photographie trug er daher nur die wichtigsten selbst – die breiten Bänder um den Hals und die großen goldenen und silbernen Münzen auf den Rockschlägen; die anderen waren auf einem Schilde reihenweise geordnet, das auf einer Art Staffelei neben ihm stand, auf die er die Hand legte. Das ganze Bild des beutebeladenen Siegers erschien ebenfalls alsbald in einer Sportzeitung und übte stellenweise auf unwissende Laien eine erheiternde Wirkung aus, die keineswegs beabsichtigt war.

Auch dieses Bild prangte in der kleinen Stube, und was außer ihm an Bildern dort noch zu sehen war, es stellte immer nur ihn dar: Franz Felder. Da war er als kleiner Junge mit seiner Rettungsmedaille auf der Brust, dick und ernst; als junges Mitglied des S.-C.B. 1879 mit der hellen Mütze und dem Zeichen seines ersten Sieges auf der Brust; ein Jahr später als neugebackener Berliner Meister – noch ohne Band um den Hals, aber doch schon gekrönt mit einem ersten Preise und mit jenem seltsamen Zug um den Mund, der auf keinem der späteren Bilder mehr fehlte. Endlich all diese Bilder der späteren Jahre, aufgenommen in all den verschiedenen Städten, wo man ihn mit zum Photographen genommen oder ihn beim Fest selbst noch schnell vor den Kasten gestellt, ehe er ins Wasser ging, immer um ein paar Zoll größer, immer etwas selbstbewußter in der Haltung, je mehr die Zahl der Zeichen auf seiner Brust wuchs – da waren sie alle bis auf dies letzte, wo die Zahl der Ehren so groß geworden war, daß er ihre Last nicht mehr selbst tragen konnte... Und da waren die anderen Bilder, die Gruppenaufnahmen, auf deren keinem er fehlte: erst mehr an der Seite, fast versteckt unter den anderen, dann immer mehr in die Mitte gerückt, bis seine Person die Mitte selbst bildete – diese Aufnahmen, ausgeführt zum größten Teile von irgendeinem Amateurphotographen, mehr oder minder gut gelungen, aber jede einzelne eine liebe Erinnerung an die fröhlichen Stunden eines Ausfluges, einer Veranstaltung des Klubs, erfüllt von Gelächter und immer überstrahlt von der unversiegbaren Fröhlichkeit der Jugend.

Und endlich die Bilder, die ihn darstellten unter seinen Mitschwimmern bei den Konkurrenzen, Aufnahmen, wie sie in letzter Zeit bei den wichtigsten Hauptschwimmen gewöhnlich gemacht wurden, bevor man an den Start ging. Alle Namen, die überhaupt in der Schwimmerwelt in den letzten Jahren genannt wurden, waren da vertreten, alle die mehr oder minder gefährlichen Gegner, alle, mit denen er, Franz Felder, gerungen, alle, die er besiegt hatte... Er kannte sie alle und lächelte, wenn sein Blick auf ihren Gesichtern ruhte. Im Momente der Aufnahme noch ruhig, fast gleichgültig – wie verändert waren sie alle wenige Minuten später, wo es drauf und dran ging! – Wie verschieden waren diese nackten, nur mit dem Trikot bekleideten Gestalten: der eine lang und hoch aufgeschossen wie ein Turm und sehnig wie ein Pferd; der andere kurz und untersetzt mit mächtigen Schenkeln und einer phänomenalen Brustweite; der dritte ebenmäßig und schlank, in nichts fast seine Kraft verratend; und immer war es Felder, der diesem Dritten glich. Auf allen Bildern stand seine schöne, schlanke Gestalt hoch aufgerichtet und ruhig unter den anderen, und seine ernsten und mutigen Augen verliehen seinem Gesicht einen Zug von Leidenschaftlichkeit und Intelligenz, den man vergebens auf denen der anderen suchte...

Schließlich füllte eine Ecke des Zimmers ein großer Stoß von Programmen und Zeitungen: die Programme der Wettschwimmen, an denen er teilgenommen, und die Zeitungen, die über sie berichtet hatten. Es war schon ein ganzer Haufen, und Felder hatte ihn sorgfältig gesammelt. Koepke hatte ihm dabei geholfen und sorgte dafür, daß nichts fehlte.

So hatte er alles um sich herum in dem kleinen Raum, was seines Lebens ganzen Inhalt ausmachte, und darum fühlte er sich wohl in ihm.

Seine Familie bedeutete ihm schon seit langem nur so viel, als sie ihm diese Heimat erhielt. Ihre Interessen waren nur noch in wenigen äußerlichen Dingen die seinen. Jeder ging seine eigenen Wege, und man war es beiderseits zufrieden. Wenn er seiner Mutter zur Ausschmückung des Vorderzimmers die Wertpreise überließ, so tat er es nicht nur, weil sie ihn in seinem kleinen Zimmer beengten, sondern hauptsächlich, weil er auf sie weit weniger Wert legte als auf seine Diplome und Medaillen. Er wußte nichst mit ihnen anzufangen.

Ganz Herr seiner selbst, mit eigenem Schlüssel zu eigenem Eingang, kam und ging er, wie er wollte, und längst war jeder Anspruch seiner Familie an seine Zeit verstummt. Von den heranwachsenden Geschwistern zeigte keiner besondere Lust zu seinem Sport; daher interessierten sie ihn nicht. Sie gehörten für ihn zu dem »anderen Teile« der Menschheit.

So war die einzige Veränderung in seinem äußeren Leben eigentlich nur die, daß er seine Stellung aufgegeben. Als seine Beteiligung an den ausländischen Konkurrenzen immer wieder die Bitte um Urlaub nötig machte, wurde der sonst ziemlich geduldige Chef unwirsch, und vor Felders englischer Reise sagte er ihm, er möge zwar ein großer Schwimmer sein, aber das könne ihm doch für seinen eigentlichen Beruf nichts nützen, und er möge lieber seinem Sport etwas weniger Zeit opfern... Wie der kleine Junge vor Jahren unter den Worten des Rektors, so bäumte sich jetzt der gefeierte Meisterschwimmer auf; aber er war zu stolz geworden, um überhaupt ein Wort der Entgegnung zu verlieren. Er ging. Wenn man nicht wußte, wer er war, so sollte man es bleiben lassen oder es lernen. – Daß er zeitweilig ohne Stellung war, kümmerte ihn wenig. Als er dann von England kam, war er durch die ihm gebotene Ehrensumme jeder augenblicklichen Not enthoben, und er arbeitete von da an nur, wenn es ihm gefiel...

Größer war die innerliche Veränderung, die mit ihm vorgegangen war in diesem Jahre. Als er von England als der unangefochtene Meister Europas zurückkehrte, fiel sie zum ersten Male seinen Klubbrüdern auf. Ernst und schweigsam war er eigentlich immer gewesen, aber nie hatte sich seine große Gutmütigkeit und Freundlichkeit verleugnet. Jetzt war etwas Strenges und Hartes in sein Wesen gekommen, das ihm nicht eigen gewesen war. Wie er gegen sich war, so wurde er nun auch gegen andere.

Auch seine Unbefangenheit war nicht mehr dieselbe. Er wußte, was er seiner Würde schuldig war, und war eifersüchtig auf sie. Er verlangte, daß sie respektiert werden sollte, und hatte angefangen, darauf zu achten. Leichtigkeit im Umgang hatte er nie besessen, aber die Schwerfälligkeit seines Wesens war nie so hervorgetreten wie jetzt, wo er nicht mehr im Hintergrunde stand. Bei den Sitzungen glaubte er an den Beratungen teilnehmen, in die Verhandlungen eingreifen zu müssen. Da ihm die Gabe der Rede jedoch völlig abging, so vermochte er sich nur unbeholfen auszudrücken, und man fand allgemein mit Recht, daß er besser täte, zu schweigen wie bisher. Dennoch hatte man so viel Achtung vor ihm und seinem leidenschaftlichen Ernst, seiner hingebenden Liebe zur Sache, daß man ihn geduldig anhörte.

Eine bisher fremde Ungeduld hatte ihn ergriffen; er wollte immer weiter und weiter, ohne doch recht zu wissen, wohin noch. Bei den meisten Mitgliedern des Klubs aber, besonders bei den älteren, machte sich eine gewisse Ermüdung nach so vielen großen und lauten äußeren Erfolgen geltend, und sie verlangten mit größerer Entschiedenheit nach einer einheitlichen Ausbildung des Ganzen, nach einer ruhigeren Entwickelung als bisher.

Noch hatte Felder nichts an Freundschaft und Achtung verloren. Im Gegenteil: seine Siege hatten ihm begeisterte Bewunderer erworben, die mit ihm durch dick und dünn gingen und bei denen er alles galt. Aber man fand den Verkehr mit ihm nicht mehr so bequem wie früher. Man fühlte, hier mit Bedauern, dort mit Unmut, daß er nicht zufrieden war.

Und so war es auch: in dieser Zeit, die nach beispiellosen Erfolgen die glücklichste und schönste seines Lebens hätte sein müssen, war er nicht glücklich.

2

Ein Winter der Ruhe sollte diesem aufgeregten Sommer voll höchster Triumphe folgen. Der Verein hatte nach langen Debatten beschlossen, Felder nur auf ein einziges Winterfest zu senden, auf dem er den Wanderpreis der Stadt Charlottenburg zum dritten Male erkämpfen mußte. Sonst sollte er ruhen, nicht trainieren und, wie Brüning lächelnd sagte, sich »in seinem eigenen Glanze sonnen«. »Im nächsten Sommer würde es schon genug Arbeit geben, um das Gewonnene mit Ehren zu behaupten«, fügte Nagel in seiner bedächtigen Weise hinzu. Er hatte sich übrigens verlobt und sein Amt als Schwimmwart nieder gelegt.

Auch Brüning war in diesem Winter meist von Berlin fort, und so war Felder mehr als vorher auf die Gesellschaft seiner anderen Klubbrüder angewiesen. Obwohl er mit allen mehr oder minder vertraut war, verband ihn doch mit keinem eigentlich die enge Freundschaft wie mit jenen beiden, und sein Vertrauen genoß nur noch Koepke. Aber der war immer da und zählte nur mit, wenn Felder ihn gerade brauchte.

Eine der stürmischen Klubsitzungen war vorüber. Es hatte irgendeine Streitigkeit mit einem anderen Vereine gegeben, bei der die Mitglieder verschieden Partei ergriffen. Obwohl Felder von der ganzen im Grunde gleichgültigen Geschichte wenig begriff und sie ihn obendrein nicht besonders interessierte, glaubte er es doch seiner Würde schuldig zu sein, ein paar Worte mitzureden, und die waren wieder schlecht genug ausgefallen. Daß man seine unklaren und unbeholfenen Auseinandersetzungen so ruhig und ohne zu lächeln hingenommen hatte, verdankte er nur seinem Ruhm...

Nun ging es noch in ein Café mit zwei anderen, denn man war noch viel zu erhitzt und aufgeregt, um schlafen zu können. Es war das übrigens für Felder in letzter Zeit eine Gewohnheit geworden, an die er vor einem Jahre noch gar nicht gedacht hatte. Jetzt aber: Geld hatte er ja, und ausschlafen konnte er morgen auch...

Man saß in einem Café in der Leipziger Straße. In Felder nagte noch der Ärger über sich selbst, und er sprach kein Wort mehr. Um so lauter waren die beiden anderen; in leidenschaftlicher Debatte suchten sie sich gegenseitig zu überzeugen.
Felder hatte sich eine Zeitung geben lassen, las aber nicht, sondern sah sich bewundernd um. Er war zum ersten Male hier. Er war nicht mehr der unerfahrene Junge aus dem Osten Berlins, der nichts außer seinem Stadtteil kannte, sondern ein gereister Mann, der Vergleiche anstellen konnte. Aber dies schien ihm doch eines der schönsten Cafés zu sein, das er je gesehen hatte. Überall Gold und Marmor und Spiegel bis an die Decke hinauf; und dazu stimmte die Eleganz des Publikums, der ruhig-vornehme Ton, der hier herrschte und der selbst seine Kameraden zwang, ihre lauten Stimmen zu dämpfen; und die leise Art der Kellner, die in ihren blendendweißen Schürzen kamen und gingen, ohne daß man es merkte.
Es waren nicht sehr viele Gäste außer ihnen in diesem Teil des Saales. An einem Tisch unweit von ihnen saß ein Herr mit einer Dame, dessen Gesicht er nicht sehen konnte, da er ihm den Rücken zudrehte. Die Dame war sehr elegant gekleidet, saß zurückgelehnt in ihrem Stuhl, und während Felders Blick von der Betrachtung des Saales zu ihr zurückkehrte, bemerkte er, wie sie ihn ansah. Er blickte fort. Als er dann zufällig nach einer Weile wieder zu dem Tisch hinübersah, sah er noch immer ihre Augen auf sich gerichtet, so fest und unverwandt, daß jeder Irrtum ausgeschlossen war, und er konnte sich des Gedankens nicht erwehren, daß sie ihn während dieser ganzen Weile so angesehen haben mußte. Diesmal wandte er sich noch schneller ab und betrachtete noch aufmerksamer die Decke, die Wände und die übrigen Gäste. Es war ihm unbehaglich, so angestiert zu werden.
Dann – als er nach einigen Minuten wieder hinschaute, überzeugt, dem eigentümlich festen und ruhigen Blicke nicht mehr zu begegnen, sah er die Dame unverändert wie vorher zurückgelehnt in ihrem Stuhle sitzen und ihre Augen unverwandt auf seinem Gesichte ruhen. Diesmal be-

gegneten sich ihre Blicke: der Felders unruhig, herausfordernd-fragend, der der Fremden unverändert ruhig, überlegen, fast gleichgültig, als sei es selbstverständlich, daß sie ihn in dieser Weise mustere; und ohne die geringste Veränderung, wie ihr Blick, blieb auch der Ausdruck ihrer Züge.

Er wurde unruhig. Jetzt wußte er, daß er sich nicht täuschen konnte.

Er ergriff eine Zeitung, starrte verständnislos auf eine politische Karikatur der »Lustigen Blätter« und war entschlossen, nicht mehr aufzusehen.

Was sollte denn das eigentlich heißen? –

Warum starrte die ihn denn so an? –

So viel hatte er gesehen, daß sie außergewöhnlich schön war und kostbar gekleidet. Sie trug ein über und über besticktes graues Seidenkleid und einen Hut mit großen Federn von gleicher Farbe. Auch glitzerte es überall von Steinen an ihr – an ihren Händen, in ihren Ohren, auf ihrer Brust.

Er wollte nicht aufsehen, um nicht nochmals ihrem Blick zu begegnen. Als er aber dann, wie neugierig, sich nach den anderen Tischen umsah und seine Augen ebenfalls scheinbar gleichgültig über den ihren schweifen ließ, sah er, wie sie sich zur Seite gewandt hatte, da ihr Begleiter mit ihr sprach und sie sich ihm zuwenden mußte, um zu antworten. Nun konnte er der Versuchung nicht widerstehen, sie zu betrachten, und er sah, daß sie noch weit schöner war, als er dachte. Er hatte noch nie ein so schmales, feines Gesicht gesehen, solche zarte Haut, die weiß aussah wie gepudert, und solch eigentümlich rote, schön geschwungene Lippen, dabei so viel Selbstbewußtsein und zugleich Gleichgültigkeit in der aufrechten Haltung des Körpers... Er konnte nicht fortsehen, so seltsam schön erschien sie ihm, und er ließ sie nicht mehr aus den Augen, wie sie sich jetzt etwas vornüberbeugte, um irgendeine Stelle in der Zeitung besser zu sehen, auf die ihr Begleiter sie hinwies.

Als wenn sie fühle, daß er sie anblickte, sah sie plötzlich wieder auf, und wieder begegnete dem seinen der Blick dieser großen, dunklen, von langen, schwarzen Wimpern beschatteten Augen, die wieder ruhig und prüfend, ohne Frage, aber mit durchaus unverhohlenem Interesse auf ihm ruhten. Diesmal stieg eine jähe Röte in sein Gesicht, und mit einer hastigen Bewegung, die nur zu deutlich zeigte, wie sehr er sich erraten sah, wandte er sich ab.

Er war verlegen und ärgerte sich. Er wäre am liebsten fortgegangen, wenn es möglich gewesen wäre ohne die anderen, die unbekümmert weiter schwatzten.

Von jetzt an schaute er nur von Zeit zu Zeit auf, und jedesmal begegnete er dem Blicke dieser Augen, der immer größer und immer willensfester zu werden schien, als wollte er sagen: ich erkenne dich...

Eine schwüle Beklemmung stieg in dem jungen Manne empor, wie er sie noch nie empfunden. Er fühlte, daß diese Frau etwas von ihm wollte. – Aber was? – Wer war sie? – War der Herr mit den ergrauten Haaren ihr Mann? – Ihr Freund? – War sie eine anständige Frau oder war sie – etwas anderes?

Eine anständige Frau war sie sicherlich nicht. Eine anständige Frau sah einen fremden Mann nicht so an, aber eine öffentliche noch weniger. Die wäre übrigens gar nicht in dieses Café eingelassen worden.

Einerlei wer sie war. Er war er, Franz Felder, und er wußte, wer er war, und er ließ sich nicht so ansehen. Mit einer fast verächtlich-ausdrucksvollen Gebärde kehrte er sich ab und dem Gespräch seiner Freunde zu. Man sprach jetzt laut und ohne Rücksicht auf die Ruhe des Cafés vom nächsten Schwimmfest.

Felder hatte sich fest vorgenommen, überhaupt nicht mehr nach dem Nachbartische hinzusehen. Mochte die ihn doch anstarren, soviel sie wollte! – Er konnte es ihr nicht verbieten, aber er wollte ihr schon zeigen, was er von ihrem Benehmen dachte!

Aber dann, nach einer Weile, während der er vergebens versuchte, sich am Gespräch zu beteiligen, vernahm er ein Geräusch (ein Kellner hatte einen Löffel fallen lassen), das ihn auf und nach der Seite sehen ließ, und unwillkürlich streifte sein Blick wieder den ihren wie vorher. Und jetzt sah er, daß sich der Ausdruck ihrer unbeweg-

lichen Züge geändert hatte: es war ihm, als höbe sich die Brust unter der grauen Seide, als hätte sich der festgeschlossene rote Mund ein wenig geöffnet, nur so weit, daß er die weißen Zähne durchschimmern ließ, und als sei in diese dunklen, kalten Augen das Feuer eines heimlichen Begehrens getreten, das nach ihm verlangte ... Und jetzt war ihm nicht mehr ungemütlich, sondern plötzlich unheimlich zumute.
Wieder sah er fort und wieder auf: abermals hatte der Ausdruck dieses fremden, rätselvollen Gesichtes gewechselt und an die Stelle drohenden Begehrens war der triumphierender Freude getreten, der zu sagen schien: Aha, jetzt fürchtest du mich schon!
Er konnte es nicht mehr ertragen.
Schon wollte er das Gespräch seiner Genossen unterbrechen und sagen, er sei müde und wolle fort, als er sah, wie sich der alte Herr halb erhob und sich fragend an seine Begleiterin wandte, die bejahend den Kopf neigte.
Er blieb sitzen. Jetzt würde es kommen. Beim Hinausgehen würde er irgendein Zeichen von ihr empfangen, und an ihm würde er erfahren, was sie von ihm wollte.
Aber nichts von dem allen geschah.
Ruhig stand sie auf, ließ sich den kostbaren Pelz um die Schultern legen, und ging hochaufgerichtet und mit leichten Schritten, und ohne ihn anzusehen, an ihm vorüber: Felder sah auf, aber ihr Blick ging gleichgültig über ihn weg, und nur leise streifte seinen Stuhl die Schleppe ihres Kleides, während der starke Duft eines seltsamen Parfüms von ihr ausging. Hinter ihr her der alte Herr, mager und straff, der Typus eines hochmütigen, aristokratischen Roués, mit seinen kalten und leeren Zügen, unnahbarer noch als sie...
Felder blieb ganz verdutzt sitzen. Er hatte so bestimmt irgend etwas erwartet – was, wußte er selbst nicht, aber irgend etwas Ungewöhnliches. Aber so: erst starrte sie ihn eine halbe Stunde lang mit ihren schwarzen Augen an, wie ein Wundertier, sich förmlich an ihm festsaugend, und dann ging sie fort und sah über ihn hinweg, als sei er Luft – Luft – Luft! –

Unbewußt war seine Eitelkeit geschmeichelt, und nun fühlte er sich plötzlich in ihr verletzt. Sie saßen noch lange im Café, die drei, aber Felder war noch mißgestimmter als vorher und fast grob. In der Nacht, unter den heißen und schweren Kissen, träumte er von ihr: von ihrer schlanken Gestalt in dem grauen Seidenkleide, ihren drohenden Augen und dem seltsamen Rot ihrer gemalten Lippen ...
Und noch nach Tagen glaubte er zuweilen den Duft zu spüren, der von ihr ausgeströmt war, als sie an ihm vorbeischritt, diesen starken Duft eines ihm unbekannten Parfüms.
Dann hatte er bald die »ganze blödsinnige Geschichte« vergessen, denn ein anderer Gedanke begann ihn zu beherrschen ganz – und gar ...

3

In dieser Zeit, die die glücklichste seines Lebens hätte sein müssen, war Franz Felder nicht glücklich.
Alles, was er je in seinen kühnsten Träumen kaum zu hoffen gewagt, hatte er erreicht; alle Siege, die überhaupt erlangbar waren, waren ihm zugefallen; was keinem je zuteil geworden: höchste Ehren in so frühen Jahren, er besaß sie ...
Dennoch war er nicht zufrieden.
Alles konnte er ertragen, nur nicht diese Ruhe nach solchen Siegen.
Ihn dürstete nach neuen und größeren Erfolgen, gleich dem Trinker, dessen Durst sich mit jedem neuen Glase vermehrt – er begehrte etwas Neues, noch nie Dagewesenes ...
Größere Siege gab es nicht, so konnten es nur außergewöhnlichere sein.
Eine Idee tauchte wieder in ihm auf, die ihn schon oft beschäftigt, und ließ ihn nicht mehr los.
Er war Schwimmer, ausschließlich Schwimmer. Als Schwimmer war er vom besten seines Klubs allmählich der Meister Europas geworden.
Ein ausgezeichneter Taucher war er schon als kleiner Kerl gewesen, und er wühlte immer noch zuweilen unter dem

Wasser herum, um die Kraft seiner Lungen zu erproben und aus reiner Lust. Aber an den Konkurrenzen der Teller und Hechttauchen hatte er nie teilgenommen. Sie waren ihm immer als etwas Minderwertiges vorgekommen.

Im Springen dagegen hatte er es über den glatten und schönen Kopfsprung, mit dem er stets ins Wasser ging, nicht hinausgebracht. Andere Sprünge hatte er früher wohl gekonnt und noch manchmal versucht – aber immer nur ungern, und dann war er regelmäßig so aufgeschlagen wie alle anderen, die sie nicht ständig übten. Endlich waren sie gänzlich gegen sein Schwimmtraining zurückgetreten und über ihm in Vergessenheit geraten. Er konnte keinen einzigen mehr ordentlich.

Daher hatte er sich an den Mehrkämpfen im Schwimmen, Springen und Tauchen, aus denen der als Sieger hervorgeht, der die größte Anzahl von Punkten in allen drei Arten aufweist, nie beteiligt und nie daran denken können, es zu tun. Aber nie hatte er in den letzten beiden Jahren seiner beispiellosen Triumphe ein Gefühl des Mißmuts ganz unterdrücken können, wenn er sehen mußte, wie bei den Preisverteilungen noch andere als er zu Meistern ernannt wurden, zu Meistern im Mehrkampf und Springen, und gleiche, wenn auch nie so beispiellose Ehren genossen wie er. Besonders stark war dieses Gefühl – mehr ein Gefühl der Unbefriedigung, kein Gefühl des Neides, denn kleinlich war er nicht – im letzten Jahre geworden, wo es dem Verwöhnten schwerer und schwerer wurde, mit anderen zu teilen.

Sein Ehrgeiz ließ den Gedanken nicht ruhen und schürte ihn immer von neuem: sollte es denn nicht möglich sein, auch dieses Gebiet für sich zu erobern, auf ihm gleiche oder doch ähnliche Triumphe zu erlangen wie auf seinem eigensten, und wenigstens einzelne Mehrkampfpreise an sich zu reißen? – Im Tauchen würde es ihm leicht gelingen, sich durch einfache Übung ohne große Anstrengung so lange »unter Wasser zu halten« wie die anderen; Übung und eine normale Lunge genügten hier vollkommen. Und erst die seine! –

Aber im Springen?!—Er hatte bei seiner Einseitigkeit die anderen Sports so gänzlich vernachlässigt, z. B. nie geturnt; er war kein Knabe mehr, dessen Muskeln noch weich und nachgiebig waren gegenüber allen Anforderungen, sich auszubilden, – und hier kam nicht nur Ausdauer und Übung in Betracht, sondern jene spezifische Begabung, die ihn gerade auf seinem Gebiet zu dem einzigen Schwimmer gemacht hatte. –

Die Frage war: Konnte ein erster Schwimmer überhaupt ein erster Springer sein, und umgekehrt?

Die Erfahrung sprach dagegen. Es gab erstklassige Schwimmer, die hervorragend gute Springer waren, und umgekehrt. Die einen oder anderen waren es gewöhnlich, die sich daher die ersten Mehrkampfpreise holten, indem sie durch die eine Fertigkeit ersetzten, was ihnen an der anderen fehlte, und nur selten verscherzte sich einer von ihnen durch schlechtes Tauchen den Preis. Aber daß sich ein und derselbe auf einem Feste an zwei ersten Einzelkonkurrenzen auf verschiedenen Gebieten beteiligt hatte, das war wohl noch fast nie dagewesen und hätte jedenfalls mit der sicheren Niederlage auf dem einen der beiden Gebiete geendet. Daher fielen die Preise hierhin und dorthin, und der Klub genoß die höchste Ehre, dem es gelungen war, nicht nur erste Schwimmer, sondern auch erste Springer heranzubilden. So besaß der S.-C. B. 1879 neben dem Meisterschwimmer Felder den unübertrefflichen Springer Grafenberger.

Felder wußte dies alles ganz wohl.

Aber er kam von seinem Gedanken nicht mehr los. Es nutzte alles nichts. Er ertrug es schon nicht länger, andere neben sich als ebenbürtige Meister gleich gefeiert zu sehen – einmal, einmal mußte er das Hochgefühl ganz auskosten, allein, ganz allein unter dem Jubel des Tages dahin zu schreiten –: keinen neben, alle hinter sich ...

Wenigstens mußte er versuchen, ob es ihm nicht gelang, durchzusetzen, was er plante.

Mit der alten, zähen Entschlossenheit, der ganzen Verbissenheit in sein neues Ziel, ging er auch diesmal ans Werk. Er wollte vorab nichts verlauten lassen. Einmal, weil er nicht ausgelacht werden wollte, wenn die Sache mißlang; dann aber, weil er ganz gut wußte, daß mit seinen beispiellosen Erfolgen ihm überall Neider entstanden waren, die es sicher an gehässigen Bemerkungen nicht fehlen lassen würden, wenn sie sahen, wie er, immer noch nicht zufrieden, weiter und weiter die Hände nach den Lorbeeren anderer streckte ...

Überhaupt war es ganz ausgeschlossen, daß er sich unter aller Augen plötzlich im Springen versuchte. Er konnte ja nicht mehr im Bade erscheinen, ohne daß man ihm auf Schritt und Tritt nachging und jede seiner Bewegungen verfolgte. Beim Schwimmen störte es ihn nicht, und er hatte sich längst an die leise geflüsterten Worte und die neugierigen Blicke gewöhnt. Aber bei dem, was er jetzt vorhatte, hätte es jeden Versuch von vornherein vereitelt.

Er mußte einen Ort ausfindig machen, an dem er ungestört seine neuen Übungen anstellen und sich so weit ausbilden konnte, um mit einiger Sicherheit vor seinen Klub an den Übungsabenden hintreten zu können. Das war nicht einmal schwer. Berlin, so arm an Winterschwimmhallen, besaß neben seinen am meisten besuchten Volksbadeanstalten und den ein, zwei großen privaten Hallen in dem einen oder anderen Stadtteil noch ein oder zwei Bassins, unbrauchbar für die Schwimmfeste ihrer Kleinheit wegen, gekannt nur von wenigen alten Stammgästen und gehalten von ihren Besitzern nur als unfruchtbarer Anhang zu ihren Etablissements, weil sie nun einmal da waren. Ein solches Bad lag ganz im Süden der Stadt, jenseits des Halleschen Tores – verlassen von aller Welt und als Schwimmbad seit langer Zeit vergessen und kaum mehr genannt. Ob es noch existierte, wußte selbst Felder nicht, der hier vor Jahren einmal gewesen war, um der kleinen Veranstaltung irgendeines längst eingegangenen Klubs beizuwohnen.

Das war, was Felder jetzt brauchte, und eines Abends unternahm er eine heimliche Orientierungsreise nach dem Süden der Stadt.

Er fand ein dunkles, tiefes Loch, gefüllt mit einer schwarzen, kalten Flüssigkeit, völlig ungeeignet zum Schwimmen, da Felder es mit einem einzigen seiner Stöße in die Länge und einem halben in die Breite durchmaß, aber von genügender Tiefe, selbst für die geraden Sprünge, und leidlich erhaltenen Sprungbrettern in zweifach verschiedener Höhe. Einmal in der Woche übte hier der Schwimmklub einer Schule, der mit sportlichen Kreisen in keiner Berührung stand; sonst badeten nur morgens ganz früh und abends nach der Arbeit ein paar Täglichschwimmer hier, die es »nicht lassen konnten«, wie der verschlafene Bademeister meinte, der Felder nicht einmal dem Namen nach kannte.

Dieser entschloß sich sogleich, nachdem er einige Versuchssprünge gemacht hatte. Hier würde ihn sicher niemand finden. Wenn er allwöchentlich einmal auf den Übungsabenden (wenn hier die Lehrer mit ihren Schülern hierherkamen) und ein anderes Mal auf den Sitzungen seines Klubs erschien, wenn er zudem nach wie vor die Sonntage mit seinen Leuten verbrachte, so konnte es nicht weiter auffallen, daß er regelmäßig die vier anderen Abende fortblieb. Außerdem erwartete jetzt auch kein Mensch mehr von ihm, daß er wie bisher weitertrainierte. Und schließlich war er doch eben auch der berühmte Franz Felder, der tun und lassen konnte, was er wollte, und den so leicht keiner mehr danach fragen durfte.

Zustatten kam ihm, daß die Arbeitszeit in der großen mechanischen Werkstätte, in der er jetzt wieder eine Stelle angenommen hatte, nur bis sechs Uhr dauerte. Wenn er auf den Weg eine Stunde rechnete, so konnte er um sieben am Halleschen Tor sein. Die Kasse des Bades schloß um acht; das Bad selbst um neun Uhr. Es blieben ihm also zwei Stunden – viel zuviel für jeden anderen, noch zu wenig für ihn und für das, was er vorhatte.

Vom Entschluß zur Ausführung war für Felder nur ein Schritt. Die ganze Hartnäckigkeit seines Willens zeigte sich jetzt von neuem. Viermal die Woche, jeden Montag und Dienstag, jeden Donnerstag und Freitag, machte er nach der Arbeit den weiten Weg nach dem Süden, übte frisch, als wenn er nicht von der Arbeit, sondern aus dem Bette käme, seine Sprünge, von den einfachsten allmählich zu den schwierigeren übergehend, und endlich die schwierigsten — treu, unermüdlich, täglich von neuem die Kraft seines Körpers in dem fremden und ungewohnten Kampfe erprobend, und nie beruhigt über seine Fortschritte, nie zufrieden ...

Wie er früher geschwommen und nur geschwommen hatte, so sprang und sprang er jetzt. Alles Gelernte durchging er jeden Abend von neuem, um sicher zu sein, nichts gegen gestern eingebüßt zu haben, und täglich ging er einen Schritt weiter. Zunächst wiederholte er die einfachen Sprünge, die er als kleiner Knabe dort draußen in dem Kasten an der Spree halb im Spiel gelernt, aber fast vergessen hatte, und sah mit Freude, daß er sie noch konnte: das einfache Abfallen und den »Abbrenner« sowie die leichtesten Formen der Kopfsprünge, in ihren verschiedenen Arm- und Beinhaltungen, das Anlegen, Anziehen, Strecken, Spreizen derselben. Dann diese selben Kopfsprünge in ihren verschiedenen Drehungen, der viertel, halben und ganzen Drehung um die Längsachse, vorwärts und rückwärts, und wiederum dieselben mit Anlegen oder Hochheben der Arme, alle diese sogenannten »Schrauben«. Alsdann die Hechtsprünge, die Bohrer, bei denen man ins Wasser schoß wie ein Pfeil, und auch diese in ihren mehrfachen Armhaltungen und Drehungen beim Niedergehen. Endlich die »Schlußsprünge«, diese schwierigen Sprünge mit ihren wunderbaren Drehungen um die Breitenachse, die bis zur eineinhalb-, ja zweieinhalbfachen Drehung des ganzen Körpers gingen, die so berühmten »Saltos«, bei denen der Springer sich in der Luft um sich selbst dreht wie ein Ball, Sprünge, die in ihrer Vollendung von ungeheurer Schwierigkeit sind und daher selten mit der höchsten Nummer sechs gewertet werden konnten, da sie nur dem Geübtesten gelangen. Ganz zuletzt noch die Spreizsprünge, jene sogenannten Auerbachsprünge, bei denen das regelrechte Spreizen der Beine die Hauptsache war ...

Daneben aber galt es einen großen Teil aller dieser unendlich verschiedenfachen Sprünge zu üben in ihren wiederum so verschiedenen Ansätzen: aus dem Stand oder

mit Anlauf; und sodann die aus dem Stand in ihrer beim Abspringen angenommenen Haltung: vorwärts, rückwärts, seitwärts. Endlich aber sie noch zu beherrschen von verschiedener Sprungbretthöhe aus, der niedrigen von einem, der mittleren von drei, der hohen von sechs Metern aus.
Selbstverständlich war es ein Unding, alle diese Sprünge in allen ihren verschiedenen Ausführungsarten sich zu eigen zu machen. Kein Mensch konnte das, und Felder dachte auch gar nicht daran: Worauf es ihm ankam, war nur, sich einige der schwierigen, und wenn möglich die schwierigsten, bis zur Sicherheit einzulernen, vor allem die, welche bei den Konkurrenzen gewöhnlich verlangt wurden; und sich sodann einige andere ebenfalls bis zur Vollendung zu eigen zu machen, um sie als selbstgewählte Sprünge, im »Kürspringen«, ins Treffen zu führen.
Vorerst durfte er an die Erreichung dieses Zieles noch gar nicht denken und mußte froh sein, wenn er die einfachen Sprünge, die, »welche jeder konnte«, lernte. Denn eigentlich konnte er noch gar nichts und war sich auch ganz klar darüber.
So übte er einstweilen und war froh, es so ungestört und unter den Augen seiner eigenen Kritik tun zu können.
Denn seine Berechnung täuschte ihn nicht. Er konnte ruhig sein, daß ihn hier niemand suchte und fand. Die Schwimmklubs hatten sämtlich ihre bestimmten Abende in den anderen Bädern, an die sich ihre Mitglieder hielten, und sonst waren es immer dieselben paar Gäste, die den alten mürrisch-schweigsamen Bademeister abends aus seinem Winterschlaf für eine Weile aufstörten: ein fanatischer Naturmensch, der durch den tiefsten Schnee in bloßen Sandalen herkam, um sich unter der kältesten Dusche zu erwärmen; ein uralter Doktor, Medizinalrat usw., der auf den Schlag der Stunde kam, sich geräuschlos entkleidete und seinen dürren Körper für genau zwei Minuten am untersten Ende des Bassins ins Wasser tauchte, wobei er sich krampfhaft an der Leiter festklammerte; ein kleiner Judenjunge, der auf den Befehl seiner Eltern kam, die es offenbar für sehr gesund hielten, wenn er sich nach langem Zaudern endlich entschloß, ins Wasser zu

springen, einmal herumzuschwimmen und dann eine halbe Stunde lang noch bebend vor Angst und zitternd vor Frost mit bloßen Füßen auf dem kalten Steinboden zu stehen und mit großen, staunenden Augen Felders Sprüngen zuzusehen; und dann noch einer oder zwei von denen, die es »nicht lassen konnten« – keine großen Schwimmer, aber passionierte Wasserratten, denen diese köstliche Erfrischung einer täglichen Hautreizung Bedürfnis geworden war.

Keiner von ihnen allen wußte, wer Felder war und was ihn hierher brachte. Er trug ein einfaches Trikot und eine Badehose ohne jedes Abzeichen, die er sich zu diesem Zwecke gekauft hatte – das erstemal seit für ihn undenkbarer Zeit, daß er die blauweißen Farben seines Klubs nicht führte ...

Ein seltsames Bild, dieses jeden Abend: der nicht große, aber hohe Raum halb im Dunkeln, nur schlecht beleuchtet von ein paar flackernden Gasflammen, und unregelmäßig, oft kaum erwärmt. Das schwarze, stille Wasserbecken, eine hohle Tiefe ohne Grund. Hier und da hinter den verhängten Nischen ein vereinzelter Badegast, der sich langsam auszieht, langsam ins Wasser geht und langsam wieder heraus. Kein Rufen und Lärmen wie sonst in allen Bädern – kaum ein Gespräch; ein eisiges, unheimliches Schweigen, einzig unterbrochen zuweilen durch das plötzliche Schnauben des Dampfes, der an einer fehlerhaften Stelle der Wärmeröhren pfeifend herausschießt, um wie eine Sommerwolke schnell zu verfliegen. Dann kommt Felder, greift rasch mit einem kurzangebundenen »Guten Abend« nach seinen Sachen, steigt zur Galerie hinauf, wo er sich schnell entkleidet – und nach wenigen Minuten bereits hallt und rauscht das Wasser unter seinen ersten Sprüngen. Da gibt es nicht erst lange Abkühlung und Abreibung und bedächtiges Überlegen: ein einziges Emporstrecken der Arme, ein Dehnen des dampfenden Körpers, dann ein festes Aufsetzen, und er ist in seinem Element. Und nun bebt und dröhnt für die nächste Stunde das Sprungbrett wieder und wieder unter den unermüdlichen Füßen, und das schlafende Wasser gurgelt und grollt leise bei den

Sprüngen, die gelingen, wenn der Körper es wie ein Pfeil durchschneidet; und es knallt und spritzt hoch auf zu den Wänden bei denen, die mißlingen und die ihn flach aufschlagen lassen, wie ein Brett... und es hat nicht Zeit mehr sich zu beruhigen, bis Felder endlich atemlos, rot wie ein Krebs und völlig erschöpft – eine Pause machen muß, in der er in irgendeiner Ecke auf einer Bank liegt und, die Hände unter dem Kopf gefaltet, zu dem schmutzigen Glasdach emporsieht...

Kaum wieder zu Atem gekommen, beginnt er das Spiel von neuem und von neuem: immer schwieriger werden seine Sprünge, immer intensiver die Anspannung seiner Muskeln und immer peinlich-genauer ihre Ausführung, und wieder gellt und schreit das Wasser unter den Schlägen dieser Hände, und grollt und schäumt und murrt noch, wenn Felder schon wieder auf dem Brett steht, während der kleine Junge zitternd vor Kälte mit seinen immer erschrockenen Augen den rätselhaften Springer verfolgt und in der Ecke fauchend der Dampf für eine Minute aus der zerplatzten Röhre schießt...

Fast ein Vierteljahr – von Weihnachten bis zum beginnenden Frühjahr – dauerte dieses neue zähe und seltsame Training: in den ersten Wochen sprang Felder stets allein, denn es kam ihm zunächst darauf an, seine Glieder für die neuen Anforderungen gelenkig zu machen. Dann, als er von den einfacheren zu den schwierigeren Sprüngen übergehen mußte und sie nicht mehr selbst kontrollieren konnte, brauchte er jemand, der sie wenigstens einigermaßen zu bewerten vermochte, und er vertraute sich nach Abnahme eines heiligen Ehrenwortes seinem getreuen Koepke an. Der hatte sich so lange im Schwimmerleben umhergetrieben, daß er wenigstens etwas von der Sache verstand; und daß er Feuer und Flamme für die neue Idee war, verstand sich von selbst – erwartete er doch immer das Unmöglichste von seinem großen, genialen Freunde. Von da an mußte Koepke fast alle Abende dabeistehen, wenn Felder sprang, und er tat es mit Wonne.

Vorher machte Felder indessen noch eine neue Bekanntschaft.

4

Er hatte wieder ein Ziel und war wieder glücklich.

Was ihn eine Zeitlang in seinen Strudel gezogen, der Rausch seines Ruhmes und fremder, lauter Vergnügungen, war in dieser Zeit fast von ihm vergessen und lag unbegehrt hinter ihm. Zuweilen vergaß er ganz, wer er war, und im Klub fand man wieder, daß er den »Meisterschwimmer« nicht mehr so stark herauskehre wie nach seiner Rückkehr von England. So stellte sich bald das alte, trauliche Verhältnis mit seinen Genossen wieder her und die festlichen Veranstaltungen des Winters strahlten auch auf Felder ihre alte Fröhlichkeit aus. Daß er nicht mehr ganz so oft wie früher unter »den Seinen« erschien, fiel nicht weiter auf; selten, daß er gefragt wurde und eine ausweichende Antwort geben mußte.

Noch hatte er sein Geheimnis auch an Koepke nicht verraten.

Abend für Abend machte er nach der Arbeit den weiten Weg vom Norden der Stadt nach dem Süden, fuhr erst eine Zehnpfennigstrecke mit der Pferdebahn und ging dann den Rest des Weges mit seinen festen elastischen Schritten die breite Lindenstraße hinunter, an den glänzenden Läden und den Stätten der Erholung und Freude, wie an seinem eigenen Klublokal vorüber, seiner neuen Arbeit zu – mit dem Ausdrucke innerer Entschlossenheit in den Zügen, als ginge es schon zu neuen Siegen.

Mit dem Streben nach seinem neuen Ziel war er wieder ganz zu der Einfachheit der Gewohnheiten seiner bedürfnislosen Jugend zurückgekehrt. Nie hatte er seine Tagesarbeit unverdrossener und stiller getan und nie waren seine Gedanken weniger bei äußerlichen Vergnügungen und Zerstreuungen gewesen als jetzt. Wie früher trug er sein Abendbrot, ein paar belegte Stullen, in der Tasche mit sich und verzehrte es beim Ankleiden oder auf dem Heimweg aus der Hand. Das war das einfachste und das billigste und es nahm ihm nichts von seiner Zeit. –

Obwohl er zu seinen heimlichen Übungen kam und ging, ohne sich umzusehen, machte sich eine Bekanntschaft schon in den ersten Wochen wie von selbst. Unter den paar abendlichen Stammgästen erschien auch ziemlich regelmäßig ein Arzt, Dr. König, wie ihn der Bademeister nannte. Ein guter Schwimmer, nahm er sein Bad der Gesundheit wegen, ließ sich Zeit beim An- und Auskleiden, und nachdem man sich erst guten Abend gewünscht und der Doktor des öfteren stillschweigend den rätselhaften Sprüngen Felders zugesehen hatte, wechselten sich die ersten Worte ohne viel beiderseitiges Zutun. Dann traf es sich das eine Mal, daß man zusammen hinausging, und ein anderes Mal, daß der Doktor Felder traf, wie er in dem dunklen Torweg des Hauses seine Stulle aus der Tasche zog und kräftig hineinbiß. Nach ein paar Tagen stellte es sich heraus, daß der Doktor wußte, wer Felder war, da er die Sportzeitschriften las und ihn nach den Bildern erkannt hatte, worauf Felder nichts weiter übrig blieb, als ihm den Grund seiner Besuche in diesem entlegenen Bade zu erklären und die Bitte auszusprechen, sie einstweilen geheimzuhalten.

Gewiß hätte Felder nach seiner gewohnten, unverändert mißtrauischen und zurückhaltenden Art diese unfreiwillige Bekanntschaft von vorherein abgeschnitten, wenn ihm die einfache und freundliche Art des Doktors nicht sympathisch gewesen wäre. Dazu kam das große Interesse, das dieser an seinem Plane faßte. Kurz, nachdem ein Wort das andere gegeben und zu einer stetigen Unterhaltung geworden war, war es nur natürlich, daß man ein paarmal das Stück des gemeinschaftlichen Heimweges zusammen ging und gelegentlich noch irgendwo ein Glas Bier trank. So konnte es auch Felder nicht abschlagen, als ihn der Doktor in seiner liebenswürdigen Weise eines Abends bat, sein Abendessen in einem Restaurant zu teilen (von der Stulle war nie die Rede gewesen), und ebensowenig mehr nein sagen, als aus dieser Einladung ein nächstes Mal die zu einer Tasse Tee in des Doktors eigener Wohnung wurde. Diese Einladung wiederholte sich dann im Laufe des Frühjahres noch einige Male.

Zum ersten Male tat Felder einen Blick in die ihm völlig fremde Welt einer höheren Lebensführung, erfüllt von geistigen Interessen und gelenkt von sicherem Geschmack. Denn der Dr. König war ein weitgereister Mann, ein tüchtiger Arzt von Ruf und ein guter Psychologe, der die freie Zeit seines Lebens auf jede Weise zu einer Art Kunstwerk zu gestalten bestrebt war.

Er erkannte natürlich bald die ungeheure Einseitigkeit Felders, und daß man mit ihm eigentlich nur über *eine* Sache ernstlich reden konnte. Für alles andere taub und blind, existierte es einfach nicht für ihn, setzte er jeder anderen Unterhaltung das Schweigen absoluter Interesselosigkeit und eines geradezu krassen Unverständnisses entgegen, und war erst wieder zugänglich, wenn die Rede wieder auf jenes eine zurückkam, oder er selbst sie naiv oder brüsk dahin zurückgezwungen hatte. Das hätte den so vielseitigen Älteren und Erfahreneren bald langweilen müssen, sollte man meinen. Aber im Gegenteil: der Doktor war, wie gesagt, Psychologe, und ihn hätte diese unglaubliche, auf so eisernen Willen gestützte Beschränktheit interessiert, auch wenn sie sich nicht auf dies spezielle Gebiet erstreckt hätte, für das er selbst eine besondere Vorliebe hegte und dem er als Arzt eine so große Bedeutung in der Gesundheitspflege zuschrieb.

So gab er denn schon nach wenigen Gesprächen jeden Versuch auf, mit dem »Meisterschwimmer« über irgend etwas anderes zu sprechen, als was ihn und seine Kunst betraf, und beschränkte sich darauf, ihm gutmütig zuzuhören, wenn er in weitschweifiger Weise von seinen Erfolgen sprach; oder zu versuchen, den Horizont des jungen Mannes wenigstens auf seinem eigensten Gebiete zu erweitern, indem er ihm von der Entwicklung des Badewesens in früheren Epochen erzählte. Über diese Zeiten fehlte nun zwar Felder jeder Begriff; aber er hörte doch mit gesteigertem Interesse zu, wenn der Doktor in seiner ruhigen Weise und vertieft in die Erinnerung an seine Reisen nach den klassischen Stätten, erst von dem Leben jener alten Römer sprach, die den halben Tag in ihren wunderbaren Bädern verbrachten; wenn er diese in anschaulicher Schilderung aus ihren braunen Trümmern wiedererstehen ließ: die unerhörte Pracht jener Thermen des Caracalla und des

Diokletian, die in jener Zeit zu öffentlichen Wohnstätten geworden waren, in denen die Römer den größten Teil ihres Lebens lebten und die sie zuletzt nur noch verließen, um sich zu ihren üppigen Mahlzeiten und den blutigen Schaustellungen der Arenen und des Kolosseums zu begeben. Das mußte eine Zeit nach Felders Herzen gewesen sein, und er wünschte, in ihr gelebt zu haben: den ganzen Tag im Bade und den halben im Wasser – was konnte es Schöneres geben! –

Und er hörte dem Erzähler weiter zu, wenn dieser von dem wasserscheuen Mittelalter mit seiner Verpönung des freien Badens und den langen Jahrhunderten des Daniederliegens des Schwimmens sprach und so gemach auf die Wiederbelebung der Schwimmkunst am Anfange des eigenen Jahrhunderts und hier in Berlin kam, um endlich bei der Jetztzeit und damit, wie von selbst, bei ihm, Franz Felder, gewissermaßen als der Krone des Ganzen, zu enden...

Wenn es so weit gekommen war, wurde auch der Zuhörer warm, und ein Gespräch über alle möglichen die Schwimmkunst betreffenden Fragen entstand zwischen den beiden, das sich bei einer Tasse Tee oder einem Glase Bier in dem gemütlichen, warmen, von dem Duft des Karbols leicht durchzogenen Zimmer des Arztes oft bis zur Zeit von Felders letzter Pferdebahn nach dem Norden hinzog.

Man war ganz zufrieden miteinander: Felder hatte jemand, der ihm freundlich zuhörte, und der Doktor machte eine psychologische Studie, von der der Betroffene allerdings nichts ahnte.

5

Es war die Bekanntschaft mit Dr. König, die für Felder eine zweite nach sich zog. Eines Abends erschien im Bade ein großer, starkknochiger Herr in guter, aber schlechtsitzender Kleidung, mit großen Händen und scharfem Blick, den der Doktor als seinen Freund vorstellte. Er badete nicht selbst, sah aber den Sprüngen Felders mit höchstem Interesse zu und ließ ihn nicht aus den Augen, so daß dieser schon wieder mißtrauisch geworden wäre, wenn der Fremde ihm nicht als Bildhauer vorgestellt worden wäre. Man trank noch zu dritt ein Glas Bier zusammen, plauderte über allerhand und ging auseinander.

Das nächstemal, als sie wieder allein waren, erfuhr Felder den Zweck dieses Besuches. Der Fremde war ein alter Bekannter des Doktors und einer der bedeutendsten, wenn auch nicht berühmtesten Künstler Deutschlands. Eines Tages war die Rede in seinem Atelier auf seine neuen Werke und damit auf die Modellnot gekommen.

Der Bildhauer trug sich seit Jahren mit der Idee der Darstellung eines jugendlichen Läufers, verzweifelte aber immer von neuem an der Ausführung, da es ihm völlig an einem Modell fehlte, das auch nur einigermaßen seinen Ansprüchen entsprach. Dr. König hatte von seinem jungen Freunde erzählt, und der andere war aus reiner Neugier mitgegangen, um ihn sich einmal anzuschauen.

Er war Feuer und Flamme – ja, das wäre ein Modell! – Aber er wisse wohl, daß nichts daraus werden könne. Einmal werde Felder sich wohl nie zum Modellstehen hergeben, und dann habe er ja auch keine Zeit. – Nun fragte der Doktor, mitleidig mit der fast komischen Verzweiflung des Künstlers, behutsam bei Felder an: er erzählte ihm von der Würde und der Größe echter Kunst, von dem unausgesetzten Ringen einer vornehmen Künstlerseele, ihren Kämpfen und ihren Streben, das nur zu oft an nichtigen, äußerlichen Umständen vor dem Ziele scheitert, von der harten und unbelohnten Arbeit seines Freundes, und es gelang ihm, besser und schneller als er gehofft, in Felder Interesse und Verständnis zu erwecken. So deutete er denn einmal an, wie sehr er selbst zum Gelingen eines solchen Werkes beitragen könne.

Felder war durchaus nicht abgeneigt, doch machte auch er gleich den Mangel an der nötigen Zeit geltend. Einen Versuch könne man ja an den freien Sonntagen einmal machen, meinte er naiv... Als dann aber der Doktor mit seinem letzten Trumpf herausrückte und davon sprach, wie beim Gelingen des Werkes sein Ruhm sich mit dem des Künstlers verbinden und beider Name in einer unvergänglichen und vielleicht unsterblichen Schöpfung weiterleben würde, da war Felder bereits ganz gewonnen, und nun war er es, der den Vorschlag zur weiteren Besprechung der Sache machte... Was die Zeit anbelangte – nun, er hatte ja ausgelernt und war sein eigener Herr, und wenn er seine Arbeit wieder für einige Wochen (länger würde die Geschichte wohl nicht dauern) aufgäbe, so wäre das nicht so schlimm; er fände danach schon wieder andere.

Er würde reichlich entschädigt werden, versicherte Dr. König. Da aber empörte sich der Stolz des Meisterschwimmers. Davon könne keine Rede sein. So sei es bei ihm nicht, »wie bei armen Leuten«. Wenn er einwillige, so tue er es um der Kunst willen und des Ruhmes wegen. Der Doktor konnte nichts darauf erwidern, und man traf sich im Atelier des Künstlers.

Als Schwimmer, der er war, müsse er dargestellt werden, meinte Felder, während der Bildhauer nicht von seiner ursprünglichen Idee des Läufers lassen wollte. Ein Schwimmer? – wie sich Felder denn das denke? – In welcher Lage denn? – liegend wohl? – Und das Wasser? – aus blauem Glase, nicht wahr? – Und dabei der Körper aus Marmor? – Felder nahm das für Ernst, und es gefiel ihm. Aber der Künstler wurde wütend. – Dann wiederholte Felder zum zwanzigsten Male: er sei der Meisterschwimmer von Europa und kein Läufer... Keiner wollte nachgeben, und die Sache war auf dem besten Wege, an der Hartnäckigkeit der beiden zu scheitern, als der lachende Doktor den Vorschlag des Springers machte. Er gefiel. So wurde der eine beruhigt durch die Idee, daß die Gestalt des Körpers im Moment des Abspringens sich nicht zu sehr von der des Läufers im Augenblick des Anlaufs unterscheide; und der andere, daß, wenn er auch noch nicht der Meisterspringer sei, er es doch unzweifelhaft werden würde, und daß die Zeit seines ersten Triumphes als solcher, wenn alles gut ging, mit der der Ausstellung seiner Statue vor den Augen der Welt zusammenfallen könne...

Die Sitzungen in dem großen Atelier in Wilmersdorf begannen. Obwohl Felder nicht mehr arbeitete und mehr Ruhe und Schlaf hatte, als vorher, war er doch schon ge-

gen Abend, wenn er zu seinem Training ging, von den ausgedehnten Stunden der Sitzungen und von den langen Fahrten nach dem Vorort müder, als je zuvor.
Er hatte nie gedacht, daß er so müde werden könne. Erst hatten ihn die langwierigen Vorarbeiten interessiert, das neue der Umgebung und die ganze Art des Künstlers. Dann sah er sich selbst mehr und mehr aus dem rohen Ton hervortreten, immer gleicher und ähnlicher werden. Als dann aber die stundenlangen, mühsamen Ausarbeitungen des einzelnen begannen, ohne daß er mit seinen ungeübten Augen irgendeinen Fortschritt wahrnehmen konnte, da hatte er oft die ganze Kraft seines Willens nötig, um auszuhalten. Er hatte sich vorgenommen, so lange zu stehen, bis der andere selbst das Holz aus der Hand legte; aber wenn der Künstler – nach einer, nach zwei Stunden – ganz in sein Werk vertieft und völlig entrückt, keine Miene machte, eine Pause eintreten zu lassen, dann war Felder oft einfach so erschöpft, daß er plötzlich abbrach. Erstaunt über die Zeit, die verflossen war, brummte der Bildhauer etwas, das wie eine Entschuldigung klang, und beide warfen sich in irgendeinen Sessel, froh, nicht miteinander sprechen zu brauchen.
Denn zu einer rechten Unterhaltung kam es nie zwischen ihnen. Diese beiden so verschlossenen, nur mit sich und ihren eigenen Zielen lebenden Menschen, von denen keiner die Leichtigkeit und Freundlichkeit des Dr. König besaß, hatten sich nichts zu sagen. Wohl entstand ab und zu ein Gespräch, da man, um keine Zeit zu verlieren, jetzt des öfteren auch draußen in einem mäßigen Restaurant zusammen aß. Aber wenn der eine oder der andere nach so viel Stunden schweigenden Beisammenseins in dem natürlichen Bedürfnis, sich zu äußern, dieser von seinem Werk und seinen Hoffnungen, und jener ebenfalls von seinen Plänen und seinen Hoffnungen anfing, dann konnten sie beide sicher sein, daß sie aneinander vorbeisprachen und keiner dem andern auch nur zuhörte ... Denn was wußten, was verstanden sie voneinander? – beide so einseitig, beide so verloren in ihre Ziele: ungleich in ihrer Weite und Größe, gleich nur in ihrer Außergewöhnlich-

keit und der Energie, mit der sie verfolgt wurden. In einem aber verstanden sie sich ganz, und dieses eine hielt sie diese lange Zeit — weit länger, als vorausgedacht — zusammen.

Felder bewunderte den rastlosen Eifer, die unwillige und doch so gänzliche Hingabe des Künstlers an sein Werk; er verstand insgeheim dies schmerzliche, heiße Ringen um ein Letztes, nie sich Erfüllendes, und die Art, in der es sich äußerte: in fieberhafter Arbeit, ewigem Gemurr und wilden Flüchen ... Und dieser, der Künstler, war sich völlig darüber klar, daß er nie ein Modell wie dieses je gefunden hatte und wiederfinden würde, das so mit ihm bis zur beiderseitigen Ermattung ging und instinktiv mit ihm arbeitete ... Er hätte es nie gesagt, vielleicht nicht einmal zugegeben, aber in seiner Art und Weise sprach sich deutlich seine Dankbarkeit aus: ob er Felder eine Zigarette drehte oder ihm von den Tiefen seiner Künstlersehnsucht sprach, die er vor jedem anderen scheu verschloß. Gegen Ende der Sitzungen ging ihm sogar eine Ahnung davon auf, an was dieser junge Mensch *sein* Leben gesetzt hatte und was die nächste Zeit für ihn bedeutete. Durch Abgründe in ihren Zielen voneinander getrennt, verstanden sie sich in dem, worin sie gleich waren: in dem ungestümen Drang, diese Ziele zu erreichen.

Zwei Flammen schlugen ineinander, und so entstand ein wundervolles Werk, an das sie beide ihre Kräfte gaben.

Es kam zu Ende. Es gelang. — — —

Auch Felder kam seinem Ziel näher und näher. Seine Sprünge wurden sicherer und sicherer.

In seinem Klub sprach er weder von dem einen, noch von dem anderen. Ein Erzählen des einen wäre ein Preisgeben des anderen gewesen.

Er schwieg, verschlossener und unzugänglicher, als je zuvor.

6

Eines Tages hielt er seine Stunde für gekommen.

Er erschien — seit langer Zeit zum ersten Male wieder — auf dem Übungsabend des Klubs. Die enorme Halle der

Wasserfreunde war noch hell erleuchtet, aber außer den Mitgliedern des S.-C. B. 1879 waren fast keine fremden Gäste mehr anwesend. Die letzten kleideten sich eben an; die Kasse war bereits geschlossen und niemand wurde mehr zugelassen.
Überall sah man die weißblauen Farben. Das Bassin gehörte für den Rest des Abends ausschließlich dem Klub, der es zweimal wöchentlich für seine Mitglieder mietete.
Felder zog sich aus und trat an das eine der kleinen Bretter, wo Grafenberger, der Meisterspringer Deutschlands, eben übte.
Eine Weile sah er ihm stillschweigend zu.
Grafenberger machte einen Salto rückwärts mit halber Drehung.
– Das kann ich auch, sagte Felder.
Der andere lachte:
– So leichte nu nich! –
Aber Felder ließ langsam das Tuch von seinen Schultern gleiten und trat an die äußerste Kante des Brettes. Er stand mit dem Rücken dem Wasser zu. Leicht hob sich sein Körper auf den Zehen in die Höhe, fest legten sich die Arme an die Schenkel, und sich tief hintenüberneigend, tat er den Sprung.
Als er aus dem Wasser stieg, sah er in lauter erstaunte und verblüffte Gesichter. Am erstauntesten war Grafenberger selbst.
Und nun ging dieser eine Reihe mehr oder minder schwieriger Sprünge durch, und jedesmal, wenn er aus dem Wasser stieg, stand Felder bereits auf dem Brett und machte den Sprung nach, einen nach dem andern. Das Erstaunen wurde immer größer und die meisten wollten gar nicht glauben, was sie sahen.
Von dem kleinen Sprungbrett ging man zu dem großen über, und alle stiegen die Treppe zu der Galerie empor. Dort stand bald der ganze Klub bis auf den letzten Mann um seine berühmten Mitglieder herum und verfolgte in atemloser Spannung Sprung auf Sprung. Und es gab nicht einen unter allen, den der Schwimmer dem Springer nicht nachgemacht hätte. Freilich dachte in dieser Stunde keiner

an die Wertung der Leistungen, und nur wenige machten sich klar, wie sich die äußerlich gleichenden Sprünge der beiden doch in Sicherheit und Exaktheit himmelweit voneinander unterschieden. Man wollte jetzt nur sehen, ob Felder überhaupt imstande war, die Sprünge auszuführen, und man geriet bei jedem neuen in immer größere Aufregung, die sich bald in Lachen, Zurufen und lauten, wie leisen Bemerkungen jeder Art Luft zu machen suchte.
Felder genoß das Vorgefühl kommender Triumphe und setzte allen Fragen sein geheimnisvolles Schweigen entgegen. Aber als der Springer meinte:
– Na, dann kann ich ja nächstens an zu schwimmen fangen! – lächelte er bedeutsam. Nur Nagel äußerte wieder kein Wort. Als jedoch Felder an ihm vorbeiging und vor ihm stehen blieb, sagte er kurz:
– Du kannst sie alle. Wo du sie gelernt hast, weiß ich nicht, und es geht mich ja auch nichts an. Aber glaube nur nicht, daß du auch nur einen ordentlich kannst, wie er sein soll ... – worauf Felder blaß wurde und weiterging. Er vermochte nur noch zu erwidern:
– Das werden wir sehen! –
Seine Freude war dahin für diesen Abend und er begann seinen alten Freund und Lehrer zu hassen. Schon auf der nächsten Sitzung trat er mit seiner Forderung hervor, bei der nächsten Gelegenheit im Springen um eine bedeutende Meisterschaft gemeldet zu werden. Man hielt sie erst für Scherz; dann erhoben sich von allen Seiten Proteste. So viel hatte man schon gesehen, um zu wissen, daß ein solches Vorhaben ganz aussichtslos war. War es auch erstaunlich, was er bei seinem geheimen Training – man wußte jetzt ganz genau, wo und wie er dazu gekommen war – in so kurzer Zeit zustande gebracht hatte, so reichte das alles doch noch lange nicht aus, um mit ersten Meistern in Konkurrenz zu treten. Dazu gehörte vor allem eine jahrelange, stetige, sorgsame Ausbildung unter den Augen von Kennern – das sollte er, der Sportsmann, doch wohl am besten wissen ... Von allen Seiten redete man auf ihn ein, suchte ihn zu überzeugen, aber es war alles vergebens. Man sprach zu Ohren, die überhaupt nicht mehr zuhörten.

Felder bestand hartnäckig auf seiner Forderung. Wenn er gefragt wurde, zu welcher Schwimmnummer er gemeldet werden wollte, antwortete er: zum Springen um die Meisterschaft ... und je dringender die Frage wurde, um so mehr klang diese Antwort als Drohung: entweder – oder ...

Man lachte nicht mehr. Dazu war die Sache zu ernst. Zuviel stand in diesem Sommer im Schwimmen auf dem Spiel: die Meisterschaft Deutschlands sollte behauptet, die größte über Europa zum zweiten Male gewonnen werden; der große Staatspreis Sachsens und der Stadtpreis Breslaus, zum dritten Male durch Felder erobert, in den endgültigen Besitz des Klubs übergehen; unzählige Anforderungen von allen Seiten nach des jungen Meisters Teilnahme an den diesjährigen Schwimmkämpfen mußten beantwortet werden – und dieser Mensch, was tat er? –

Statt in diesem Sommer seine glorreichen Siege zu erneuern, mühelos und ehrenvoll, verbohrte er sich in eine Idee, auf die noch kein anderer vor ihm gekommen war und auf die auch nur er verfallen konnte. Je mehr man auf ihn eindrang, von seinem aussichtslosen Vorhaben abzustehen, desto erbitterter wurde er. Da er die Gründe gegen seine Meldung nicht verstand, da er sie nicht begreifen wollte, sah er in ihnen nur den Ausfluß einer feindseligen Stimmung gegen sich und ganz allmählich in den guten, alten Kameraden und treuen Freunden seines Klubs Gegner seiner Person und damit der Sache.

Denn daß *er* der Sache mit seinem Vorhaben schaden könne, daran dachte er nicht einmal. Er – und der Sache schaden! –

Man begriff, daß nicht mit ihm zu reden war, als er an einem anderen Abend nach langer, vergeblicher Debatte einfach das Zimmer verließ.

Dann sprach Nagel, und was er sagte, wurde als das richtige empfunden. Er schloß seine Ausführungen, in denen er ein kurzes und klares Bild von Felders Entwickelung gab, mit den Worten: »Tun wir ihm seinen Willen; denn was er nötig hat, um ihn zur Besinnung zu bringen, sind nicht neue Siege, sondern es ist eine gründliche Niederlage.« –

So wurde der Meisterschwimmer von Europa von seinem Klub auf dem ersten diesjährigen Eröffnungsschwimmen der vereinigten Berliner Klubs nicht nur zu seiner alten Meisterschaft Berlins über die kurze Strecke, sondern auch zu dem Haupt-Mehrkampf im Schwimmen, Springen und Tauchen, sowie zum Hauptspringen gemeldet, und diese Meldungen wurden mit grenzenlosem Erstaunen, aber unbeanstandet angenommen.

7

Eine gründliche Niederlage!
Und die erlebte er. –
Das erste große Schwimmfest Berlins in diesem Sommer – veranstaltet von dem Bund der Berliner Vereine – fiel zusammen mit der feierlichen Eröffnung der diesjährigen Kunstausstellung im großen Glaspalast, beides auf einen Sonntag, einen klaren, aber noch frischen Frühlingstag. –
Es sollte der Tag höchsten und beispiellosen Triumphes für ihn werden, so dachte Felder, der Tag, der allen anderen der letzten Jahre die Krone aufsetzen, seinen Ruhm vor den Augen einer Welt verkünden sollte, wie keiner vor ihm: hier in einem unvergleichlichen Siege, dort dieser Sieg bereits verkörpert in einem hohen Werke, das seinen Namen trug; der Tag, um den er gekämpft hatte, wie um keinen anderen, monatelang, mit zäher Ausdauer – nicht nur in der eisernen Arbeit eigener Übung, sondern fast noch mehr in der mühsamen und aufreibenden Hilfe beim Gelingen einer fremden.
Es kam alles anders, wie er es sich dachte. –
Der Morgen brachte die erste Enttäuschung.
Sie waren hinausgefahren nach dem Glashaus am Lehrter Bahnhof, er und zwei seiner Sportsfreunde, hatten mit der Karte des Bildhauers unbeanstandet Eintritt erhalten und drängten mit der festlich gekleideten Menge – allem, was Berlin an geistigem Leben besaß – der großen Eingangshalle zu. Sie fanden dort leicht, was sie suchten. Denn um den »Springer« herum stand bereits ein dichter Haufen von Menschen, alle ergriffen von der Schönheit und Kraft

des Werkes, und in der ersten Stunde bereits seinen Ruhm mit ihrer einstimmigen Bewunderung besiegelnd.

Und es war ein herrliches Werk, das hier, fast in der Mitte der großen Halle, in dem leuchtenden Weiß seines Marmors vor dem sattgrünen Hintergrunde hoher Blattpflanzen stand:

Erst zum Sprunge sich anschickend, noch nicht ganz zu ihm bereit, erhob sich die jugendliche Gestalt des »Springers« in vollendet ebenmäßiger Schönheit leicht auf den Zehen empor, streckte wie flehend die schlanken Arme in die Höhe, um dem Körper Schwung zu verleihen, und hielt die Augen fest und entschlossen in die Ferne gerichtet – gewiß des Gelingens, sicher des nahen Sieges ... Über der ganzen Gestalt aber lag zugleich bei aller Kraft eine solche Anmut, eine solche Frische, daß man den kühlen Duft dieses vielleicht eben erst dem Wasser entstiegenen Körpers zu spüren glaubte, der sich nun zu neuem und schwierigerem Sprunge anschickte, und den das Trikot nur wie ein dünner Schleier umschloß, hinter dessen zartem Gewebe jeder Muskel, ja die Adern erkennbar hervorzutreten schienen; und obwohl zum Teil mit diesem Schleier bekleidet, erschien auf den ersten Blick der ganze Körper wie nackt, bis man die unsäglich feine Arbeit des Meisters gewahrte, für den die leichte Hülle kein Hindernis gewesen war, das nackte Leben in seiner Wärme zu bilden.

– »Klassisch schön und doch von modernem Geiste beseellt« – »raffiniert schlicht« – »einfach antik« – »wo kann er das Modell herhaben?« – »ein Meisterwerk, ganz ohne Zweifel« – das waren die Ausdrücke, die mit vielen anderen Namen und Vergleichen, von denen er nichts verstand, Felders Ohren umschwirrten, als er sich mit seinen Begleitern näher herangedrängt und nun fast vor der Statue stand. Er fühlte sich sehr unbehaglich. Alles war ihm hier fremd. Selbst dieses Werk, sein anderes Ich, das er doch so genau kannte, erschien ihm nicht mehr dasselbe. War er das? – So trat er doch nicht auf das Brett, wenn er sprang?

Er allein unter all den Anwesenden vielleicht stand der

Schönheit des eigenen Körpers verständnislos gegenüber, er und seine Freunde. Sie, so sehr an den täglichen Anblick nackter Gestalten gewöhnt, hatten nie über deren Schönheit und Häßlichkeit nachgedacht, und von der Kunst, die hier zu ihnen redete, verstanden sie nichts. Felder selbst war zum ersten Male in einer Kunstausstellung, und der Blick auf die vielen anderen Marmorwerke in dieser hohen Halle, in die lange Flucht der Säle, von deren Wänden herab die Farben unzähliger Gemälde leuchteten, machte ihn wirr und beraubte ihn.

Zudem ärgerte er sich zu sehr, als daß er sich ruhig irgendeiner Betrachtung hätte hingeben können. Er hatte sich diesen Morgen ganz anders gedacht. Wie, das wußte er wohl selbst nicht, aber etwa so: daß er mit dem Künstler vor der Statue stehen würde, aller Augen auf sich gerichtet, als auf das Modell usw.... So aber geschah nichts dergleichen. Kein Mensch kümmerte sich um ihn, man drückte und stieß ihn von allen Seiten, und wenn ihn zufällig jemand ansah, so hatte er das Bewußtsein, mit diesem Blicke gefragt zu werden: Was wollen Sie denn hier?

Wie hätte aber auch irgend jemand in dem modisch gekleideten jungen Mann mit dem hohen Hemdkragen und dem steifen Hut, der aussah wie ein Kommis von Hertzog oder Wertheim, das Urbild dieses Hellenenjünglings erkennen sollen, dessen Schönheit die Gedanken der Beschauer weit zurückführte in die seligen Zeiten göttergleicher Menschen?

Unmutig forderte Felder seine Freunde zum Weitergehen auf; er wollte versuchen, den Bildhauer und Dr. König zu finden. Die beiden anderen waren gern bereit: der eine hatte Durst nach einem Frühschoppen, und der andere fand auch, daß er eine solche Stellung bei einem Springer noch nie gesehen habe.

Da – während sie sich hinausstießen – fühlte Felder plötzlich, wie er angesehen wurde. Der starke Duft eines seltsamen Parfüms, den er irgendwo und irgendwann schon einmal gespürt hatte, umwehte ihn, und aufschauend, erblickte er dicht vor sich jene Dame aus dem Café, die ihn den ganzen Abend so auffallend angesehen hatte und nun

ihren Blick mit demselben festen Ausdruck forschenden Interesses auf seinem Gesicht ruhen ließ; wie an jenem Abend. Wieder war der alte Herr mit ihr, und wieder trug sie ein Kleid von heller Seide und einen auffallend großen Rembrandthut mit schwarzer Feder. Felder hatte kaum Zeit, sich nach ihr umzusehen; im nächsten Augenblick schon war sie weiter gegangen, und viele Menschen hatten sich zwischen sie und ihn geschoben. Er hätte zurückkehren müssen, um sie wiederzufinden.
Er dachte noch an sie im Weitergehen, als er am Ausgang auf den Bildhauer traf, der ebenfalls in einer dichten Menschenmenge stand. Er machte sich sofort los und kam auf Felder zu, als er ihn sah, und man ging durch den Garten in langem Zuge nach der Osteria. Dort wurde nun Felder genug und von allen Seiten angesehen, als die Künstler erfuhren, wer er war, aber er wurde nie das Gefühl los, daß alle diese fremden Menschen in ihm nur das Modell sahen, und keine Ahnung davon hatten, wer er eigentlich war... Nach Dr. König sah er sich vergebens um; er war wohl noch in den Sälen oder überhaupt noch nicht gekommen. Der Bildhauer, äußerlich borstig und wortkarg wie immer, war doch durch seinen großen Erfolg erregt und mußte sich immer von neuem frei machen, um ein paar Worte mit Felder zu sprechen. Dieser wollte gerne wissen, ob sein Name auch im Katalog stünde. Nein, dort stand nur »der Springer«, meinte der Künstler lächelnd, anders ginge es nicht, aber er wolle schon dafür sorgen, daß es in möglichst vielen Zeitungen zu lesen sei, wer ihm Modell gestanden – darauf könne sich Felder verlassen... »Und am Nachmittage komme ich zu *Ihrem* Siege!« – sagte er noch, als Felder sich mit seinem Freunde verabschiedete und, innerlich recht mißmutig, ging. – Dieser Nachmittag!
Wieder einmal erglänzte die weite Halle der Wasserfreunde in dem festlichen Schmuck der Fahnen und Fähnchen; wieder füllten ihre Galerien bis auf den letzten Platz die dichten Reihen einer bunten Zuschauermenge; wieder bot sie das bis in die Einzelheiten immer sich gleichende, unveränderte Bild eines »Schwimmfestes«...

Und in eintöniger Gleichförmigkeit verlief Nummer um Nummer des wiederum viel zu lang ausgesponnenen Programms. Das ganze Interesse der engeren Kreise konzentrierte sich heute nicht auf die Schwimmkonkurrenz – Felders Sieg war ganz sicher – sondern auf dessen Beteiligung am Springen. Längst hatte sich über die Grenzen des S.-C. B. 1879 hinaus herumgesprochen, wie gänzlich aussichtslos und vermessen sie war, und überall, in allen Ecken, lauerte das süßeste und reinste der menschlichen Gefühle, die Schadenfreude, auf seine Gelegenheit.

Nur Felder sah und hörte nichts von allem. Still und ernst wie immer stand er unter seinen Leuten, und seine Augen blickten so ruhig und siegesgewiß wie immer.

Heute, heute war sein großer Tag, und kein Zweifel durfte in ihm aufkommen; kein Zweifel der anderen das eigene, felsenfeste Vertrauen stören. Er fühlte nur instinktiv die Feindseligkeit um sich herum an der Art, wie man ihn allein ließ oder ihn dies oder jenes fragte. Was kümmerten sie ihn? – Nach einer Stunde würde er sie besiegt haben, und selbst die Widerstrebendsten lagen bezwungen zu seinen Füßen!...

Als er daher seinen Namen hörte und auf das Sprungbrett trat, um den ersten der für den Mehrmeisterkampf vorgeschriebenen Sprünge zu tun, hob er seinen Kopf höher als je, sah zu der hohen Wölbung der schönen Halle empor, und in seinen Augen lag (für niemand erkennbar) das alte Leuchten, tiefer und siegesgewisser, als je zuvor.

Dann sprang er, und er sprang nicht schlecht. Ein Murmeln nur begleitete sein Aussteigen aus dem Wasser – Erstaunen bei jenen unter den Sportsgenossen, die ihn zum ersten Male springen sahen, halber Beifall bei denen, die den Sprung an seinen eigenen Leistungen, die sie seit einigen Wochen kannten, verglichen. Noch hatte die Schadenfreude keinen Grund, sich zu äußern und wagte sich noch nicht hervor. Weder besonders gut, aber ebenfalls nicht schlecht waren auch die nächsten Sprünge. Jeder Kenner sah indessen, daß sie einfach nur besser aussahen, als sie in Wirklichkeit waren, und daß Felder jede Hoffnung auf einen Sieg hätte begraben müssen, wäre es

auf dieses Springen angekommen. So aber erledigte er nicht nur den zweiten Teil des Mehrkampfs, das Schwimmen mit einer Bahnlänge von 150 Metern, in seiner alten glänzenden Weise, so daß er hier die Höchstzahl der überhaupt erreichbaren Punkte erlangte, sondern er stellte sich auch im dritten Teile, dem Tauchen, ebenbürtig an die Seite seiner drei Gegner, indem er, wie sie, alle zwanzig Teller hervorholte, und zwar in einer Zeit, die sich nur unwesentlich von der ihren unterschied.
Keiner der Konkurrenten war vor Ablauf von 32 Sekunden aus dem Wasser gestiegen, Felder 45 unter ihm geblieben. Die Teller hatten bei ihm weit auseinander gelegen.
Der Mehrkampfpreis wurde daher trotz der im Springen erreichten geringen Punktzahl – nicht vergleichbar mit der der anderen – von ihm gewonnen. Seinem Verein fiel ein Ehrenpreis zu, ihm selbst ein Andenken, und das eine der gesetzten Ziele war somit von ihm erreicht: in seinen Lorbeerkranz ein neues Blatt geflochten. Der Meister im Schwimmen nannte die erste Mehrkampfmeisterschaft sein! –
Aber das stille und erwartungsvolle Lächeln, das von den Gesichtern so manches Kenners unter den Anwesenden nicht wich, zeigte, daß es noch nicht aller Tage Abend war. Vor allem das Lächeln Grafenbergers.
Denn das Ereignis des Tages, das Hauptspringen, sollte erst noch kommen. Und wenn Grafenberger so lächelte, dann hatte er seinen Grund dazu.
Heute mehr als je. Denn dieses Hauptspringen, das als dritte Konkurrenz nach der eben beendeten folgen sollte, hatte eine ganze, vielbesprochene Geschichte in den letzten Wochen gezeitigt. Als Felder brüsk und ungestüm seine plötzliche Meldung zu diesem Hauptspringen im Klub äußerte, und als nach endlosen privaten und internen Debatten die Furcht vor seiner Drohung die Schale zu seinen Gunsten neigen ließ, da erklärte Grafenberger ebenso brüsk und mit weit größerer Berechtigung natürlich: wenn sein Klub denn so unverhofft einen so großen Springer in seinem bisherigen Meisterschwimmer »ent-

deckt« habe und ihm denselben vorziehen wollte, so möge er das doch tun, und da selbstverständlich jeder Klub nur *einen* Konkurrenten zu den Kämpfen entsenden könne, so sei es doch das beste und einfachste, wenn er, Grafenberger, aus- und in einen anderen Verein eintrete. Dann könne er ja mit Leichtigkeit beweisen, wie lächerlich eine solche Bevorzugung sei. So sehr traf jedes seiner Worte den Nagel auf den Kopf, daß nur übrig blieb, dem Empörten klarzumachen, wie es sich ja nur darum handele, Felder ad absurdum zu führen, wie er, dem an dieser Beteiligung gar nichts gelegen sein könne, ja gerade durch Felders unvermeidliche Niederlage nur seinen, Grafenbergers, Ruhm als den des ersten Springers im S.-C.B. 1879 befestigen würde; und so sehr sah dieser selbst auch den Grund aller Einwendungen ein, daß die Sache in aller Ruhe verlaufen wäre, wenn nicht – wie immer bei solchen Gelegenheiten – so viel bisher Unausgesprochenes zutage getreten wäre, was dann endlich doch Grafenbergers Austritt zur unvermeidlichen Folge hatte. Er, eine weit weniger ernste und vornehme Natur als Felder, hatte einen Ton angeschlagen, den der Klub unter keinen Umständen dulden durfte, und so war er gegangen von dort, wo niemand gegen seinen Willen gehalten wurde.
Mit Jubel sofort in einen anderen, ebenfalls altangesehenen Verein, in die »Privat-Schwimmgesellschaft von 1885«, aufgenommen, noch in letzter Stunde von ihm zu heute gemeldet, erwartete der berühmte Springer nun im Kreise seiner neuen Klubgenossen das Hauptspringen mit innerlichster Freude; und schärfer und klarer als er hatte keiner Felders kümmerliche Sprünge beim Mehrkampf betrachtet und gewertet.
Vergebens suchte er dem Blick seines früheren Genossen zu begegnen, mit dem er so manche Jahre Schulter an Schulter um die Ehre des Klubs gekämpft, und dem er – wie oft nicht in denselben Stunden desselben Tages – gemeinsam mit ihm zu den höchsten verholfen.
Felder sah ihn nicht. Nicht sein Lächeln; nicht die boshafte Erwartung um sich her; nicht die ängstliche Sorge seiner wahren Freunde, Nagels und anderer. Er sah über-

haupt nichts mehr von allem, was um ihn her vorging. Er fühlte nur die große Erwartung um sich herum, und als Koepke, der äußerlich Aufgeregteste wieder unter allen, ihm mit irgendeiner unnützen Frage zu nahe kam, wies er ihn mit einem barschen Wort zur Ruhe.

Als das Hauptspringen endlich begann, trat die atemlose Spannung der Stille ein, die allen Entscheidungen von Bedeutung vorausgeht, und teilte sich unwillkürlich auch dem Gleichgültigen unter den Zuschauern mit. Fünf Springer aus den ersten Berliner Klubs, unter ihnen drei mit bekannten Namen, waren gemeldet. Wie sie ausgelost waren, kamen sie an die Reihe. Felder hatte die vierte Nummer und die weiße Kappe erhalten.

Er sah seine Vorgänger auf das Brett treten, er hörte die Stimme des Starters, der Namen und Art des Sprunges verkündete, er sah die Sprünge, er hörte das Wasser klatschen und rauschen, das Murmeln und den Beifall der Zuschauer; er trat selbst hinter das Brett, sah vor sich hin, vernahm die gleichmäßige ruhige und klare Stimme des Starters neben sich, die rief: »Hechtsprung mit Anlegen der Arme und Anlauf, ein Meter. Herr Franz Felder...«, lief, sprang, tauchte unter und wieder auf, ging hinaus und hinauf zu dem hohen Brett, stellte sich auf seine äußerste Kante, hob den ganzen Körper auf den Fußspitzen in die Höhe, sah gradeaus, hörte wieder die Stimme, diesmal unter sich: »Doppelsalto, rücklings, sechs Meter, derselbe...«, sprang ab, drehte sich in der Luft um sich selbst, fühlte den Anprall des Wassers wie glühendes Feuer, kam in die Höhe und stieg hinaus—aber worauf er lauschte, die alten, ihm so vertrauten Laute des Beifalls vernahm er nicht.

Stumm und ohne zu wissen, wie er gesprungen, mischte er sich unter seine Freunde.

Nach den zwei vorgeschriebenen Pflichtsprüngen kamen die zwei Pfostensprünge an die Reihe, die an demselben Tage aus den Schwierigkeitsgraden fünf und sechs ausgelost und jedem Bewerber vor einer Stunde mitgeteilt worden waren.

Auf Felder waren gefallen:

Als erster ein Seitlingssprung mit $^1/_4$-Drehung um die Längsachse vorwärts, mit Hochheben beider Arme, bei einer Bretthöhe von drei Metern: nicht allzuschwer gut auszuführen; und als zweiter ein Schlußsprung mit ganzer Drehung um die Breitenachse, schwierig bei genauer Durchführung und der Sechsmeter-Höhe des Brettes. Den ersten machte er gut; daß ihm der zweite nicht so gelingen würde, wie er mußte, war ihm seit einer Stunde bereits ganz klar, und er sprang ihn infolgedessen völlig schlecht, so daß das Publikum zu lachen begann, während es dieselben beiden Sprünge der anderen des öfteren mit Beifall begleitete.

Felder sah und hörte noch immer nichts um sich her. Auch dieses Lachen nicht. Nur ein Zwischenfall erregte die allgemeine und damit auch seine Aufmerksamkeit. Als der Nachspringer Felders seine Sprünge ausführte, erscholl von allen Seiten her, wahrscheinlich mit infolge des vorhergegangenen, so augenscheinlich verunglückten Sprunges, lauter Beifall. Die Pause zwischen den Sprüngen dauerte etwas länger als sonst, und bevor der nächste, letzte Springer an die Reihe kam, trat der Starter vorn auf das Sprungbrett und sprach mit erhobener Stimme zu den Zuschauern gewendet: »Die Herren Schiedsrichter lassen die verehrlichen Anwesenden, Damen und Herren, bitten, bei den Sprüngen jedes Zeichen des Beifalls und des Mißfallens im Interesse der Springer selbst zu unterlassen, und den Herren Richtern in keiner Weise in ihrem Urteil vorzugreifen ...«

Ein Zwischenfall solcher Art war eine Seltenheit und wurde daher gebührend bemerkt. Einstweilen aber schwieg der ganze Raum, und der dritte Teil des Hauptspringens, die beiden Kürspringe, begannen unter allgemeiner Stille. Die »Kürspringe«, vom Springer nach freier Wahl »gekürt«, bei denen er an keine Schwierigkeitsgrade und keine Art der Ausführung gebunden ist, und somit nur die Kraft und Fähigkeit, die er sich selbst zutraut, entscheidet, sind gewöhnlich lange vorher eingeübte und in vollendeter Sicherheit ausgeführte Sprünge, die das Können des Springers in hellstem Lichte zeigen. Da die Zuschauer ihrem Beifall keinen Ausdruck mehr geben konnten, verliefen die

Sprünge der drei ersten Springer unter dem achtungsvollen Schweigen des Publikums, bis Felder an die Reihe kam.
Statt daß dieser – wie es nach der ganzen Art und der Kürze der Zeit seines Trainings eigentlich selbstverständlich gewesen wäre – sich zwei der weniger komplizierten Sprünge ausgesucht, sie in guter Ausführung gezeigt und damit wenigstens in ihnen die höchste Wertungszahl erreicht hätte, erlaubte es ihm sein Ehrgeiz nicht, sein neuerworbenes, noch so unsicheres Können anders, als in Sprüngen ersten Ranges zu zeigen, und unter dem Kopfschütteln seiner Freunde, die indessen auf jede Einmischung verzichteten, hatte er zwei Sprünge gewählt, die ihm hier und da – wenigstens zur Zufriedenheit Koepkes – gelungen waren und die er in seiner grenzenlosen Verblendung auch heute vor den Augen aller ausführen zu dürfen glaubte. Kein anderer Klub hätte einem Mitgliede jemals etwas Ähnliches erlaubt. Aber der seine war eben übereingekommen, ihn gewähren zu lassen, und so kam, was unausbleiblich kommen mußte, und wozu es keines Propheten bedurfte, es vorherzusagen.
Gereizt, erregt und wie im Fieber verlor Felder bei diesen letzten Sprüngen jede Ruhe und jede Besinnung. Er sprang, wie er geschwommen hatte in den Augenblicken höchster Anstrengung, und vergaß vollkommen, daß, was dort noch zum Siege führen kann, hier, wo es einzig im gegebenen Moment auf Selbstbeherrschung und Ruhe ankommt, unrettbar zur Niederlage werden muß.
Er sprang, wie er schwamm: wie er zweimal, dreimal – es war schon lange her – geschwommen hatte, um den enteilenden Sieg noch zu ergreifen –: mit dem Mut der Verzweiflung. Aber was er bot, das waren schon keine regelrechten Sprünge mehr, das hatte überhaupt keine Ähnlichkeit mehr mit den Aufgaben, die er selbst gewählt und sich vorgeschrieben, das waren krampfhafte Verzerrungen des Körpers, ein unschönes Sich-Überschlagen in der Luft ohne jede Haltung der Arme mehr, die um sich griffen, wie um sich zu halten, und endlich ein wüstes Aufklatschen auf die Oberfläche des Wassers...
Und während die Richter auf jede Wertung mit dem Niederlegen ihrer Bleistifte überhaupt verzichteten, während

sich auf den Gesichtern der Umstehenden erst starres Erstaunen ob solcher, nie gesehener Leistungen malte, das allmählich in offene Fröhlichkeit überging, während Felders Freunde überlegten, ob sie ihn nicht lieber an dem letzten der Sprünge hindern und der Blamage ein Ende machen sollten, begann das Publikum, gereizt durch das Verbot des Beifalls, zu lachen. Es lachte erst leise, dann ganz laut beim zweiten Sprunge, und als Felder aus dem Wasser kam, da lachten selbst die Sportsleute um ihn her, ja die eigenen Genossen, so komisch war der Kontrast zwischen seiner siegesbewußten Miene und seinen kläglichen Leistungen gewesen...

Felder hörte das Lachen, jetzt hörte und sah er es, und er wurde totenblaß. Einen Augenblick schien es, als wolle er sich auf den ersten besten der Nächststehenden stürzen, dann überzog eine dunkle Röte sein Gesicht, und wortlos verließ er die Reihen, die sich noch nicht beruhigen wollten, bis das nächste Rennen die Aufmerksamkeit von dem beendeten abzog.

Eine furchtbare Wut kochte in Felder, als er allein in einer Ecke des kleineren Damenschwimmbades, das heute als Auskleideraum für die Beteiligten galt, saß. Man hatte es gewagt und ihn ausgelacht – ihn, Franz Felder, den Meister Europas, ihn, ihn! –

Er ging auf und ab, auf und ab, aber er wurde nicht ruhiger. Er wurde das Lachen aus seinen Ohren nicht los. Er würde es nie vergessen können, das wußte er. Kein Beifall würde es jemals mehr ganz übertönen können.

Alles, was er tun konnte, war, die erlittene Wunde so unter neuen Lorbeeren zu verbergen, daß niemand sie mehr gewahren konnte.

Das aber wenigstens wollte er, und als er – nach einer halben Stunde – geholt wurde und er zum letzten Male an diesem Tage an den Start ging, nicht zum Springen mehr, sondern zum Hauptschwimmen über die 250 Meter, da waren die Nebel von seinen Augen gefallen, und mit seinem alten, klaren Blick sah er alles um sich her, die Freunde und die Feinde, und jetzt war er es, der lächelte.

Jetzt durfte er es allein, und wer es etwa noch wagen sollte außer ihm, dem würde er das Lachen von den Lippen vertreiben!

Nicht wie sonst, ruhig, stet und überlegen seine Bahn durchschneidend, nichts als das Ziel im Auge, nicht fair und vornehm, wie man es an ihm gewöhnt war selbst in den schwierigsten Kämpfen, sondern auf seine Gegner achtend, sie herankommen und voraufgehen lassend, sie durch die eigene Ungleichmäßigkeit störend, um sie dann zuletzt rücksichtslos, fast brutal zu schlagen, so schwamm er dieses Rennen, und als er den Jubel über seine Waghalsigkeit und Überlegenheit in seinen Ohren erklingen hörte, war er wieder ganz er selbst. Nie vorher hatte er so geschwommen, und er wußte es. Er wußte auch, daß er mit diesem Siege keinen Beifall unter seinen Freunden finden würde. Aber das war es gerade, was er wollte. Sie hatten ihn ausgelacht, das verzieh er ihnen nicht. Jetzt war ihm auch an ihrem Beifall nichts mehr gelegen.

Wie er zum letztenmal für heute sich so die Leiter emporschwang, bis zu der sich die erste Reihe der Zuschauer hinzog, da, wo die besten Plätze nahe dem Start waren, die man durch Auflegen von Leinentüchern gegen das Aufspritzen des Wassers zu schützen versucht hatte, war es ihm wieder, als stiege der Duft eines seltsamen Parfüms, den er schon einmal gespürt, zu ihm auf, und als er sich zur Seite wandte, sah er, daß der erste dieser Plätze, die er beim Hinaussteigen fast streifte, von der Dame besetzt war, die er an jenem Abend im Café und heute morgen erst wieder gesehen hatte. Für eine Sekunde begegneten sich ihre Blicke: sie hielt ihr Kleid mit der Hand zusammen, damit es nicht naß werden sollte, und lächelte leise, wie heimlich mit ihm triumphierend über seinen Sieg. Ein neuer Ausdruck schien in ihrem Blicke zu liegen, etwa wie: wir kennen uns doch, nicht wahr? – Felder war ganz verwirrt und wandte sich ab.

Als er angekleidet wieder in die Halle trat, galt sein erster Blick dem Platze, wo sie gesessen. Aber er war leer, und die ihn innegehabt, war nirgends mehr zu finden. – Was bedeutete das nun wieder? – Wie kam sie hierher? – Und warum? – Warum nur? – Es war seltsam, sehr seltsam.

Doch er hatte nicht lange Zeit, an den Vorfall zu denken. Zuviel wogte noch in ihm, und immer von neuem kehrten seine Gedanken zu dem unverhofften Verlauf des Tages zurück.

Erst der Morgen. Dann der Nachmittag. Und der Bildhauer und Dr. König fielen ihm ein, die beide nicht gekommen oder schon wieder fortgegangen waren, da sie ihm doch nicht Glück wünschen konnten.

Eines wie das andere – alles war umsonst gewesen!

Umsonst die zähe, eiserne Mühe langer Monate; umsonst die inneren, bitteren Kämpfe und alles heiße Ringen; umsonst alle Kraft und Zeit, die er an diese Sache gesetzt!

Deutlich hatte er heute die Grenze seiner Kraft erkannt, über die er sich in unbegreiflicher Verblendung so sehr täuschen konnte.

Zum ersten und zum letzten Male in seinem Leben hatte er heute öffentlich gesprungen. Nie würde er von jetzt an wieder einen Fuß auf das Sprungbrett setzen. Sein Traum war zu Ende. – Er war ganz erwacht, und er war sich ganz klar.

Aber nicht, daß er mit seinem Plan gescheitert war, sondern, daß er sich lächerlich gemacht hatte – das war es, was Felder mit immer tiefer sich einbohrender, innerlicher Wut gegen sich selbst und gegen die andern erfüllte. Er war ausgelacht worden. Er – Franz Felder! – Und er haßte sie alle, die es gewagt hatten! –

Aber er durfte jetzt nur noch den einzigen Gedanken haben, nicht zu zeigen, wie sehr er sich ärgerte. Das beste war jetzt zu tun, als habe er selbst das Ganze als einen im Grunde nur scherzhaft gemeinten Versuch betrachtet, um zu beweisen, daß es möglich sei, in ganz kurzer Zeit fast sämtliche möglichen Sprünge zu erlernen, auch ohne jahrelange Übung.

Daher ging er nicht fort, wie er es am liebsten getan, sondern blieb den ganzen Abend und die halbe Nacht unter seinen Kameraden, war so lustig, wie es ihm überhaupt möglich war, nahm seinen ersten und auf immer einzigen Mehrkampfpreis ebenso überlegen lächelnd und gleichgültig entgegen, wie die Schwimmeisterschaft für Berlin für dieses vierte Jahr, und brachte es sogar fertig, die Witze, die über ihn als Springer gemacht wurden, anzuhören, ja, auf sie einzugehen.

Aber in ihm war etwas gebrochen an diesem Tage des großen Enttäuschungen.

Er hatte geglaubt, daß ihm, der so vieles erreicht, nun alles möglich sein müsse, woran er die Hand legte. Er hatte sich überzeugt, daß er sich schmählich getäucht—daß es nur ein Gebiet gab, auf dem er Meister war, und daß er nichts anderes zu tun hatte, als möglichst lange Meister auf ihm zu bleiben: ob es ihm nun gefiel oder nicht!

Alles andere war ihm verschlossen.

Und eine Ahnung dämmerte ihm auf, wie eng der Kreis seiner Welt war. Es gab andere, weitere Gebiete, von denen er nichts verstand, von denen er nicht einmal wußte. Ewig unerreichbar für ihn.

Wohin nun aber sollte er mit dieser ungestillten Sehnsucht seiner Wünsche, dieser begehrlichen Kraft, die nicht zufrieden war, wie ein Zirkuspferd im Kreise herum zu trotten?—Wohin mit ihr?!–

Es war nur erst eine Ahnung, die ihm gekommen war mit dem heutigen Tage. Aber schon begann sie ihn zu beunruhigen.

8

Alles ging wieder seinen alten Gang.

Äußerlich veränderte sich zunächst nichts im Leben des Vereins.

Die Springerei Felders betrachtete man als eine Laune, einen verrückten Einfall, wert höchstens noch eines schlechten Witzes, hätte man nicht seine unbeschreibliche Aufregung und plötzlich hervorbrechende Wut gesehen, wenn jemand ihn gelegentlich zu machen versuchte. So rührte man nicht mehr daran.

Innerlich aber war zwischen Franz Felder und seinem Klub ein Riß entstanden, den keine Aussprache heilte und der sich fast täglich mehr verschärfte.

Entstanden war er durch Felders eigenmächtige Handlungsweise. Wann war es je dagewesen, daß das Mitglied eines Klubs auf eigene Faust zu trainieren begann und daraus sogar vor seinen eigenen Klubbrüdern ein Geheimnis machte?—Wenn man das wollte, brauchte man keinem Klub anzugehören. Wäre es nicht Felder und zudem die Idee nicht gar so absurd gewesen, so würde man ja der Sache noch auf andere Weise näher getreten sein. So aber... Außerdem würde er wohl jetzt eingesehen haben, was er davon gehabt hatte!...

Man sprach mit ihm nicht mehr darüber, aber Felder fühlte wohl, wieviel an Unmut und Mißtrauen gegen ihn zurückgeblieben war.

Schlimmer aber war, daß er in den Zeitungen, die in diesen Wochen so laut den Ruhm des Künstlers, der nach ihm seinen »Springer« gebildet, verkündeten, als der »Meisterspringer von Europa« bezeichnet wurde. Es war Felders ehrgeiziger Wunsch gewesen, daß sein Name genannt werden sollte; und der Bildhauer, von Dankbarkeit gegen seinen selbstlosen und treuen Helfer getrieben, hatte alles getan, was in seinen Kräften stand, um ihn zu erfüllen. Daß dabei der Irrtum unterlaufen war, war zwar nicht seine Schuld, da er wohl wußte, daß Felder nur Schwimmer war, und da er ja selbst seinem verunglückten Debut als Springer beigewohnt hatte; aber immerhin entschuldbar bei den Kunstschreibern, die wenig von solchen Unterschieden wußten und sich beim Beschauen der Statue wohl gedacht haben mochten, daß der, der als Springer dargestellt worden war, auch als solcher sich seinen Meisternamen erworben haben müßte.

Wer Felder kannte, wußte, daß ihm am wenigsten an diesem Irrtum irgendwelche Schuld beizumessen war. Er hätte sich lieber die Hand abhauen lassen, als einen Erfolg für sich in Anspruch zu nehmen, den er nicht voll verdient zu haben sich bewußt war.

Er war außer sich über das Versehen. Er ließ sich von dem Künstler — noch einmal fuhr er zu diesem Zweck den langen Weg nach Wilmersdorf hinaus und betrat das staubige, nüchterne Atelier wieder, in dem bereits an einem neuen, großen Werk gearbeitet wurde — eine schriftliche Erklärung geben, daß er sich ihm nie gegenüber als etwas anderes ausgegeben habe, als was er wirklich war, und nahm zudem das Versprechen mit sich, daß alles getan werden würde, um den bedauerlichen Irrtum wieder gutzumachen. Das Papier stellte er zur Verfügung des Klubs und dieser betrachtete natürlich die Angelegenheit als seine eigene.

Aber was half das alles! Felder hätte keine Feinde haben müssen, so zahlreich wie seine Erfolge, als daß das Versehen nicht gegen ihn ausgenützt worden wäre; und wenn man ihn auch nicht öffentlich als den Urheber desselben bezeichnete, so gab es doch genug Stimmen in den feindlichen Lagern, die der Behauptung nicht widersprachen, daß er geduldet habe, was er so gerne als Wirklichkeit gesehen hätte ...

Für die immerwährenden Streitigkeiten und Eifersüchteleien zwischen den Klubs war die ganze Sache Öl ins Feuer, und sie entbrannten zu Beginn dieses Sommers öffentlich und heimlich heißer als je. Felder, der so stolz darauf gewesen war, daß seine Person nie den Anlaß zu irgend solchen gehässigen und die Sache schädigenden Fehden gegeben, erlebte, daß sie und sein Name in sie hineingerissen wurden und fürs erste überhaupt von ihnen nicht mehr zu trennen waren.

Immer wieder kehrte der Gedanke zurück, der an jenem Abend, als er, äußerlich ruhig und lächelnd, aber innerlich aufs tiefste erbittert über seine Niederlage, unter seinen Genossen saß und sich zum ersten Male unter ihnen wieder fremd fühlte, zuerst in ihm aufgetaucht war: der Gedanke des Austritts. Ein Austritt aus dem einen und der Übergang in einen anderen Verein war nichts Außergewöhnliches. Es kam alle Tage vor, daß Träger bekannter Namen aus irgendwelchen, oft ganz geringfügigen Ursachen ihren angestammten Klub verließen und in einen anderen übergingen, gewöhnlich eine Anzahl anderer Mitglieder mit sich ziehend und nicht selten eine Spaltung herbeiführend, die die Gründung eines neuen Vereins zur Folge hatte. Eine ganze Reihe der wie Pilze aus der Erde schießenden Klubs war auf diese Weise entstanden und hatte das Eingehen anderer, älterer, verursacht. Ja, es geschah, daß manche die Gründung solcher neuen Vereine geradezu als Sport betrachteten, und es war vorgekommen, daß Träger von Namen, die zu den allerersten in der Schwimmerwelt zählten, im Laufe weniger Jahre drei, vier Vereinen angehörten und sie ganz nach ihrem Belieben wechselten.

Aber Felder konnte sich doch noch nicht mit dem Gedanken eines Austritts vertraut machen. Es erschien ihm noch immer als etwas Undenkbares, daß er den S.-C.B. 1879 verlassen sollte, mit dem er verwachsen war mit jeder Faser, dem er die glücklichen Jahre seiner Entwicklung verdankte, und den er durch seine Siege wieder zum ersten und meistgenannten unter allen gemacht hatte.

Noch liebte er ihn und alles, was mit ihm zusammenhing. Noch konnte er nicht von ihm lassen ... Er wehrte sich gegen seine Gedanken.

Aber dann kam ein Tag, der gewissermaßen die Entscheidung über ihn hinwegnahm.

Felder reiste nach Hamburg, um zum zweiten Male die Elbmeisterschaft sich zu eigen zu machen.

Ein älteres Mitglied, ein Kaufmann, der gerade in Hamburg Geschäfte hatte, schloß sich ihm an, und Felder konnte es nicht hindern, daß während der Fahrt die Rede auf die Vorgänge und allen Klatsch und Tratsch der letzten Zeit kam. So erfuhr er die Äußerung Nagels bei Beratung seiner Meldung zum Springen: »daß er ihm eine Niederlage wünsche, eine gründliche Niederlage« ... Das Wort traf ihn wie ein Schlag. Er ließ es sich zweimal wiederholen, ehe er es glaubte. Dann wurde er ganz still.

Er sprach kaum ein Wort mehr an diesem Tage: nicht während der Fahrt, nicht während der Begrüßung in Hamburg, nicht während des Festes ... Man glaubte dort, er müsse krank sein; aber man sah ihn schwimmen, mit einer solchen verbissenen Wut und Kraft, daß die bloße Vermutung lächerlich schien. Sofort nach seinem Siege – und was für ein Sieg war es wieder! – ging er allein zum Bahnhof, ohne sich von einem Menschen zu verabschieden, und fuhr mit dem Schnellzug nach Berlin zurück.

Er ging sofort in das Restaurant des Klublokals, wo er gewiß war, seine Leute zu treffen. Er fand einige von ihnen

beim Billard. Auch Nagel. Er wartete, bis die Partie zu Ende war, ohne auf irgendwelche Fragen Antwort zu geben.
Dann gingen er und sein alter Schwimmwart in das noch leere Klubzimmer, und hier, in dem Raume, der die Spuren jeder Etappe in Felders Laufbahn in irgendeinem Preisstück, von dem einfachsten bis zu dem kostbarsten, aufwies, hier erfolgte die Auseinandersetzung zwischen den alten Freunden.
Felder war maßlos erregt; Nagel blieb ruhig wie immer. Und nichts reizte den anderen so sehr, wie diese kühle Ruhe.
– Ist es wahr, daß du mir eine Niederlage, eine *Niederlage* gewünscht hast? – begann Felder, und die Antwort, die er bekam, brachte ihn außer sich:
– Ich habe sie dir nicht gewünscht; aber ich habe gesagt, eine gründliche Niederlage sei das einzige, was dich noch zur Besinnung bringen könne ...
– Er sei also nicht bei Besinnung?
– Er sei seit einem halben Jahre so völlig von Ehrgeiz und Ruhmsucht verblendet, das er jede Direktive verloren habe und nach dem Unmöglichen strebe.
Und nun sprach Nagel ruhig und lange, und wenn manches auch wahr war, was er sagte, so war anderes doch auch einseitig und unverständig, und alles war hart und scharf und unfreundlich. Felder hörte es bis zum letzten Worte an.
Er möge sich doch nicht einbilden, setzte Nagel auseinander, daß man die Wandlung in seinem Wesen nicht schon seit langem und mit immer größerem Mißfallen beobachtet habe. Daß er der Entwicklung in dem Ausbau des Klubs nie das nötige Interesse entgegengebracht habe, darüber war man sich ja schon lange klar gewesen. Wann habe er sich wohl jemals um den inneren Fortschritt des Vereins gekümmert? – Habe er zum Beispiel jemals der Jugendabteilung in ihrer Ausbildung geholfen? – Sei er auch nur ein einziges Mal einem der Jüngeren mit Rat und Hilfe zu Seite gestanden? – Sei er nicht immer nur mit Widerstreben an die Beteiligung bei dem Wasserpolo gegangen, und nur dann, wenn es unumgänglich

nötig gewesen war? – Habe er nicht noch letzthin seine Beteiligung am Staffettenschwimmen aus reinem Hochmut einfach abgelehnt? – Immer habe er nur an sich gedacht, schon als kleiner Junge, immer nur an sich, und alles andere sei ihm schnuppe gewesen. Auch mit den Kämpfen des Vereins um seine Existenz innerhalb der Bewegung (damit meinte Nagel die Streitigkeiten mit anderen Vereinen) habe er sich nie befaßt, sondern sei immer gleichgültig und mürrisch nebenher gegangen, und wenn er sich in letzter Zeit beteiligt habe, so sei es nur geschehen, um seine Person auch hier in den Vordergrund zu drängen. Denn im Vordergrunde müsse er jetzt natürlich überall stehen. Nicht zufrieden mit seinen unvergleichlichen Erfolgen in Deutschland und im Auslande als Schwimmer, habe er dann endlich sogar seine Hände nach den Lorbeeren anderer gestreckt und sie an sich zu reißen versucht. Das sei ihm zwar nun nicht gelungen, und darüber freue er sich, er, Nagel, der ihn immer gewarnt habe, seinem Ehrgeiz allzusehr nachzugeben...

Denn wohin könne ihn dieser jetzt noch führen? – Höchstens noch zur Spezialität, zum Berufsschwimmer. Dann aber sei es mit seiner Entwickelung zu Ende, dann sei er kein Sportschwimmer mehr, sondern nur noch eine Abnormität. Ein Professional, der seine Kunst für Geld zeige. Aber es sei nie der Zweck des Klubs gewesen, dem anzugehören sie beide die Ehre hatten, solche hors-concours-Größen heranzuzüchten; sein Ziel und einziger Zweck sei die gedeihliche Pflege des Schwimmsportes, und nichts anderes...

So redete Nagel, und er sprach noch in seiner weitschweifigen und langsamen Art, als die anderen von ihrem Billard aus dem Nebenzimmer und immer mehr Mitglieder, ältere und jüngere, hereinkamen, sich um den Tisch setzten und gespannt zuhörten.

Leider war Brüning nicht unter ihnen, Brüning, der einzige, der mit seiner Gemütlichkeit, Erfahrung und seiner Lebenskenntnis, mit seiner Zuneigung für Felder und seiner allgemeinen Beliebtheit im Klub die Sache noch hätte ins rechte Geleise bringen können. Er war nicht in Berlin, sondern wieder einmal auf einer seiner plötzlichen Reisen.

Felder saß stumm und blaß da. Jedes der Worte Nagels ließ den Groll und die Bitterkeit in seinem Herzen höher und höher steigen. Das war ja alles falsch und unrecht, was er da vorbrachte, und jeden der Vorwürfe wies er im Innern von sich, sowie er fiel. Er hätte sich nicht um das Gedeihen des Klubs gekümmert, er, der nur für ihn, nur in ihm all diese Jahre gelebt hatte? – Zwar mit der Jugendabteilung hatte er sich wenig befaßt, das war richtig; aber er verstand nun einmal nicht, Anordnungen zu geben und zu lehren. Er war doch nicht der Schwimmwart. Aber war es nicht weit wichtiger gewesen, daß er selbst in unermüdlichem Eifer sich ausgebildet hatte? – Wie hätte er es denn sonst zum ersten Schwimmer der Welt bringen können? Wie hätte er sich dankbarer erweisen können, als dadurch, daß er alle Erfolge mit seinem Verein teilte und dessen halbvergessenen Namen wieder zu Ehren brachte? – Er habe sich früher nicht an den Debatten beteiligt. – Auch das sei wahr, aber diese kleinlichen Streitigkeiten ekelten ihn nun einmal an. Dafür habe er geschwommen, geschwommen, siegreich geschwommen!... War das nicht mehr wert, als alle Worte? –
So wies er innerlich jeden der Vorwürfe, einen nach dem anderen, zurück, und nur auf den letzten: den des Ehrgeizes nach einem fremden Ziele, fand er nicht die richtige Antwort, so daß er, als Nagel endlich geendet und er blaß und verwirrt aufstand, um zu antworten, fast alles vergessen hatte, was er, der Schwerfällige, dem Redegewandten entgegnen wollte.
Er brach los, aber was er vorbrachte, waren nur unzusammenhängende Worte und halbe Sätze. Er hatte nie verstanden, sich auszudrücken – und auch in dieser Stunde, wo sein Herz so voll war, gingen seine Augen nur unruhig von einem der bekannten Gesichter zum anderen, als suchten sie bei ihnen Hilfe gegen diese unerhörten Beleidigungen und Anklagen, bis sie auf der Statuette des Springers hafteten, die dicht vor ihm auf dem Tische stand und die er in seiner Erregung erst jetzt sah. Sie war heute gekommen, während er nach Hamburg gefahren war. Der Bildhauer hatte seiner Dankbarkeit und Erkennt-

lichkeit für Felder einen Ausdruck geben wollen, und da dieser so oft und mit solcher Liebe von seinem Klub gesprochen, hatte er gedacht, ihm eine Freude zu machen, wenn er diesem eine kleine Nachbildung seines inzwischen so berühmt gewordenen Werkes für das Vereinszimmer stiftete ... Nun stand das wertvolle Geschenk auf dem Tische vor Felder.

Als dieser begriff, was es war, stockte er von neuem, und abermals wallte ein mächtiger Groll in ihm auf. Immer und immer wiederholte er ohne Zusammenhang das Wort von der Niederlage, und fast sinnlos vor Zorn schrie er endlich, als er in keinem der Gesichter um sich her auch nur eine Spur von Verständnis für seine Gefühle fand, über den ganzen Tisch hinweg:

– Ja, Niederlagen wünscht ihr mir, aber meine Preise nehmt ihr gern!

Das hätte er nicht sagen dürfen, und er merkte es sofort an der Stille, die diesen Worten folgte. Dann unterbrach sie eine scharfe, höhnische Stimme vom Tischende her, die eines alten Gegners:

– Sogar von dem Meisterspringer ...

Vor Felders Augen wurde es dunkel. Er wußte nicht mehr, was er tat. Er griff nach der Statuette, zog sie so heftig zu sich heran, daß ein Arm abbrach, faßte sie und schleuderte sie zu Boden, wo sie in tausend Splitter zerbrach.

Ohne sich umzusehen, ging er hinaus. Niemand hielt ihn, niemand ging ihm nach.

Als er im Torwege des Hauses an der Straße stand, fühlte er plötzlich, daß seine Augen naß waren. Er sah nichts mehr und fuhr mit dem Handrücken über sie hin. Dann merkte er, daß es Tränen waren. Er wunderte sich.

Es war das erste und einzige Mal in seinem Leben, daß er weinte.

Dann lachte er laut auf, trotzig und verächtlich.

9

Koepke mußte den Brief aufsetzen, in dem Felder seinen Austritt anmeldete. Kein Entwurf genügte dem im Innersten Gekränkten. Sogar der übliche »Schwimmergruß« am

Ende mußte fortbleiben und wurde durch das steife »Hochachtend« ersetzt. Endlich entschied er sich für die kürzeste Fassung. Trotzdem dauerten Vorbereitungen und Ausführung der Abschrift fast eine Stunde. – Daß Koepke zugleich mit ihm austrat, war ebenso selbstverständlich, wie nebensächlich.

Es war kaum bekannt geworden, daß Felder den S.-C. B. 1879 verlassen wollte, als sich bereits mehrere der ersten Berliner Schwimmvereine um seine Mitgliedschaft bewarben. Alle wären stolz darauf gewesen, den Meisterschwimmer ihr eigen zu nennen. Aber Felder hatte bereits entschieden, und es war mehr ein Zufall, als Absicht, der ihn den Klub »Hecht« wählen ließ. Er traf eines Abends mit mehreren der ihm gut bekannten Mitglieder zusammen, ein Wort gab das andere, und Felder war sein Mitglied, ehe er sich dessen versah. Es war kein besonders hervorragender, aber geachteter und strebsamer Verein, der sich natürlich mit dem S.-C. B. 1879 in keiner Beziehung messen konnte, aber doch auch nicht zu jenen kleinen Klubs gehörte, die lediglich aus Vereinssimpelei entstanden waren und das Schwimmen nur so nebenbei betrieben. Er setzte sich in seiner Herrenabteilung meist aus kleinen Gewerbetreibenden und Beamten, in seinen jüngeren Leuten aus deren Angehörigen und Bekannten zusammen und bildete gewissermaßen eine große Familie.

Für Felder war die Art und Weise entscheidend, mit der man ihm entgegenkam. Man betrachtete seinen Eintritt als hohe Ehre und nahm die Gelegenheit sofort wahr, den Tag als Fest zu feiern, wie man überhaupt in geselligen Zusammenkünften groß war.

Felder gebot von der ersten Stunde an unumschränkt in allem, was er wollte und wünschte. Das war nun zwar niemals mehr, als Beteiligung an jeder irgendwie bedeutsamen Schwimmkonkurrenz. Denn jetzt, wo er sich endgültig auf dieses, sein Gebiet, beschränkte, war seine Eifersucht, unumschränkt auf ihm zu herrschen, größer als je. Keiner widersprach seinen Wünschen. Dafür erwartete man Wunderdinge von ihm, als Geringstes einen ganz neuen Aufschwung des Klubs.

Der Anfang war vielverheißend. Man leerte die Kasse willig, um Felder auf möglichst viele auswärtige Feste senden zu können, und freute sich kindlich an den eroberten Preisen, mit denen man das noch recht kahle Klubzimmer schmückte. So siegte er im Laufe der Sommermonate nacheinander: im Schwimmen um die »Havelmeisterschaft«, bei dem neben ihm nur noch einer startete; in Magdeburg im Schwimmen um die »Elbmeisterschaft«, die er nun schon zweimal sein nannte; in dem großen »Müggelseeschwimmen«, einem heißen Kampfe; in Hannover, wo er allein an den Start ging, und daneben in mehreren lokalen Veranstaltungen der Berliner Klubs. Er unterlag eigentlich nur ein einziges Mal, als er auf dem Gastschwimmen des »Triton« sich von dem Favorit dieses Klubs im Brustschwimmen zu dessen eigenem Erstaunen schlagen ließ.

Aber die Kämpfe dieses Jahres standen unter keinem günstigen Zeichen und nicht auf der Höhe derer der Vorjahre. Die Europameisterschaft wurde nicht in England ausgefochten, sondern in Wien. Als Felder im August dort hinreiste, fand er weder von England, noch von Italien Konkurrenten vor. England hatte, wie gewöhnlich, keine entsandt, und der italienische Meister, mit dem er nun schon zweimal so erfolgreich gerungen und der Stein und Bein geschworen, ihn beim dritten Male unterzukriegen, war nicht erschienen. Er sei krank, hieß es ... Deutschland hatte überhaupt keinen geschickt außer ihm. Es konnte nichts Besseres tun. Aber die Freude an der diesjährigen Europameisterschaft war Felder getrübt. Er wäre nur zufrieden gewesen, wenn er sie gegen die ersten Meister der Welt auch diesmal hätte verteidigen können, vor allem gegen jenen australischen Schwimmer, von dessen phänomenalen Leistungen die internationalen Sportblätter so viel sprachen, dessen Rekord über die 1000-Meter-Strecke den seinen um zwei Minuten übertraf und dessen Porträt deshalb in der letzten Nummer des »Sport im Bilde« neben das seine gestellt war. Aber der war nicht gekommen und auch nicht erwartet worden ... Er messe sich nur in Australien und England, hieß es.

Als Sieger kehrte er zurück, mit Jubel empfangen. Als

Sieger ging er auch aus dem diesjährigen großen Verbandsschwimmen in Charlottenburg hervor, wo er einen doppelten Triumph davontrug. Denn hier führte er zum ersten Male die neuen schwarz-gelben Farben gegen die blauweißen ins Feld. Der S.-C. B. 1879 wagte es und hatte zum Schwimmen über dreihundert Meter – wie früher ihn – ein Mitglied gemeldet. Felder lachte, als er es hörte. – Gegen ihn! – Man wollte ihn ersetzen? – Man sollte sich täuschen. Er wollte ihnen zeigen, was sie an ihm verloren hatten. Und es machte ihm ein grausames Vergnügen, den früheren Klubgenossen, mit dem er so manches Mal zusammen im Spiel geübt hatte, noch neben sich liegen zu lassen, als die anderen drei Konkurrenten schon längst hinter ihnen geblieben waren, ihm zu erlauben, bis auf Körperlänge ans Ziel zu kommen, schon die Rufe zu hören, die früher ihm gegolten, und ihn dann unter dem tosenden Beifall der Schwarz-Gelben und aller Zuschauer um diese eine Körperlänge zu schlagen, indem er mit seinem gefürchteten und berühmten Anschlag ans Ziel ging...

An diesem Abend, als er neben diesem 300-Meter-Siege auch noch den neu gestifteten »Kaiserpreis« für den »Hecht« erwarb und seine neuen Genossen nicht genug tun konnten, ihm ihre Freude und Dankbarkeit zu beweisen, während der S.-C. B. 1879 in corpore das Lokal der Preisverteilung verließ, genoß er ganz das Gefühl der Genugtuung gesättigter Rache.

Aber in nächster Zeit, in den langen Tagen und Wochen zwischen den großen Festen, sonst stets so ausgefüllt durch ruhige Arbeit und frohen Verkehr mit lieben Freunden, fühlte er mehr als je, was er in diesem Sommer verloren. Keinen der beiden Schläge – die ersten, die er in seinem Leben empfangen, – vermochte er zu verwinden: weder die Niederlage im Springen, noch den Verlust seines Klubs. Der eine hatte ihn noch trotziger und eifersüchtiger gemacht, obwohl sie ihn tief verletzt; aber an dem anderen litt er. Es war eine Wunde, die sich nicht schließen wollte. Denn unter seinen neuen Genossen fühlte er sich fremd. Wie als Knabe schon, war er auch jetzt noch nicht imstande, sich schnell an neue Menschen anzuschließen und im Verkehr sich leicht zu geben. Das wurde natürlich auf der anderen Seite ebenfalls empfunden und manche Versuche vertraulicher Annäherung hörten von selbst auf.

Felder war nicht mehr zufrieden und glücklich. Noch standen seine Siege ganz auf der Höhe derer vom Vorjahre. Er schwamm noch ebenso tadellos, sein Stil war unanfechtbar, wie seine Siege, aber sie machten nicht mehr dasselbe Aufsehen wie bisher. Man hatte sich an sie gewöhnt und erwartete nichts anderes von ihm. Er selbst legte ihnen nicht den Wert mehr bei, wie früher. – Manche sagten, eine gewisse Gier und Rücksichtslosigkeit habe sich seiner bemächtigt, die ihm früher nicht eigen gewesen sei. Vielleicht täuschten sie sich, weil er nicht mehr so ruhig war, wie sonst, nicht mehr mit derselben frohen Unbekümmertheit und Heiterkeit an den Start ging. Aber in einem hatten sie recht: Felder war wirklich ein anderer geworden. Er war nicht mehr zufrieden, nicht mehr glücklich.

Außerdem beschlich ihn jetzt zuweilen ein ganz neues Gefühl, das er nie vorher gekannt hatte: er fühlte sich einsam.

10

Es war nichts Besonderes, daß sich im Briefkasten des Klubs Sendungen für Felder befanden. Glückwünsche, Einladungen zur Beteiligung an Schwimmfesten, Anliegen aller Art, um Photographien, Lebenslauf und Autograph kamen alle Woche, und es war nicht das erstemal, daß sich unter all diesen geschäftlichen Dingen, die sämtlich von Koepke mit rührender Sorgfalt und komischer Wichtigtuerei erledigt wurden, so daß Felder nur seinen Namen unter die Antworten zu setzen brauchte – es war nicht das erstemal, daß sich unter den Eingängen Schreiben von zarter Hand befanden, auf die der Empfänger zwar nie reagierte und die er meistens dem Gelächter seiner Freunde preisgab, Briefe, die ihn aber doch dazu veranlaßt hatten, seine Korrespondenz erst selbst durchzusehen, ehe er sie seinem getreuen Sekretär auslieferte.

Eines Abends wurde ihm nur ein Brief gegeben, und kaum hatte ihn Felder in der Hand, als er wußte, von wem er

kam. Er spürte einen schwachen, unvergessenen Duft und schob ihn hastig in die Tasche. Sobald er allein war, öffnete er ihn. Erst schien er ihm in einer fremden Sprache geschrieben zu sein, so fremd und seltsam kamen ihm die schlanken, eckigen Buchstaben vor. Dann entzifferte er ihn nach und nach. Keine Anrede, keine Unterschrift. Was er las, waren nur diese Zeilen:
»– Ich bitte Sie, mich zu besuchen. Ich weiß, Sie werden kommen. Jeden Freitag abend um 8 Uhr wird man sie an der Ecke der Charlotten- und Taubenstraße, der südwestlichen Ecke des Gendarmenmarkts, dort, wo die Litfaßsäule steht, erwarten, um Sie zu mir zu führen. Ich weiß, Sie werden kommen!...«
Felder war ganz verblüfft. Er nahm das Kuvert in die Hand: der Brief war an ihn. Er trug die Adresse des S.-C.B.1879 und war durch dessen Schriftführer, wie schon so mancher andere, einfach an den »Hecht« weitergesandt worden. Es war kein Zweifel möglich.
Und plötzlich, während er noch das Papier in der Hand hielt und nicht wußte, was er denken sollte, stieg von ihm wieder der starke, seltsame Duft eines bestimmten Parfüms auf und mit ihm die hohe, schlanke Gestalt in grauer Seide mit dem kühnen und festen Blick.
Das war sie, die ihn damals im Café so unverwandt angeblickt, die er in der Kunstausstellung zum zweiten und an dem Nachmittag desselben Tages – er biß die Zähne zusammen, wenn er an diesen Tag dachte – zum dritten Male gesehen hatte, und dann nie wieder...
Sie mußte es sein, die dies schrieb. Es konnte niemand anders sein. Der Brief war von ihr.
Aber was fiel dieser Person denn ein? – Das war ja der reine Wahnsinn, einem so zu schreiben: ohne Anrede, ohne Namen und in diesem Ton! Aber sie irrte sich, diese »Dame«. Er war keiner von denen... Sie konnte lange warten.
Er zerknitterte das rauhe, englische Papier in einen unförmlichen Klumpen und warf ihn fort. Dann bückte er sich, las die Zeilen noch einmal und zerriß den Brief in lauter kleine Stücke, die er fallen ließ.
Also *das* wollte sie von ihm! –

Aber sie konnte lange warten. Einstweilen würde sie sich schon mit ihrem Alten begnügen müssen.

II

So ging auch dieser Sommer zu Ende, und Franz Felder war fast froh darüber. Viele neue Ehren hatte er ihm gebracht, keine neuen, keine reinen Freuden mehr.
Alles war anders geworden gegen den vorigen. Ein kurzes Jahr, und welche Veränderungen! –
Getrennt von seinen alten Freunden, fremd und unheimisch unter den neuen; nicht mehr dumpf in den engen Bezirk eines abgeschlossenen Lebens gebannt, sondern beunruhigt durch Einblicke in die Lebensführung anderer Kreise, erworben auf weiten und abwechslungsreichen Reisen beim Streifen weiterer Fernen; neben unerhörten, nicht endenwollenden Siegen eine lächerliche, zwecklose, einzig selbstverschuldete Niederlage – hatte er Gefühle von Bitterkeit, Groll und wiederum gesättigter Rache kennen gelernt, die der schlichten, frohen Unbekümmertheit seiner Jugend bisher völlig fremd gewesen waren.
Er hatte die höchste Höhe erreicht. Keine bewundernden Augen folgten seinem Aufstieg mehr.
Er stand oben, ganz allein, wie er es gewollt. Nun ging es in schwindelnder Höhe von Grat zu Grat, und wer ihm nachsah bei seiner hastigen Wanderung von Sieg zu Sieg, ohne Ausruhen, ohne Freude mehr, der konnte sich eines bangen Gefühles für ihn nicht erwehren.
Eines Tages würde er fallen in den Abgrund der Vergessenheit.
Felder selbst wußte es. Aber wie der tollkühne Wagehals, der in atemloser Hast von Gipfel zu Gipfel eilt und keinen Blick rückwärts mehr in die Tiefe zu tun wagt, weil er fürchtet, der Schwindel könne ihn ergreifen und niederreißen, so wollte auch er nicht mehr daran denken, woher er gekommen war, und nicht wissen, wohin er ging.
Statt in ruhiger Wahl sich die schönsten der Früchte von dem Baume zu pflücken und sie zu genießen, rüttelte er in unersättlicher Begierde an ihm und ließ sie zur Erde fallen, ohne sich kaum noch die Mühe zu geben, sie zu zählen.

Die stille Wut des Gehetzten überfiel ihn zuweilen, von dem man das Unmögliche verlangt und der doch über seine eigene Kraft nicht hinaus kann.

Und doch war er es ganz allein, der sich unaufhörlich antrieb mit den quälenden Zurufen seines Innern: »Weiter! – weiter! – Immer weiter! – Nur kein Stillstehen!« . . .

Er schwamm nicht mehr, wie bisher.

Er hatte keine Achtung mehr vor seiner eigenen Kunst, weil sie ihm nicht mehr die höchste Freude war.

Wie er angefangen, in seinen Gegnern seine Feinde zu sehen, so sah er einen Feind jetzt auch in seinem Wasser.

Nie tummelte er sich mehr in ihm, wie als Knabe im kindlichen Spiel; nie rang er mehr mit ihm, um die Kraft des Jünglings in ehrenvollem Kampfe mit dem Gegner zu messen.

Das Wasser war sein *Feind* geworden. Er kämpfte mit ihm auf Tod und Leben – um sein Leben!

Und er behandelte es, wie einen Feind. Er grüßte es nicht mehr mit frohem, leuchtendem Blick, wenn er seine glitzernde Fläche sah. Er koste es nicht mehr mit warmer Hand und hielt keine vertrauliche, heimliche Zwiesprache mehr mit ihm.

Hastig kam er, griff beim Sprunge mit den Händen in die Flut, als wolle er sie würgend bei der Gurgel packen, schlug und mißhandelte sie, wenn sie ihn nicht schnell genug zum Ziele trug, und das Wasser schien es zu fühlen.

Er bildete sich ein, es setze ihm seit einiger Zeit einen geheimen Widerstand entgegen, als trüge es ihn nicht mehr so leicht wie bisher zu seinen Zielen, und rasend vor Wut mißhandelte er es mit den Fäusten, um es seinem Willen gefügig zu machen.

Und das Wasser murrte und grollte und schrie unter diesen ungewohnten grausamen und rohen Schlägen, und bäumte sich auf, und ließ ihn doch immer noch gewähren, weil es ihn vor allen so lange geliebt hatte und immer noch liebte.

Aber Felder hörte die heimliche Warnung der vertrauten Stimme schon nicht mehr.

—

Vierter Teil

I

ER WAR NICHT MEHR ZUFRIEDEN UND NICHT mehr glücklich.

Es schien ihm, als habe sein Leben keinen Inhalt mehr. Was seine Freude gewesen war, war es nicht mehr.

Und stärker und stärker wurde das Gefühl der Einsamkeit in ihm. Er hatte zwar jetzt jeden Abend etwas vor, ging hierhin in ein Varietétheater, und dorthin zum Bier, aber wiewohl er in Gesellschaft war, fühlte er sich doch allein.

Eines Tages erhielt er einen zweiten Brief, auf demselben starken, rauhen Papier mit dem unbeschnittenen Rande: »–Vergessen Sie nicht: *jeden* Freitag Abend um 8 Uhr erwartet man Sie an der Ecke der Tauben- und Charlottenstraße, dort, wo die Litfaßsäule steht, denn ich weiß, Sie werden kommen. Einmal werden Sie kommen – ganz sicher!« ...

Wieder knitterte er ihn zusammen, und wieder faltete er ihn auseinander, um ihn abermals zu lesen. Die Geschichte wurde ihm unheimlich. Der bestimmte, überlegene Ton des Briefes ließ diesmal kein Lachen in ihm aufkommen. Wenn er noch seine alten Freunde gehabt hätte, würde er einem von ihnen, zum Beispiel Brüning, den Brief gezeigt haben. Unter seinen neuen war keiner, dem er sich anvertrauen mochte.

Er dachte zuweilen an die erste Begegnung im Café und die beiden ihr folgenden. Manchmal, wenn er eine schöne Frau oder ein hübsches Mädchen sah, kam ihm die Fremde ins Gedächtnis, und immer fiel der Vergleich zu ihren Gunsten aus. Immer dachte er auch daran, daß sie an jenem Nachmittag seinem Unterliegen beigewohnt – weshalb war sie damals gekommen, wenn nicht seinetwegen? – Wußte sie, wer er war? – Und was mußte sie nun von ihm denken? –

Das Rätselhafte der ganzen Sache begann ihn zu beschäftigen. Diese geheimnisvollen Briefe – woher hatte sie seinen Namen erfahren und den des Klubs? – Sie mußte ihn an jenem ersten Abend im Café gehört haben, anders war es überhaupt nicht möglich.

Und dieses Rendezvous? – Ecke Tauben- und Charlottenstraße. Das war am Schauspielhause. Auf dem Gendarmenmarkte. Wer erwartete ihn dort? – Und was wollte sie von ihm? – Was konnte sie von ihm wollen? – – Nur eines!

Nie wäre er hingegangen, wenn er sich nicht so einsam gefühlt hätte, wenn sie ihn nicht an jenem Nachmittage gesehen und – wenn sie nicht so schön gewesen wäre!

Denn sie war so schön, daß er sie nie vergessen hatte. Als er diesen zweiten Brief bekam, fühlte er es; und er zerriß ihn nicht, sondern steckte ihn zu sich.

Dann wieder kamen ihm diese Aufforderungen dumm und schamlos vor. Er wußte ganz gut, was sie von ihm wollte. Er war kein kleiner Junge mehr, und zudem war er ein Berliner. Mit ihm »sich amüsieren« – das wollte sie!...

Schließlich, nachdem er den ersten Freitag und den zweiten hatte verstreichen lassen, beschloß er, an einem nächsten einmal an der bezeichneten Ecke vorbei zu gehen. Er wollte doch einmal nachsehen, *wer* denn dort auf ihn wartete. Wahrscheinlich niemand... Sie hatte es jetzt wohl aufgegeben, nachdem sie einmal gesehen, daß »mit ihm nichts zu machen war«. –

Um sieben Uhr kam er von der Arbeit. Um acht war er an der Ecke. Er hatte recht: es war niemand da, um ihn zu »erwarten«. Er war doch ein rechter Esel. Da – schon wandte er sich zum Gehen – stand, wie aus der Erde gewachsen, dicht neben ihm eine alte, kleine Frau, in einen weiten Mantel gehüllt und den Kopf halb unter einer großen Kapuze verborgen, so daß Felder nur die scharfe Nase und die dunklen, funkelnden Augen sah, und sagte mit einem fremden Akzent hastig und bestimmt: »Bitte mir nur zu folgen! – Nicht weit...«

Wo war sie so plötzlich hergekommen? – Hatte sie hinter der Säule gestanden? – Oder war sie aus einer der wartenden Droschken gestiegen? – Felder erfuhr es nie. Aber er folgte ihr fast willenlos, so überrascht war er.

Die Alte ging schnell vor ihm her. Noch überlegte er, ob er nicht umkehren sollte, als sie bereits vor einem Hause halt machte und die Tür öffnete. Er hatte nur Zeit, zu fragen: »Wohin führen Sie mich denn eigentlich?« – Aber die Alte verstand seine Frage offenbar gar nicht. Sowie er die ersten Worte sprach, unterbrach sie ihn und sagte wieder nur (und es war wie eine eingelernte Redensart) schnell und in hartem Deutsch: »Bitte mir nur zu folgen! – Gar nicht weit! – Schon hier!« – Nochmals, als sie dann die Treppen hinaufstiegen und er immer weiter, wie gebannt, folgte, wollte er fragen und sich wehren, aber wieder wurde eine Tür geöffnet, aus dem Entree strömte es ihm hell und warm entgegen, und die Alte wiederholte, indem sie ihn durch Gebärden aufforderte, seinen Überzieher abzulegen und ihm dabei behilflich war: »Schon hier! – Schon hier!« –

Im nächsten Augenblick stand Franz Felder in einem hohen, dämmerigen Gemach: schwere Teppiche auf dem Boden, schwere Portieren über den Türen und Fenstern, schwere Fauteuils und Ruhestätten, aber sonst alles klein und leicht, die tausend verschiedenen Luxusdinge aus der Umgebung einer verwöhnten Frau.

In der Mitte des Zimmers stand sie selbst, in einem dünnen fast durchsichtigen Gewande, ihn erwartend. Als sie ihn sah, ging sie langsam auf ihn zu, bis sie dicht vor ihm stand. Sie waren allein. Sie sah ihn an, aber ganz anders, wie sonst: mit einem unbeschreiblichen Lächeln. Sie legte ihre Arme um seinen Nacken und ihr Körper preßte sich dicht an den seinen.

Dann küßte sie ihn, und es war wie ein Aufatmen, als sie dann das erste Wort sagte: »Endlich! . . .«

Er stand ganz still. Er wußte nicht, was er tun sollte. Aber das Blut stieg ihm zu Kopf: wie schön sie war! – Und der Duft, der fremde, seltsame Duft, der von ihr ausging, dieser Duft, den er kannte, berauschte ihn und brachte ihn um seine letzten Sinne.

Noch wollte er nicht. Aber er mußte. Wie schön sie war! . . .

Er wußte schon nicht mehr, wo er war und was er tat.

Sie sah es. Sie empfand es.

Und da regte sich in ihr, die diesen Augenblick seit Monaten mit verhaltener Gier ersehnt, und in ihm, der sich vor diesem Augenblick, ohne es sich klar zu machen, gefürchtet hatte, die Lust ihn zu verlängern, und Auge in Auge, mit heißem Atem und glühenden Händen, maßen sie ihre Stärke aneinander – diese schönen Menschen, beide in der Fülle einer in stetiger Ausdauer geübten Kraft.
Aber in ihm erwachte der Mann. Und da er der Stärkere war, nahm er sie, wie sie es wollte und gewollt hatte seit der Stunde, in der sie ihn zum ersten Male gesehen und für sich begehrt.

2

Sie wurde sein Leben von da an.
Sie wurde es so sehr, daß er über ihr sogar sein Liebstes vergaß. Er hätte es bisher für eine Unmöglichkeit gehalten, mehr als zwei Tage vergehen zu lassen, ohne im Wasser gewesen zu sein. Ganz selten war einmal einer gegangen, an dem er sich nicht in sein Element gestürzt hätte, und zwei wohl nie, solange er denken konnte. Nun geschah es, daß drei oder vier vergingen, ohne daß es ihm in den Sinn kam, zu schwimmen.
Er dachte nur noch an sie: an ihren Mund, an ihre Augen, an jede Einzelheit ihres Körpers, der sein geworden war und es jeden Tag von neuem wurde.
Es war ein seltsames Verhältnis. Als er eine Woche fast jeden Abend bei ihr gewesen war, wußte er noch nicht einmal ihren Namen; als er sie vier Wochen kannte, wußte er nicht viel mehr, als daß sie Georgette hieß. Vielleicht nannte sie sich auch nur so.
Erst wollte er alles wissen. Er wollte schon dahinter kommen. Aber er gelangte selten dahin, eine Frage zu tun; und dann hatte sie eine so eigentümliche Art, auf Fragen, die ihr nicht paßten, zu erwidern, ohne sie zu beantworten. Nie erfuhr er das, was er eigentlich wissen wollte. Und wenn sie nicht mehr ausweichen konnte, dann konnte sie so leise bei seiner Frage lachen, als sei diese Frage nur ein guter Witz von ihm. – Es kam nie zwischen ihnen zu einem Gespräch. Er so schwerfällig, so unerfahren und

selbst so schweigsam, war unfähig, ein solches in Gang zu bringen; und sie – entweder hatte sie nur die kurzen, abgerissenen Worte der Leidenschaft, oder sie lag ihm gegenüber, rauchend und ihn unverwandt anblickend, bis sie aufsprang, die Zigarette fortwarf und sich von neuem an ihn schmiegte.

Etwas Fremdes haftete allem an, was sie tat und sagte. Ihre Sprache war kein reines Deutsch, sondern ein Gemisch von Ausdrücken, die sie auf ihren Fahrten durch aller Herren Länder aufgelesen. Denn sie kannte alles, war überall gewesen, hatte alles gesehen – und wenn dem jungen Manne hier und da einer der vielen fremden Gegenstände, mit denen ihre Zimmer überladen waren, in die Augen fiel und er sie nach seinem Ursprung fragte, dann geschah es auch wohl, daß sie eine Art von Geschichte daran knüpfte: aber nie zusammenhängend, nie so, daß sie ein Stück ihres Lebens wurde.

Und so war und blieb sie: immer schlagfertig, immer bereit und im Grunde nie direkt ausweichend, aber doch nie und nichts wirklich gebend ... nichts, außer sich selbst! ...

Sie selbst fragte ihn nie nach irgend etwas. Aber sie unterbrach ihn auch nie und schien sogar interessevoll zuzuhören, wenn es einmal geschah, daß er sein Schweigen brach und von sich und seinen Erfolgen anfing zu erzählen. Lange hatte es schwer auf ihm gelegen, daß sie ihn gerade an jenem Unglückstage gesehen, an dem er seinen ersten und letzten Versuch in der fremden Kunst machte, und er suchte ihr weitschweifig zu erklären, wie alles gekommen war ... Sie begriff indessen durchaus nicht die Wichtigkeit, die er der Sache beilegte. Genügte es nicht, daß er unbestrittener Sieger im Schwimmen war? – Kam ihm da einer gleich? – Was wollte er denn noch mehr? – Im Grunde sagte sie ihm dasselbe, was seine Freunde ihm auch gesagt hatten. Ihr war er recht so. Er war ja so schön, so jung und so stark – ah, so stark!

Aber sie versprach ihm, dem nächsten großen Schwimmen beizuwohnen, »wenn es ihr möglich sein würde«, wie sie hinzufügte.

Allmählich gab er es auf, zu fragen, als er sah, daß er ihr durch keine Antwort näher kam. Er beruhigte sich bei dem Bilde, das er sich machte: eine reiche Ausländerin, die in Berlin lebte, nachdem sie früh Witwe und völlig unabhängig geworden war (etwas derartiges hatte sie einmal geäußert); die wohl Bekannte und Freunde hier hatte (natürlich nur Freunde in gutem Sinne, zum Beispiel den alten Herrn, mit dem Felder sie zusammen gesehen); die sich in ihn verliebt hatte und ihn liebte (das hatte sie ihm in der ersten Stunde in neun verschiedenen Sprachen gesagt, und sagte es ihm täglich hundertmal in einem Gemisch von dreien)...
Es war nicht viel, was er von ihr wußte, und er fühlte, daß es nicht das richtige Bild war, das er vor sich sah. Aber was wollte er machen, da es sich ihm nun einmal nicht klarer, als in diesen schattenhaften Umrissen, zeigte? –
Und er liebte sie! –
Er liebte sie, wie er seinen Ruhm liebte: er konnte das Glücksgefühl, die beide ihm gaben, nicht mehr entbehren. Sie hatte ihn gewonnen, weil es seinem Ehrgeiz schmeichelte, von einer so schönen und eleganten Frau begehrt zu werden, und weil ihr Wille der stärkere gewesen war; und sie hielt ihn fest, indem sie seine erregte Sinnlichkeit mit allen Künsten ihrer Erfahrung immer und immer wieder aufs neue anstachelte.
Er war in der ersten Zeit fast alle Abende bei ihr. Dann mindestens drei-, viermal in der Woche. Nie durfte er ihre Wohnung ungerufen betreten. Immer, wenn er von der Arbeit kam, hatte er zuerst auf dem Postamte in der Nähe nachzufragen: zuweilen war ein Brief da, der die Verabredung dieses Abends auf den nächsten oder übernächsten verschob; jedesmal aber mußte er an der Ecke der Straße erst nach der Alten sehen, bevor er zu ihr kam: war sie da, so huschte sie schweigend vor ihm her, und er folgte ihr die Straße hinunter und die in ewiger Dämmerung liegenden, teppichbelegten Stufen der Treppen hinauf bis in das hohe, schwüle Gemach. Öfter und öfter jedoch kam es vor, daß er noch in dieser letzten Minute durch ein hastig ihm in die Hand geschobenes Billett gebeten wurde, heute »nicht zu kommen«, da das bekannte

»unvorhergesehene Ereignis« eine Zusammenkunft für diesen Abend unmöglich machte.

So wurde er in einer beständigen Aufregung erhalten, ob er sie sehen würde oder nicht. Nach einer so plötzlichen und ihn immer tief verstimmenden Absage lag der Abend zweck- und inhaltslos vor ihm; und traf diese Absage nicht ein, sah er sie wirklich wieder, so war ein Teil seiner Freude schon durch die Unruhe der Unbestimmtheit zerstört, in der er den Tag bis zum Abend verbrachte.

So gewöhnte er sich mehr und mehr daran, die leeren Abende durch Vergnügungen auszufüllen, an die er bisher schon ihrer Kostspieligkeit wegen nur selten gedacht hatte. Er ging in den Wintergarten, an Orte, wo Laune und Leben herrschten, nur um nicht allein zu sein; trank in Cafés und Lokalen, die er bisher nie betreten, hier einen Kognak, dort ein Glas Bier; kam später nach Hause, als er wollte, und tat seine Arbeit am nächsten Tage widerwillig und in der ewig gespannten Erwartung, ob ihm der Abend eine neue Enttäuschung oder seinen Sinnen wieder die ersehnte Erfüllung und Beruhigung bringen würde. Er fühlte sich nicht mehr einsam, aber unruhig, und konnte den Abend nicht mehr erwarten während eines Tages, der ihm zu lang wurde ...

Der Rest der von England mitgebrachten Summe wurde öfter und öfter in Anspruch genommen und schmolz immer mehr zusammen, denn sein Verdienst reichte natürlich nicht entfernt aus, um die erhöhten Ansprüche des jetzigen Lebens zu befriedigen. Felder gab für seinen Schneider jetzt in einem Monat mehr aus, als sonst in einem Jahre, und doch wurde er nie das Gefühl los, nicht gut genug gekleidet zu sein, wenn er zu ihr ging, obwohl er dort niemals einen anderen Menschen außer ihr sah und sie nie ein Wort über sein Aussehen verlor. Er achtete auch schon nicht mehr darauf, wieviel er der Sparkasse entnahm. Er brauchte ja nur nochmals nach England zu gehen, um einen neuen Fond heimzubringen. Überhaupt war es ein Skandal, daß er noch auf seine Arbeit angewiesen sein mußte, während die Meister der anderen Sports — die Radler zum Beispiel — längst herrlich und in Freuden von den Einkünften ihrer Siege lebten. Nur in seiner Sache, bei den Schwimmern, gab es das nicht...

Ganz langsam und allmählich begann er, seine Kunst auch von dieser Seite aus zu betrachten. Früher hätte er sich dessen geschämt. Und alles das, weil der Luxus, den er so plötzlich täglich einatmete, in so schreiendem Gegensatz stand zu seinem bisherigen Leben der Armut, Einfachheit und Genügsamkeit. –

Sie hatte ihn.

Sie besaß ihn, weil er sie nicht mehr entbehren konnte.

Sie änderte ihn, ohne es zu wollen. Denn sie hatte ihn so gewollt, wie er gewesen war: frisch und unberührt und jung.

Er war es nicht mehr in dieser Leidenschaft zu ihr.

Er, der früher so mäßig gewesen war, trank jetzt, nicht regelmäßig, aber unbekümmert, je nach Lust und Laune. Es tat ihm nichts. Er fühlte keine Wirkungen. Sein Körper überwand die leichten Folgen schnell.

Vielleicht war sein Kopf etwas benommener. Aber er lebte jetzt überhaupt in einer dumpfen Schwere, in einem täglich neu erweckten Rausch aller Sinne, durch dessen Nebel er immer, wo er ging und stand, nur ihren bräunlichhellen Körper sa, ihre seltsam roten Lippen und ihr dunkles Haar, eingehüllt in die Duftwolke ihres aufreizenden Parfüms, einen Nebel, süß und weich wie ihre Küsse, warm und weich und entnervend wie die weißen Dämpfe der Winterbäder im Schwimmbade.

Er verlor seine ewige Sehnsucht nach frischem, klarem Wasser, nach kalter, reiner Luft in dieser Atmosphäre. Er verlor sie, ohne es zu fühlen, ohne es zu merken. Ganz allmählich glitt er in sie hinein – in diese abgründige Leidenschaft, in die immer geöffneten, immer begehrenden Arme dieser fremden Frau. Er, der nicht wußte, was Nerven waren, fühlte sie erwachen und zittern unter den Liebkosungen ihrer Hände, und ehe sie Zeit hatten, sich zu beruhigen, wieder erwachen, bis sie – von einem Tag zum anderen in steter Erregung gehalten – diesen Reiz nicht mehr zu entbehren vermochten, wie der Trinker sein Gift.

Gewiß, er schwamm noch. Ja, er war jetzt wieder, wo ihre

Absagen sich mehrten und immer öfter die unvorhergesehene Abhaltung, nach deren Grund er nicht mehr zu fragen gewagt hätte, eintrat, die flüchtige Zeile, die ihn bat, »*nicht* zu kommen«, er war jetzt wieder mehr unter seinen neuen Klubbrüdern, als vorher, denn er konnte diese einsamen Abende nicht mehr ertragen, in denen er in unterdrückter Begierde nach ihr von Kneipe zu Kneipe lief, um den Schlaf zu finden, der nicht mehr, wie bisher, in der Minute ungerufen zu ihm kam, in der er sich auf sein Bett warf. Aber er war kein guter Sportgenosse und kein angenehmer Gesellschafter unter den »Hechten«. Sie wußten es vorher, hatten es oft genug gehört, als sie sich um seine Mitgliedschaft bewarben, daß sie im Grunde nur seinen Namen bekamen, und sie sahen ihm alles nach. Daß er ihnen so fremd bleiben würde hatten sie wohl nicht gedacht. Keiner hatte eine Ahnung davon, was ihn der Sportsache innerlich zu entziehen begann. Felder selbst sah und hörte nicht, was um ihn her vorging.

Er sah nur noch *sie*.

Eines Abends gab sie ihm ihr erstes Geschenk. Sie saßen sich müde und schweigsam gegenüber und wußten nicht, wovon sie sprechen sollten. Sie zeigte ihm ihre Schmucksachen und erklärte ihm ihren Wert. Er sah Dinge, die er nie geahnt hatte. Wenn er nach ihrem Ursprung fragte, lachte sie mit ihrem überlegenen Lachen: »O, das war, als sie in Buenos-Aires gewesen war, der weiße Pflanzer« – und dies Halsband kam aus London »von einem Herrn, der mit dem Prinzen von Wales sehr befreundet war ... ja, dieser „Prince des Galles"! ...« ... Und so ging es weiter, und Felder verstand nichts und begriff noch immer nichts und wollte auch nichts mehr begreifen.

Sie legte ihm die Ketten und Spangen um, wie einem Kinde, mit dem man spielt. Und dann kam, was Felder so lange heimlich gefürchtet, und was er so entschlossen war, schon beim ersten Versuch energisch abzuweisen: dies Armband, das für ihr Gelenk etwas zu weit war und sich so fest um das seine schmiegte, dies goldene Band mit dem daran baumelnden Schloß sollte er immer tragen als Andenken an sie – so taten es jetzt die Männer; und als sie sein Widerstreben sah, kam dieser maßlose Zorn über sie, den er nicht zum ersten Male an ihr sah – ihre Augen blitzten, und ihre Lippen, die bebten, sprachen fremde und unverständliche Worte der Entrüstung und der Beschimpfung, bis sie dann bei seinen vergeblichen Versuchen, das Geschenk abzustreifen, ihre Wut ebenso schnell wieder vergaß und in ein Lachen ausbrach: Oh, er mußte es ja behalten, er kam ja nicht los, sie hatte ja den Schlüssel, und den bekam er nicht, nein, den Schlüssel nicht ... Und er, erschreckt durch ihren Zorn und gedemütigt durch ihr Lachen, wagte nicht mehr, ihre erste Gabe zurückzuweisen. Es sollte nur ihre letzte bleiben, – so beruhigte er sich selbst.

Er trug es, das Armband von Gold.

Nie hatte einer seiner Siege, selbst der des Vorjahres in England nicht, ein solches Aufsehen gemacht, wie dieses einfache Armband; nie sprach man so viel von Felder, wie in diesen Wochen, als er mit dem Goldreif am Arm an den Start ging und schwamm. Man lachte, man spottete, man schimpfte und forschte nach; man empörte sich, man zuckte die Achseln, man machte Vorstellungen und – man erriet ... Allerseits aber war man sich einig, daß es einfach lächerlich sei für einen Mann wie Felder, die dümmste und weibischste aller Moden mitzumachen, die man den Gigerln und Narren überließ. Ein deutscher Schwimmer und – ein goldenes Armband! – Es war der unerhörteste Widerspruch! –

Felder sah und hörte nichts. Höchstens, daß er verächtlich lächelte, wenn die Blicke und Worte allzu zudringlich auf seinem Handgelenk ruhten.

Höher als sonst streckte er seinen Arm empor, unter die Augen der Zuschauer: an ihm glänzte der schmale Reif und leise klirrte das winzige Schloß beim Ansprung gegen die goldene Kette.

3

Er stand noch nicht im Zeichen des Rückganges, wie die bösen und durch »das Armband« von neuem aufgereizten Stimmen behaupteten. Aber selbst ruhigere Beobachter,

die sich durch äußere Dinge nicht oder doch nur wenig beeinflussen ließen, fanden seit einiger Zeit Felders Stil nicht mehr so sicher, sein Tempo nicht mehr so fließend wie bisher.
Vor allem nicht mehr so rein. Er schien Rücksichten auf seine Gegner überhaupt nicht mehr zu kennen. Es genügte ihm nicht mehr, seine Siege, wie bisher, in leichtem Kanter nach Hause zu bringen, sondern er strebte danach, sie auch dem Publikum recht deutlich zum Bewußtsein zu bringen, indem er ihm seine Überlegenheit über die andern auf alle Weise zeigte. Darunter mußte sein Stil natürlich leiden.
Er fühlte es selbst und sogar einzelne Bemerkungen darüber kamen ihm zu Ohren.
Er war zum zweiten Winterfest des Schwimmerbundes zu einem Seitenschwimmen gemeldet. Es fiel in den Anfang des Februar. Felder hatte nicht die Absicht, zu starten; aber da er auf der Sitzung des »Hecht« wieder einmal nicht anwesend gewesen war, hatte sein Klub für ihn die Meldung erlassen, in der Überzeugung, damit seinen Wünschen – die nach möglichster Beteiligung strebten – zu entsprechen. Er war ärgerlich. Man hätte ihn doch wenigstens fragen müssen. Wann denn? – entgegnete man ihm. Man sah ihn ja so unregelmäßig. Und wenn man ihn nicht gemeldet hätte, wäre er ebenfalls böse gewesen und hätte von Zurücksetzung gesprochen.
Er zog die Meldung nicht zurück; es war ihm einerlei. Ein Sieg mehr, darauf kam es nicht an! Aber das sagte er gleich: zu der langweiligen Preisverteilung und zu dem noch langweiligeren Tanzvergnügen nachher kam er nicht. Er hatte keine Zeit am Abend; er war eingeladen.
Er war jetzt immer eingeladen, kein Mensch wußte, von wem. Aber man wagte nichts zu entgegnen und war froh, daß er keine weiteren Schwierigkeiten machte. Er erschien, wie jetzt immer, spät auf dem Fest. Er war die ganze Nacht bei ihr gewesen, und auch am Morgen wollte sie ihn nicht fortlassen. Er blieb nur zu gern. Sie frühstückten im Bett, spät, und die Stunden wurden verschleudert bis über den Mittag hinaus.

Schnell kleidete er sich aus und trat in die überfüllte Halle mit seinem hochmütigen und finsteren Lächeln auf dem Gesicht. Diese Feste hatten keinen Reiz mehr für ihn. Er fühlte weder Erwartung, noch Aufregung. Er nahm seine Mitwirkung jetzt nur als eine Pflicht, die von ihm erledigt werden mußte, da er nun einmal der Franz Felder war. Je bälder sie getan war, desto besser. Um so eher konnte er wieder bei ihr sein ...

Ungeduldig wartend stand er unter seiner Mannschaft. Er hielt die Arme gekreuzt über der Brust und an seinem rechten Handgelenk glänzte herausfordernd das goldene Armband, als wolle er die Blicke aller darauf lenken. Kaum, daß er seinen Klubgenossen antwortete, wenn sie mit einer Frage zu ihm traten .... Gleichgültig glitt sein Blick über die Wasserfläche hin, wo eben ein Rennen zu Ende ging und schnaufende Gestalten die Länge des Bassins durchkreuzten.

Sonst hatte Felder nie den Augenblick erwarten können, in dem er selbst ins Wasser durfte. Heute kümmerte er sich nicht einmal mehr um seine Konkurrenten; er hatte sich kaum die Zeit genommen, ihre Namen auf dem Programm zu lesen.

Wie gewöhnlich jetzt, ließ er sich Zeit während der ersten Länge. Bei der zweiten arbeitete er sich vor; bei der dritten wollte er sich dann nach den anderen umschauen.

Er war gut in der Form heute, aber nicht so frisch wie sonst, so schien es ihm. Er nahm daher schon die zweite Länge von Anfang an mit Ernst. Bei der dritten wollte ihm der Vorsprung nicht gelingen. Irgend jemand, er wußte nicht wer, lag immer dicht neben ihm und blieb es bis ans Ende. Er konnte ihn nicht los werden, nicht mit aller Anstrengung, und die ungewöhnliche Erregung am Start brachte ihn zu der Überzeugung, daß sein Sieg diesmal sehr gefährdet worden war.

Aber es war noch mehr als das. Es war ein totes Rennen. Die Richter konnten sich nicht einigen und es blieb unentschieden.

Ein totes Rennen – das war weiter nicht schlimm. Ein totes Rennen war keine Niederlage. Aber es wurmte ihn doch, und er nahm sich vor, in nächster Zeit wieder einmal zu trainieren. »Sie« erleichterte ihm seinen Vorsatz, da sie ihm jetzt noch öfter absagte, als bisher; so übte Felder denn wieder fast jeden Abend, teils für sich allein, teils auch unbekümmert an den Übungsabenden des »Hecht«, und er fühlte sich Herr seiner Kraft, wie immer. Sich die Zeit, wie früher, nehmen zu lassen, verschmähte er.

Er freute sich besonders auf das nächste Meeting: auf dem Feste des »Poseidon« wollte er seinem alten Gegner im Gastschwimmen über die 200 Meter einmal wieder gegenüber treten und ihm — was er bisher gern vermieden — auf dem Fest eines Brudervereins unter den Augen der Seinen den Lorbeer entreißen.

Eine Bemerkung Wenzels gelegentlich seines Springdebuts war ihm zu Ohren gekommen. Felder hatte sie nicht vergessen, wie er nie etwas vergaß, was man ihm zugefügt. Dies sollte seine Rache sein.

Die Konkurrenz wa merrkwürdig stark besetzt: sechs Schwimmer von sechs bedeutenden Klubs rangen um den ehrenvollen »Poseidonjahrespreis«. Felder freute sich auf seinen Sieg; er freute sich noch, als er an den Start ging, obwohl er sich wiederum nicht ganz frisch fühlte. Aber er war so sicher wie immer.

Dann, als er im Wasser und in der zweiten Länge lag, geschah etwas, was er nie für möglich gehalten hätte: er fühlte, wie ihn eine plötzliche Mattigkeit überkam, und als er — gegen sie mit aller Kraft ankämpfend — etwa in der Mitte der dritten nicht nur Wenzel leicht vorauseilen, sondern auch rechts und links je einen Gegner neben sich liegen sah, da hatte er zum ersten Male seit Jahren das deutliche Gefühl, daß er diesmal nie als Erster ans Ziel gelangen würde. Und mit gleicher Deutlichkeit empfand er, daß es in diesem Augenblicke nur einen Ausweg für ihn gab, um dieser unvermeidlichen Niederlage zu entfliehen: »Aussetzen!« —

Plötzlich im Schwimmen aufhörend und tief bis zum Grunde des Bassins niedertauchend, schwamm er dort bis zum Fußende der Leiter, während er über sich das Rauschen des Wassers unter dem hastigen Wenden der Konkurrenten hörte, und stieg an ihr hinter ihnen, die ihm seinen Sieg entführten, aus dem Wasser unter die verblüfften Zuschauer, seinem triefenden Körper rücksichtslos Platz schaffend...

Er war an diesem Abend nicht einmal böse, um so mehr, als er hörte, daß nicht Wenzel, sondern ein junger Magdeburger vom dortigen »Neptun«, dessen Namen bisher nie genannt war, Sieger geworden war. – Er hatte »ausgesetzt«. Nun, was war dabei weiter! – Das taten die größten Schwimmer aller Zeiten und Länder alle Augenblicke, und das Wunderbare bei *ihm* war nur das, daß es das erstemal war. Und weil es das erstemal war, so war er über jeden Verdacht erhaben, daß er den alten, bekannten Kniff angewandt habe, um einer Niederlage zu entgehen.

Er – Franz Felder – fürchtete keinen Schwimmer der ganzen Welt und brauchte keinen zu fürchten. Das wußte jeder. Aber selbst er konnte einmal unpäßlich sein, und das war er heute. Denn hätte er sonst wohl das Rennen aufgegeben?

Und *den* Triumph genoß er wenigstens an diesem Tage, daß keiner, auch sein ärgster Gegner nicht, es wagte, den Verdacht dieses Kniffs auszusprechen. Die Mutmaßungen und Prophezeiungen indessen, in denen man sich erging, hörte Felder glücklicherweise nicht. Sonst wäre seine Stimmung an diesem Abend doch getrübt worden, die durch die ungeäußerte leise Enttäuschung seiner Genossen vom »Hecht« nicht beeinträchtigt, aber durch die Aussicht auf das nächste Schwimmen sogar noch bedeutend gehoben wurde.

Denn als Felder sich die erreichten Zeiten des 200-Meter-Schwimmens geben ließ, sah er, daß die Leistung dieses jungen, unbekannten Magdeburgers nicht nur mit Hinsicht auf seine erstklassigen Konkurrenten, sondern auch in bezug auf die erreichte Zeit eine außerordentliche genannt werden mußte. Sie erreichte natürlich nicht den von Felder vor zwei Jahren aufgestellten und seitdem von ihm selbst nie wieder erreichten Rekord von 3:02, aber sie kam doch bedenklich nahe an ihn heran.

Der junge Seubert hatte die 200 Meter in 3:25 $^{1}/_{5}$ Minuten gemacht.

Das reizte Felder. Da war das nächste große Fest, zugleich das letzte dieses Winters, das erste Jahresschwimmen des neugegründeten »Norddeutschen Schwimmkartells«, das besonders großartig und feierlich gestaltet werden sollte, um Zweck und Bedeutung dieser natürlich wieder aus vielen eifersüchtigen Fehden hervorgegangenen Neugründung recht zur Wirkung zu bringen, da war dies große Fest so recht die Gelegenheit, um sich auch diesmal einen glänzenden Abgang von der Saison zu sichern und einmal wieder »sich selbst zu übertreffen«, das einzige, was er noch konnte.

Er hatte ja nur nötig, etwas mäßiger zu leben und etwas mehr zu trainieren. Daß allerdings beides nötig war, leuchtete sogar ihm ein. Dieses plötzliche Versagen der Kraft heute konnte doch kein reiner Zufall sein. Es durfte jedenfalls nie wieder vorkommen; denn er konnte wohl einmal »aussetzen«, aber nun auch nicht wieder. –

Er tat beides: er war jetzt nicht nur nicht enttäuscht, sondern begrüßte es sogar mit Befriedigung, wenn eine Absage von ihr eintraf. Gab sie ihm doch einen freien Abend der unausgesetzten Übung, so eifrig und ernst, wie er seit langem nicht mehr betrieben.

Daran, daß es doch eigentlich nur ganz bei ihm stand, ob er zu ihr gehen wollte oder nicht, daß er ihr ebenso abschreiben konnte, wie sie ihm, daran dachte er nicht einmal. So groß war ihre Überlegenheit in jeder Beziehung und so sehr verstand sie es, wenn er bei ihr war, ihn durch immer neue Liebkosungen und Liebesbeweise an sich zu fesseln, daß ihm noch immer die Stunden die seligsten waren, in denen er in ihren Armen liegen konnte, und diesen wundervollen, bräunlichen Körper, dieses hohe, geheimnisvolle Gemach mit dem Glanz seiner Lichter und seinem verschwenderischen Luxus, diese stillen, faulen Stunden des späten Abends und der Nacht, ja, die leisen, unmerklichen Dienste der schattenhaft auf den schrillen Ruf der Gebieterin herein- und heraushuschenden Alten sein eigen nennen konnte; und alles, was er versuchte, war, sich in Augenblicken, wo seine trägen Gedanken, durch die Freude auf seinen nächsten Sieg und durch eine keinen Sportmeister je ganz verlassende Angst, seiner Kraft zu schaden, aufgestachelt, in beklemmender Ahnung sich von ihr wandten, alles, was er vermochte, war: sich dieser unersättlichen Leidenschaft, diesen erschlaffenden Umarmungen einmal, nur für heute, zu entziehen ...

Diese Frau, die ihm, ihm unter allen, ihre Liebe geschenkt hatte, wie er glaubte, und die er darum, darum vor allen wieder liebte – sie war noch immer sein Leben.

4

An diesem Tage kam, was kommen mußte: seine erste Niederlage – der Anfang vom Ende.

Seit drei Tagen hatte er sie nicht gesehen, und als er das letztemal bei ihr gewesen war, hatte er sich ihren Umarmungen wortlos und entschieden entzogen, so daß ihr Zusammensein ein ganz kurzes war. Sie biß die Lippen aufeinander, aber sie sagte kein Wort.

Felder kleidete sich heute mit besonderer Sorgfalt an und ließ seine Brust an Bändern und Münzen tragen, was sie nur fassen konnte. Das Armband, bei der täglichen Arbeit so hoch wie möglich hinaufgeschoben und von dem wollenen Hemde so bedeckt, daß es noch von niemand in der Fabrik entdeckt worden war, wurde auf das Handgelenk heruntergezogen und abgerieben, so daß es glänzte und funkelte.

In diesem bei allen so verhaßten Zeichen wollte er heute siegen, und so wollte er siegen, daß nicht nur das letzte Lächeln über »das Armband« verstummen, sondern auch das andere Lachen, das, welches er noch immer in seinen Ohren fühlte, das Lachen jenes schrecklichen Tages, schweigen sollte auf immer, um nie mehr gehört zu werden.

Das erste Fest des »Norddeutschen Schwimmkartells« sollte zugleich das erste sein, das die neuerbaute Schwimmhalle der Stadt Charlottenburg erlebte, und man hoffte, es besonders glänzend zu gestalten, obwohl die größten und angesehensten Berliner Vereine, unter ihnen der S.-C. B. 1879, wie überhaupt alle dem »Verbande« angehörenden Vereine naturgemäß fehlten. Aber es stand von Anfang an unter keinem guten Zeichen. Obwohl die Stadt Charlottenburg ihre Vertreter geschickt hatte, war doch das große Publikum, das sich offenbar an den Winterfesten satt gesehen und die Sommerschwimmen erwarten wollte, nur schwach vertreten und füllte kaum die erste Reihe der weiten Galerien. Zudem war das Wetter miserabel: ein naßkalter, grauer Märztag, und mancher, der gekommen wäre, war noch in letzter Stunde zu Hause geblieben.

Felder war heute pünktlich und verlor sich mit der kleinen Mannschaft der Gelb-Schwarzen in einer Ecke der weiten, schönen Halle, in der bereits jetzt alle Bogenlampen brannten.

Das Programm wickelte sich langsam und ohne besondere Teilnahme von irgendeiner Seite ab. Nur gegen seine Mitte brachte ein unvorhergesehener Zwischenfall etwas Leben unter die Anwesenden. Es war beim Tauchen nach Tellern. Dreißig flache Emailleteller waren bereits dreimal sämtlich aus einer Tiefe von vier Metern hervorgeholt worden – eine hervorragende Leistung – und es schien auch dem Vierten gelingen zu wollen, so lange blieb er unter Wasser.

Felder stand bereits ausgekleidet dicht neben dem Starter und sah zu. Dann merkte er plötzlich mit seinem erfahrenen Blick, daß irgend etwas dort unten nicht in Ordnung war, und als er fragend den neben ihm Stehenden ansah, hörte er auch schon dessen halblaut hervorgepreßten bestimmten Befehl: »Hinunter!« –

Er ging sofort in die Tiefe und sah dort den Taucher bereits bewußtlos mit dem Gesicht nach unten über den zuzammengerafften Tellern liegen. Mit Felder war ein zweiter ins Wasser gegangen, und beide hoben den leblosen Körper bis zur Leiter und an ihr hinauf zum Wasserspiegel, wo er von vielen Händen sofort in die Höhe gezogen und nach hinten getragen wurde.

Als Felder, der erst nach dem nächsten Lauf an die Reihe

kam, dorthin folgte, war der Bewußtlose bereits unter den Händen des Arztes wieder zu Atem gekommen, und Felder hörte, wie seine erste Frage der Tellerzahl galt, die er ans Land geschafft zu haben glaubte. Als er vernahm, was geschehen war, wurde er auch noch böse darüber, daß man ihn nicht länger drunten gelassen, denn er würde auch die letzten sicher noch bekommen haben!...

Die andern lachten und ärgerten sich, aber Felder war es nicht ums Lachen. Soweit war es also gekommen, daß diesen jungen Leuten ihr Leben schon nichts mehr galt, wenn es darauf ankam, ihren lächerlichen Ehrgeiz zu befriedigen – so hörte er neben sich einen alten Herrn zu einem anderen sagen; und er mußte sich unwillkürlich fragen: War es mit ihm anders? – Hätte er nicht auch sein Leben um einen Sieg gegeben? – –

Draußen hatte sich die Stimmung der Anwesenden nach dem peinlichen Vorfall nicht gebessert, und man beeilte sich mit der Abwicklung der nächsten Nummern, um die Aufmerksamkeit abzulenken.

Dann kam das große Rennen des Tages mit seinem unerwarteten, in seinen Resultaten geradezu verblüffenden Verlauf, das Hauptschwimmen über 175 Meter, in dem zwei der jüngsten Schwimmer aus dem Nachwuchs die Preise errangen, während nicht nur Wenzel vom »Poseidon«, und Karl Becker, der Meister Süddeutschlands, sondern auch Felder, Franz Felder, der vierfache Meister Berlins, der Meister Deutschlands, der »Champion der Welt«, nicht nur zurück-, sondern überhaupt unplaziert blieben! – Wie es geschah, wie es geschehen konnte, das Unerhörte – keiner begriff es recht.

Felders Vorsatz ging auf einen glatten Sieg in gutem Stil ohne völlige Kraftausgabe. Er hielt ihn inne während der beiden ersten Längen, gab ihn auf bei der dritten und vergaß ihn völlig bei der vierten. Aber es nützte ihm alles nichts.

Er kam nicht vorwärts. Er sah immer die alten Gegner neben sich, die neuen sich voraus; diese beiden jungen Leute, von denen er den einen nur aus einem einzigen Schwimmen und den anderen überhaupt nicht kannte. Und als er zum letzten Male bei dem plötzlichen Aufhören der Musik wandte und mit seinem wahnsinnigen Seitenschlage den einen fast erreicht hatte, schlug der andere bereits an, und der Sieg war verloren.

Er ging erst ans Ziel gleich hinter dem zweiten.

Was geschehen war, begriff er erst recht, als er den jungen Seubert, keuchend, aber selig, die Glückwünsche in Empfang nehmen sah und in das junge, glückliche Gesicht blickte, das auch ihm zulächelte, als erwarte es auch von ihm ein freundliches Wort oder einen Händedruck.

So, ganz so, etwas verlegen, aber doch mit einer gewissen naiven Selbstverständlichkeit, als gehöre es sich so, hatte er seine ersten Triumphe entgegengenommen und seinen besiegten Gegnern ins Gesicht gesehen.

Er dachte natürlich nicht daran. Er fühlte einzig nur die Schmach, die er – seiner Ansicht nach – in diesem Augenblicke erlitt, wo er seinen Stern lautlos fallen und in den Tiefen verschwinden sah, und das harmlose Lächeln auf dem Gesicht dieses jungen Menschen schien ihm nur Spott und Hohn zu bedeuten, so daß er am liebsten hineingeschlagen hätte.

Kein Mensch kümmerte sich um ihn, keiner trat, wie sonst immer, zu ihm und sprach mit ihm. Mit hastiger Wendung kehrte er sich zu den anderen Schwimmern um, seinen alten Gegnern, mit denen er sich in dieser Minute fast verwandt fühlte. Denn sie erlitten das gleiche. Aber klüger als er waren sie am andern Ende des Bassins ans Land gegangen und so allen Erörterungen entflohen.

Da griff auch er nach seinem Tuch und eilte zu seinen Kleidern. Als er an der ganz bestürzten und heftig debattierenden Gruppe des »Hecht« vorbeikam, wehrte er mit ungeduldiger Gebärde jede Frage und Begleitung von sich.

Er fühlte jetzt nur, daß er allein sein mußte.

Er konnte niemanden um sich haben.

Ohne aufzusehen und ohne sich von einem Menschen zu verabschieden verließ er das Fest. –

Es war noch früh, aber auf den Straßen brannten bereits die gelben und weißen Lichter. Ein dichter und kühler Regen ging nieder wie Staub.

Felder ging die breite, gerade Straße bis zum Tiergarten, er durchschritt ihn auf kotigen, dunklen Wegen, bis er ans Brandenburger Tor kam, ging die Allee der Linden herunter, verlor sich in dem Straßengewühl des Zentrums, immer noch ohne zu wissen, wohin er wollte, und sah erst auf, als der Regen sein heißes Gesicht wie Schläge zu treffen begann. Er war zwei Stunden gegangen wie zwei Minuten. Er wußte es nicht einmal. Er befand sich in der Nähe des Moritzplatzes.

Er mußte allein sein, ganz allein... Schon die wenigen Menschen um ihn herum auf den Straßen störten ihn. Der Name einer alten Weinstube in der Nähe fiel ihm ein. Er war dort ein- oder zweimal früher gewesen, mit seinen Freunden. Vielleicht war das Hinterzimmer frei.

Er traf es so.

Erst als er eintrat und den Überzieher zurückschlug, wurde er gewahr, daß er sich im Schmucke seiner Ehrenzeichen befand, der hastig beim Ankleiden übergestreiften Bänder und der Münzenmenge auf seiner Brust. Schnell verdeckte er sie wieder, und während er seinen Rock auszog, streifte er alles ab und verbarg es in den Taschen, wie geraubtes Gut.

Er war ganz allein in seiner Ecke, nachdem ihm der Wirt den Wein gebracht. Sogar im Vorderzimmer spielten nur ein paar Stammgäste, die sein Eintreten überhaupt nicht bemerkt hatten, einen stillen Skat.

Er trank, sah vor sich hin und grübelte nach. Er konnte es noch immer nicht begreifen, was geschehen war! –

Dann zog er zögernd ein kleines, abgenütztes, in braunes Leder gebundenes Buch aus der Brusttasche, das er stets bei sich trug. Dieses Buch war ihm nach einem seiner ersten Aufsehen erregenden Siege – wie lange war es schon her! – von einem älteren Mitglied seines alten Klubs geschenkt worden, und der Geber hatte ihm dabei gesagt: »Immer können Sie nicht siegen, aber so viele Seiten dieses kleine Buch hat, so viel Siege wünsche ich Ihnen und uns ...« Und Felder hatte wie zum Scherz die Seiten gezählt: 103. Koepke nahm das Buch mit nach Hause, und als er es Felder wiedergab, fand dieser in tadelloser Rundschrift und mit kaufmännischer Genauigkeit von Anfang an bis heute seine sämtlichen Beteiligungen an den Festen des Schwimmsports eingetragen: ihren Tag und Ort, ihre Veranstalter, die Art der Konkurrenz und wer an ihr teilnahm, ja die Stunden – alles war registriert und seine Siege schön unterliniert und mit roter Tinte prächtig hervorgehoben: ihre Art, die gemachten Zeiten, die errungenen Preise aufs genaueste verzeichnet... Und jedesmal nach einer neuen Beteiligung oder nach einer Reise erhielt Koepke das kleine, braune Buch, um es am nächsten Tage wieder zurückzugeben, bereichert um ein neues Blatt, das in nüchternen Worten und Zahlen, aber doch so beredt von herrlichen Mühen und herrlichen Siegen sprach.

Über kein Geschenk hatte Felder sich je so gefreut, wie über dieses.

Oft hatte er in stiller Stunde in dem Buche geblättert, aber noch nie hatte er so sorgfältig Blatt um Blatt gewandt, vom ersten bis zum letzten, wie heute. Selten erst, dann immer öfter, endlich fast auf jeder Seite zeigte sich die rote Linie unter seinem Namen, und immer öfter kehrten die Worte wieder: »Erster: Franz Felder . . .«

Da stand sein Name, immer und immer wieder als der Erste, der Erste..., der Erste! – – und unter ihm standen die Namen seiner Gegner – alle diese berühmten, gefürchteten Namen, die großen Kanonen der Schwimmkunst, aus allen Gegenden Deutschlands und so vielen Ländern Europas... Und immer wieder *sein* Name über allen als Sieger!...

Er blätterte und blätterte – jedes neue Blatt ein neuer Sieg: ein Lorbeerblatt mehr in einem dichten Kranze! – Fast keine Niederlagen, hier und da ein zweiter Preis, sonst immer nur erste, erste, erste . . .

Er fing von vorn an und zählte die beschriebenen Seiten: 82. Und er zählte die siegreichen: 73.

Bis zur letzten! – Bis – heute! –

Und auf diesem leeren Blatt, dem dreiundachtzigsten, sollte zum dritten Male nacheinander nicht nur der rote Strich, sondern sein Name überhaupt fehlen – oder es sollte leer bleiben, leer... Nein, das *durfte* nicht sein! –

Der Schrecken griff plötzlich wieder nach seinem Herzen, derselbe Schrecken, den er vorhin empfunden, als er seine Gegner vor sich sah und fühlte, wie seine Kraft versagte, sie noch zu erreichen; aber nicht die Furcht über die Gefahr einer Niederlage war es gewesen, sondern etwas anderes, ein Neues, ein Unbekanntes: das Erschrekken über etwas Unglaubliches, Unerhörtes – über die Unwillfährigkeit seiner Kraft! –

Was war das? – Was war das auf einmal, das so plötzlich gekommen? –

War er wirklich schon dort angelangt, wo es kein über sich selbst Hinausgehen mehr gab? – Dann konnte jeder ihn schlagen, der ihm nur gleich kam! – Dann war er schon am Ende.

Alle düsteren Prophezeiungen seiner Gegner fielen ihm ein: »Schneller Aufgang, schneller Abstieg ...« Und ein Mahnwort Nagels: »Du hast früh angefangen, früh wirst du deshalb aufhören ...«

Bis heute hatte er darüber gelacht. Aber jetzt lachte er nicht mehr. Es war ihm nicht mehr ums Lachen. Denn er war sich bewußt, in diesen letzten Wochen nichts versäumt zu haben. Es hatte ein totes Rennen gegeben, dann ein Aussetzen – aber beides war erklärlich, sogar natürlich bei der Nachlässigkeit, mit der er in den vergangenen Monaten seine Sache behandelt. Aber zu heute hatte er trainiert – trainiert wie immer sonst – was war das also?! –

Er saß und grübelte, und trank und grübelte, und grübelte ...

Und wieder griff die Angst nach seinem Herzen, die furchtbare, die unbekannte Angst! –

War es etwa schon mehr? – War es schon eine Abnahme seiner Kraft? – War er schon nicht mehr derselbe? – Blieb er schon hinter sich selbst zurück? – Unmöglich! – Mit zwanzig Jahren? – Da, wo die Kraft noch wuchs von Tag zu Tag. –

Lächerlich! – Mit fünfundzwanzig wollte er anfangen, daran zu denken. – Aber bis dahin wollte er sie, seine Kraft, wachsen, wachsen und siegen sehen über alles, was sich ihr in den Weg stellte!

Es war eine Indisposition heute, was war das weiter! – Wer hatte die nicht zuweilen? Deshalb nützten auch die verdammten Sinnierereien nichts. Jetzt mußte geschwommen werden, darauf kam es an.

Er trank und klappte das Buch zu. Die Seite blieb nicht leer, das war sicher: die dreiundachtzigste. Auf der sollte ein Sieg stehen. Und zwar bald! –

Denn es konnte einfach schon deshalb nicht sein, weil es nicht sein *durfte!*

Wie Felder das Buch in die Rocktasche schieben wollte, stopfte es sich dort gegen knisternde Papiere. Er zog sie hervor und sah, daß es ihre Briefe waren. Der süßliche, fahle Duft eines seltsamen Parfüms stieg zu ihm aus den zerknitterten Blättern auf, und er fühlte, wie es plötzlich wieder aus war mit seinem neuen Mut und seiner Frische.

Dieser Duft machte ihn schwach, und es half ihm nichts, daß er die Blätter zusammenballte. Wie er sie losließ, legte sich das steife, englische Papier auseinander, und es entströmte ihm dieser Duft, den er so gut kannte, der allem anhaftete, was von ihr ausging: ihren Kleidern, ihren Handschuhen, ihrem Atem, diesem Papier – ihm selbst! –

Ja, ihn selbst hatte dieser Duft förmlich durchtränkt in diesen letzten Monaten, so daß er ihn plötzlich verspürte, wenn er eines seiner Kleidungsstücke zur Hand nahm ...

Er wurde ihn nicht mehr los, diesen Duft, der ihn überall umgab, wo er ging und stand – lockend, begehrlich, geheimnisvoll und aufreizend wie sie selbst, so daß er an sie denken mußte ohne Aufhören.

Was nützte es, daß er diese Papiere von sich schob, diese Rufe nach ihm, die er nun schon Monate lang hörte: erst stürmisch und sehnsuchtsvoll, erst alle Tage, dann, je seltener sie wurden, immer herrischer und kürzer, bis sie nur noch der Befehl waren: »Heute abend um 9« – oder »Erst morgen!« – – –

Welche Macht sie über ihn gewonnen, diese Frau, von der er noch immer nicht einmal wußte, wer sie war! –

Und wie Felder saß und grübelte, und grübelte, wurde es ihm klar, warum er heute unterlegen war, warum er in der letzten Zeit nicht mehr die alte Kraft in sich fühlte, die unbesieglich gewesen war; und eine maßlose Wut kam über ihn gegen die, die ihm seine Kraft geraubt. Er ballte die Hand um den Rand des Tisches, daß er sich bog und das Glas klirrte.

Und dann kam, blitzgleich, auch die wahre Erkenntnis dieses Verhältnisses über ihn.

Was sie begehrt hatte, das war seine Jugend, seine Kraft und seine Frische gewesen. Und was sie begehrte, hatte sie ihm genommen: die Jugend, die Kraft und die Frische seines Körpers! – Stück für Stück, in unersättlicher Habgier war ihm, ohne daß er es fühlte und ahnte, eines nach dem anderen von ihr genommen, in unzähligen Umarmungen, mit Küssen und Schmeicheln, bis sie ihn zu dem gemacht, was er heute war!

Alles, was er besaß, das einzige, das er sein eigen nannte, hatte sie ihm geraubt: seinen Ruhm! – Sein Ruhm aber war sein Leben. Sie hatte es zerstört.

Er aber, er war so blind und so töricht gewesen, nicht zu merken, was sie eigentlich von ihm wollte. Wie ein dummes Tier war er in die Falle gegangen; wie ein Hund war er ihr nachgelaufen; wie ein ... nein, er vermochte nicht weiter zu denken.

Denn jetzt wußte er auf einmal auch, wer sie war.

Eine große Abenteuerin, irgendwo in einem Winkel von zusammengelaufenen Eltern erzeugt, früh verdorben, früh gelehrt, ihre Schönheit als erstes und einträglichstes Erwerbsmittel zu betrachten, sie gelehrig in unstetem Wanderleben durch alle Länder der Welt schleifend, und alles mitnehmend, was sich ihr bot: hier die Alten und dort die Jungen.

Die Alten, die sie begehrten und bezahlten, und die Jungen, die von ihr ausgesucht und bezahlt wurden! – Und einer von diesen Jungen war er gewesen – er, Franz Felder! –

Nicht mit solchen Worten sagte er sich dies alles, aber er empfand es alles so und fühlte, daß es wahr war. Und er hätte schreien mögen, schreien vor Wut und vor Scham.

Ihn, ihn hatte sie nicht bezahlt, nein, das hatte sie nicht gewagt! – Aber wie lange noch, und es wäre auch dahin gekommen. Wieviel versteckte Anerbietungen hatte sie ihm nicht schon gemacht, wie oft nicht versucht, mit ihm scherzhaft oder gleichgültig von Geld zu sprechen, diesem Gelde, das sie verachtete, weil sie es durch Arbeit nicht verdiente: damit er es nehmen solle von ihr als – Lohn ...

War ihm selbst nicht eines Tages, wenn auch nur ganz flüchtig, der Gedanke gekommen, eines dieser Anerbietungen, nicht anzunehmen, o nein, aber als Darlehen zu benutzen, da es mit seinem Gelde zu Ende ging, als Darlehen für eine kurze Zeit, bis er sich in England durch neue Siege neues geholt? – Es war nicht dazu gekommen, es war bei dem flüchtigen Gedanken geblieben. Aber er hatte ihn doch gedacht ...

Auch gegen Geschenke hatte er sich bis heute gewehrt. Das einzige, was er je angenommen, war das Band an seinem Handgelenk, die Kette von Gold.

Aber sie war nicht unzerbrechlich. Sie band ihn nicht an sie.

Er griff mit den Fingern der linken Hand zwischen sie und das Fleisch und versuchte sie abzustreifen, obwohl er wußte, daß es nicht ging. Und seine Wut stieg, als er sah, wie vergeblich es war.

Aber das sollte ein Ende nehmen, jetzt gleich, noch heute abend!

Er riß sich aus dem Hinbrüten auf und rief nach dem Wirt. Er hatte vier Stunden auf diesem Fleck gesessen. Als er nach der Uhr sah, war es gegen Elf.

Der Regen draußen war stärker geworden. Felder fühlte ihn nicht. Er ging der Friedrichstadt zu.

Das Haus war offen. Natürlich: dieses Haus war nachts immer offen, und die Treppen lagen in ihrem ewigen Zwielicht. Weshalb war ihm das nie so aufgefallen, wie heute? –

Er klingelte an ihrer Tür. Er klingelte nochmals. Endlich hörte er die schlürfenden Schritte der Alten und ihre Stimme. Er schlug gegen die Tür und rief um Einlaß.

Als sie sich öffnete, schob er das Weib beiseite, das bei seinem Anblick wie erstarrt war. Es war das erstemal, daß er unerwartet kam. Er kümmerte sich nicht im geringsten um die Fragen und Beteuerungen, daß Madame nicht zu Hause sei. Er hörte nicht hin, er verstand das Kauderwelsch nicht. Er wollte Madame erwarten, sagte er kurz. Sie würde schon kommen.

Er riß die Tür zu dem großen Zimmer auf. Es war beleuchtet und warm, wie immer. Aber sie war nicht da. Sie war auch nicht im Schlafzimmer.

»Ich werde Madame erwarten,« sagte er nochmals, und mit solchem Ausdruck in dem blassen Gesicht, daß sich die Alte endlich mit Jammern und Wimmern zurückzog. Felder merkte es nicht einmal.

Er lief im Zimmer umher und warf überall rücksichtslos die Gegenstände durcheinander. Er suchte den kleinen Schlüssel zu dem Armband. Als er nicht fand, was er suchte, begann er die Arbeit an seinem Handgelenk von neuem: er zerbrach eine goldene Hutnadel und eine Schere, er zerrte, bis seine Finger bluteten. Endlich gab er es auf, warf sich in einen Sessel und wartete.

Wie lange? – Er hatte keine Ahnung.

Das Licht der Ampel trieb das Dunkel in die Ecken des Gemaches und ein schwaches Rot auf seine Wangen, wie die Röte der Scham.

Ja, er schämte sich. O, wie er sich schämte! –

Er hätte weinen mögen und konnte es nicht. Die innere Wut erstickte seine Tränen.

Er lag wie in einem Halbschlummer.

Plötzlich fuhr er empor. Er hörte draußen Stimmen: das klagende Wimmern der Alten und ihren herrischen, empörten Aufschrei der Verwunderung. Die Tür wurde aufgestoßen, und sie stand vor ihm: hochaufgerichtet, in großer Toilette, die Arme und die herrlichen Schultern entblößt, Zorn in den Augen und auf den roten Lippen.

»Wer ist hier? – Du? – Was willst du hier? – Wer hat dir erlaubt –«

Er ging auf sie zu. Die ganze Raserei dieser Nacht brach in ihm los. Als sie seine Augen sah, wußte sie alles. Aber sie hatte keine Angst. Sie kannte keine Furcht und ihre Lippen verzogen sich leise und spöttisch.

Wie er das sah, griff er sie bei den Armen. Er wußte nicht, was er mit ihr tun sollte, er wußte nur, daß er sich rächen wollte an diesem Geschöpf, das ihn beraubt.

Sie bog sich wie eine Katze unter dem Druck seiner rauhen Hände. Und auf diesem selben Platze, auf dem sie an jenem ersten Abend miteinander gerungen in begehrender Liebe, rangen sie nun in widerstrebendem Haß.

Von seinem mißhandelten Handgelenk floß Blut und befleckte die Seide ihres Kleides und ihre weiche, bräunliche Haut, während ihre Lippen unerhörte Beschimpfungen, die er nicht verstand, von sich schleuderten.

Immer wieder versuchte er, sie niederzuzwingen, und immer wieder flog ihr schlanker Körper empor wie eine Gerte unter seinen Händen.

Es war, als ob er seine Kraft an sie gegeben habe in diesen paar Monaten ...

War es das, oder war es der Duft, der von ihr ausging und ihn betäubte, daß er sie nicht niederkriegen konnte? –

Kurz: er fühlte, daß er auch hier der Schwächere geworden war ...

Da gab er sie frei und taumelte hinaus, verfolgt von ihrem höhnischen und triumphierenden Lachen.

5

Bis zum Morgen ging er durch die Straßen. Als es dämmerte, schlug er die Richtung nach dem Norden ein.

Um sechs Uhr war er an den Toren der Fabrik und der erste, der eintrat. Er ging in die mechanische Werkstätte. An einem der Schraubstöcke stand er eine kurze Weile. Als er zurück kam, hielt er das gesprengte Armband in der Hand.

Noch fast eine Stunde ging er durch die öden Gassen dieser Gegend. Irgendwo schleuderte er das Armband auf einen Kehrichthaufen. Dann erst wusch er sich an einem Brunnen die Hände, verband sich das blutende Gelenk und trank in einer Destillation eine Tasse Kaffee. Um sieben Uhr war er an seiner Arbeit. Den Morgen über sprach er kein Wort. Am Mittag fuhr er nach Hause, warf sich auf sein Bett und schlief wie ein Toter.

Als er erwachte, war ein neuer Tag angebrochen. Mit ihm begann ein neues Leben für Franz Felder. – –

Wenn das Leben, welches er vor einem Jahre vor seinem neuen, großen Ziele der Springmeisterschaft geführt hatte, ein einfaches und enthaltsames gewesen war, so war das, welches er jetzt lebte, noch spartanisch dagegen zu nennen. Es zerfloß zwischen Arbeit und Ruhe, und sein einziger Zweck war für Felder einstweilen: die Wiedererringung seiner Kraft. Nicht dessen, was andere Menschen Gesundheit und Kraft nennen. Die allermeisten hätten ihn um die seine beneidet. Nein, jener überlegenen, herkulischen Kraft, die er nötig hatte.

Daher strich er von einem Tage zum anderen alles aus seinem Leben, wodurch er glaubte, sie auch nur um ein Minimum vermindert zu haben: das Glas und die Frau, denn beides war Gift und Krankheit; jeden Verkehr, denn der nahm ihm die Zeit zur nötigen Ruhe; jede Freude, denn er wollte von ihr nichts mehr wissen; und um ganz sicher zu sein, strich er gleich alles auf einmal!

Das einzige, was er sich noch gönnte an Genüssen, war eine möglichst gute und nahrhafte Kost und zuweilen ein Glas starken Weines. Und Schlaf, viel Schlaf! –

Die Arbeit war ihm lieb. Sie hielt seine Kräfte im Gleichgewicht, ohne sie zu verbrauchen.

Außerdem verlieh sie seinem Leben die nötige Regelmäßigkeit. Da er mit seinem Gelde zu Ende und ganz auf sie angewiesen war, hütete er sich vor jeder unnötigen Ausgabe. Er kleidete sich wieder wie früher und achtete selbst an den Feiertagen kaum auf sein Äußeres. Wozu auch? Es sah ihn ja niemand mehr.

Er nahm sich nicht die Mühe, seinen Austritt aus dem Verein »Hecht« diesem anzuzeigen. Er sandte gelegentlich sein Trikot zurück. Sie hatten seinen Namen wohl bereits aus der Mitgliederliste gestrichen. Was lag ihm daran! –

Er hatte nie Fühlung mit diesen Leuten gehabt, unter denen er fremd, denen er nur der Meisterschwimmer Europas gewesen war, die ihn für Siege, aber nicht für Niederlagen gebrauchen konnten.

Er sah selbst Koepke kaum mehr, und damit zerriß auch

das letzte Band, das ihn noch an sein früheres Leben knüpfte. Wenn er ihn gelegentlich traf, tranken sie ein Glas Bier zusammen. Dann erzählte der alte Getreue Felder, wie er »ebenfalls der Schwimmsache Valet gesagt habe«, da sie ihm keinen Spaß mehr mache, seitdem Felder nicht mehr dabei sei. Er war in einen kaufmännischen und in einen Kegelklub eingetreten und spielte in beiden bereits seine alte Rolle des Lasttieres mit unverhohlener Wonne weiter.

Felder lächelte krampfhaft. Also er hatte dem Schwimmen Adieu gesagt! – Das sagte man also von ihm! – Nun, man würde ja sehen ...

Das neue Leben fiel ihm nicht schwer. Er dachte wenig und er fühlte sich ganz wohl.

Nur die langen Sonntage waren schlimm. Es wäre ihm am liebsten gewesen, sie hätten nicht existiert. Wenn er sie hätte durcharbeiten können, alle diese Wochen, einen Tag wie den anderen, ihm wäre es Recht, dachte er oft. Nun mußte er sich mit den Sonntagen abfinden, diesen endloslangen Nachmittagen, mit denen er nichts mehr anzufangen wußte, und er ging jetzt sogar das eine oder andere Mal mit seinen stillen Eltern und den lauten Geschwistern, die darüber höchst erstaunt waren. Aber auch das gab er bald auf, denn er wußte mit ihnen nichts zu reden. Die häuslichen Dinge langweilten ihn, und über das eine konnte er doch nicht sprechen, weder mit ihnen, noch mit irgend jemand auf der Welt ... Wer verstand das? – Er kannte keinen.

So ging er denn schließlich auch an diesen Nachmittagen seine einsamen Wege: zu all den Orten, wo er früher so glücklich gewesen war und die jetzt öde und verlassen unter dem ewig grauen Himmel lagen. Denn es wollte dieses Jahr nicht Frühling werden. Eine dünne Eisschicht bedeckte noch den Kochsee, als er eines Tages dort durch die Spalten der festverschlossenen Umzäunung sah, und kahl und traurig starrten die Gerüste und Planken der anderen Badeplätze in die Höhe – am Plötzensee und in Grünau, wohin er auch kam, – kahl und frostig wie die Bäume, deren laublose Stämme sich regungslos von dem braunen Boden der Landschaft abhoben. Sie stimmten ihn nicht fröhlicher, diese einsamen Ausflüge, auf denen unvergessene Erinnerungen ihn immer von neuem in ihrem Bann zogen. Aber er wußte nichts anderes zu tun, und so fuhr er immer wieder hinaus und ging oder stand oft stundenlang, in Gedanken versunken, auf den verlassenen Stätten seiner Siege und seines Glückes ...

Besser wurde es erst, als es Frühling wurde. –

In der ersten Zeit schwamm er nur selten. Er wagte sich nicht in die Schwimmhallen, aus Besorgnis, dort Bekannte zu treffen. Er fürchtete geradezu jede Frage, jedes Wort, jede Anspielung auf seine Niederlage ... Er hätte sie nicht ertragen. Dann, als er wieder allabendlich nach der Arbeit badete, vermied er mit derselben Sorgfalt, wie im Vorjahre, die Übungsabende der Klubs und ging an dem einen Tage hier-, an dem anderen dorthin, wo er sicher sein konnte, möglichst allein zu sein. So besuchte er alle Winterbäder, wie es gerade kam. Nur in jene kleine, dunkle Halle im Süden der Stadt, wo er vor einem Jahre täglicher Gast gewesen war, ging er nie mehr ... Diese Erinnerungen sollten begraben bleiben und durften ihn jetzt nicht stören.

Er schwamm einstweilen noch ohne jeden Gedanken an ein neues Training. Alles, was er wollte, war, seine ganze Kraft wiederzufühlen, ehe er daran dachte, sie von neuem zu üben. Er glaubte nämlich allen Ernstes, das Gefühl seiner Kraft verloren zu haben. Einmal schwankend geworden an ihr, war er wie der eingebildete Kranke, der stets die Krankheit zu haben glaubt, von der er hört. Er war irre an sich geworden, weil er angefangen hatte, über sich nachzudenken.

Er fürchtete sich, die Zeit nehmen zu lassen. So schwamm er vorderhand noch in allen möglichen Stilarten und alle möglichen Längen, wie es ihm gerade in den Sinn kam, ohne auf sich und seine Umgebung zu achten. Und das ungeheure Wohlbehagen, das er immer empfand, wenn er im Wasser war, ergriff ihn wieder, und täglich mehr und mehr ... Mit dem Wohlbehagen aber fühlte er zugleich seine Kraft wieder, und seine Übungen wurden ernster, wenn er sie auch noch nicht prüfen ließ.

Dann hörte er eines Abends, als er seine hundert Meter zum dritten Male so ganz für sich geschwommen, wie ein Herr, den er nicht kannte, der ihn aber beobachtet und zu seinem eigenen Vergnügen nach der Uhr gesehen hatte, sagte: 1 : 21.

1 : 21?! – Aber das war ja seine eigene, frühere gute Zeit, das kam nahe an den von ihm selbst vor zwei Jahren in Wien aufgestellten Rekord heran, als er so glänzend disponiert war? – Dann, dann – besaß er sie ja wieder, seine verlorene Kraft! – Dann ging es ja wieder! –

Er bat den Fremden, ihm doch nochmals die Zeit zu nehmen. Er schwamm die hundert Meter zum vierten Male, und zwar bewußt ohne besonderen Kraftaufwand. Und seine Zeit blieb gut. –

Er freute sich noch nicht. Er wagte es nicht. Aber in seine wahllosen Übungen kam von jetzt ab wieder ein gewisser Sinn.

Er schwamm von neuem alle Stilarten und alle Längen durch, ließ sich die Zeit nehmen, wenn er gerade den Bademeister oder sonst einen Bereitwilligen dazu fand, und ohne noch in ein bestimmtes Training zu treten, erprobte er doch schon – vorsichtig und unsicher wie ein Anfänger – seine Fertigkeit.

Allmählich wurde er ruhiger, je sicherer er wurde. Er konnte sich nicht mehr verhehlen, daß sein furchtbares Erschrecken nach jenen ersten, im Grunde belanglosen Niederlagen töricht und übertrieben, und daß von einer ernstlichen Erschütterung seiner Kraft wohl nie die Rede gewesen war; daß ein paar Wochen ruhigen Lebens sie vielleicht ganz von selbst in das alte Geleise gebracht hätten und so eigentlich dieser ganze Bruch unnötig und im Grunde etwas lächerlich und darum eigentlich beschämend war ...

Aber eines blieb trotz allem. Wenn auch seine Kraft nicht erschüttert war, sein Selbstvertrauen war es auf jeden Fall! – Dieses stolze Selbstvertrauen, entstanden nicht in einer Stunde, sondern aus empfangsfähigem Boden schüchtern und langsam emporgewachsen, stetig erst bewässert durch kleine, dann genährt durch immer größere Erfolge,

Wurzel schlagend in beispiellosen Siegen und endlich untrennbar, Wesen und Eins, mit der Persönlichkeit, mit ihm, ihm – Franz Felder! –
Dieses Insichselbstvertrauen war erschüttert. Nicht seine Kraft, sein Selbstvertrauen mußte er daher wiedergewinnen! –
Dazu war nun das Leben, wie er es führte, am wenigsten geeignet. Unfähig, Vergleiche zu ziehen, Eindrücke zu empfangen und wiederzugeben, konnte er es nur nähren an den Maßen seiner Einbildung. Und mit jedem neuen *über sich* erfochtenen Sieg seiner Kraft nahm es Dimensionen an, an die Felder früher nicht gedacht hatte. Schon aus dem einfachen Grunde nicht gedacht, weil er früher geschwommen, so gut er es konnte, ohne zu denken.
Zahlen waren es, die er jetzt verglich: Zahlen gegen Zahlen. Nicht Leistungen – warme Leistungen des Lebens – gegen Leistungen. Wie er aber den Tag ersehnte, an dem ihm das zum ersten Male wieder möglich sein würde! –
Dann würde er wieder leben. Denn dies Leben der Einsamkeit, wie er es jetzt führte, war kein Leben mehr.
Er litt unter seiner eigenen Einsamkeit. Wie sehr er litt, wußte er selbst nicht einmal mehr.
Er war immer allein, und allmählich kam es ihm wie ein Traum vor: die alten, lieben Freunde, die lauten, fröhlichen Feste, seine sensationellen Siege – waren sie in der Tat jemals Wirklichkeit gewesen? – Der Taumel seiner Sicherheit, seine Wagnisse, seine Reisen? – –
Er wollte nicht an die Vergangenheit denken. Er wollte sich vorbereiten auf die Zukunft. Denn alles lag erst noch vor ihm. Hinter ihm lag nur ein Anfang, ein in seinem Ende mißglückter Anfang.
Aber was er nicht hindern konnte, war: daß zuweilen Bilder dieser Vergangenheit vor ihm aufstiegen, und vor allem Bilder des letzten Jahres, der Zeit, als er schon nicht mehr so ganz und gar in dem engen Kreise der Genossen gelebt, sondern neue, fremde Menschen und andere Lebensweiten sich ihm aufgetan. Und er sah noch zuweilen das hohe, nüchterne Atelier des Bildhauers vor sich, die

kahlen Wände und die seltsamen Figuren, und den Künstler selbst, schweißbedeckt, schweratmend und in innerlichen Kämpfen qualvoll ringend; und das warme, gemütliche Zimmer des Doktors, den fröhlichen, freundlichen Mann mit den blitzenden Augen und der lebhaften Stimme, unermüdlich im Erzählen und voll Interesse für ihn; und zuweilen – sah er auch sie … Aber da wandten sich schnell seine Gedanken. Er wollte davon nichts mehr wissen und zwang sich zum Vergessen. Und nur in seinen Träumen erregte sie ihn zuweilen noch, wie sie es damals getan. Doch auch diese Träume wurden seltener und seltener und schwanden endlich ganz, wie ihr Duft allmählich aus seinen Kleidern gewichen war, dieses ekelhafte Parfüm, das seinen Körper vergiftet hatte.

Und endlich wurden die Gestalten blasser und blasser und schwanden ganz, so wie Felder es wollte.

Alles, was hinter ihm lag, wurde wesenlos und verlor seine letzte Macht selbst über seine Erinnerung.

Hatte er es überhaupt erlebt? –

Oft vermochte er kaum mehr daran zu glauben. Aber er hieß doch Franz Felder! – Er war es doch noch, der diesen Namen trug? – Aber wer fragte noch nach ihm!

Er wußte, er war vergessen. Er war nicht mehr Franz Felder, wenn er auch noch so hieß.

Es war ein Name, den er erst erobern sollte.

Und erobern würde er ihn, dessen wurde er mit jedem Tage sicherer.

Denn wenn er auch vergessen war, noch lebte er.

Noch war er nicht tot!

6

Wenn man ihn vergaß – *er* hatte nichts vergessen. In der ganzen deutschen Schwimmerwelt gab es keinen, der mit schärferem Auge alle Vorgänge in ihr verfolgte, keinen, der mit größerer Hast nach den Berichten griff, als Franz Felder. Kein Ereignis von irgendwelcher Bedeutung entging ihm. Er las alle Zeitschriften, die irgendwie in Betracht kamen; er war unterrichtet über alle Veranstaltun-

gen und über den Verlauf einer jeden. Kein neuer Name blieb ihm fremd, kein Sieg von irgendwelcher Bedeutung unbekannt.
Es wurde seine Beschäftigung, an manchen langen, einsamen Abenden die Sportszeitschriften durchzusehen, alte und neue, und Vergleiche über Vergleiche anzustellen zwischen dem, was geleistet wurde und geleistet war – von ihm selbst.
Er wurde innerlich immer sicherer.
Als das erste große Sommerschwimmen des Berliner Schwimmbundes herannahte, drängte es ihn mit Macht zur Beteiligung. Aber er bezwang sich und dachte an den Schwur, den er sich selbst in jener Nacht der Verzweiflung getan.
Nein, er wollte nicht! – Was er tun wollte – nicht Berlin, nicht Deutschland, Europa sollte es sehen. Dazu gab es nur eine Gelegenheit. Er mußte sie erwarten. Noch war seine Stunde nicht gekommen.
Er blieb fern. Aber es wurde ihm schwer. Zum ersten Male sah er den Preis seiner Vaterstadt über die kurze Strecke, der vor vier Jahren sein erster großer Sieg gewesen und den er seitdem Jahr für Jahr behauptet, in fremden Besitz übergehen. Freiwillig gab er den Meistertitel Berlins aus den Händen und seinen Namen neuer Vergessenheit preis! – Freiwillig – denn an demselben Tage schwamm er, für sich allein, einmal am Morgen und einmal am Nachmittage in einer eben geöffneten, entlegenen Badeanstalt der Umgegend die hundert Meter in einer Zeit, die seinem eigenen Rekord vor zwei Jahren fast gleichkam und die Zeit des Siegers – auch eines alten Gegners – beide Male übertraf.
Er biß die Zähne aufeinander. Er wollte noch nicht. Denn er *durfte* noch nicht! –
Wieder vergingen Wochen, und der Sommer war da. Das Wasser wurde täglich wärmer. Langsam nahte sein Tag: der Tag des großen Festes des Allgemeinen Deutschen Schwimmverbandes, der größten internationalen schwimmsportlichen Veranstaltung des Jahres, nicht nur für Deutschland, sondern alle benachbarten Länder; der

Tag der großen Entscheidungskämpfe über die allerersten Meisterschaften des Weltteiles.
Und er erwartete ihn.
Dann fiel sein Blick eines Tages im »Welt-Sport« auf seinen Namen, seit langer Zeit zum erstenmal wieder, und sein Herz schlug höher bei dem, was er las. Es war eine Kritik des letzten Berliner Bundesschwimmens und in der Hauptsache die Besprechung des Sieges des jungen Georg Bauer vom »Triton«, wo es am Schluß hieß:
– »Die Leistung dieses jungen Mannes erinnert uns in ihrer selbstbewußten Kraft und der idealen Schönheit ihres Stils an diejenigen des noch vor kurzem überall genannten Meisters von Europa vom Vorjahre. Unsere Leser wissen, daß wir von Franz Felder sprechen. Sie wissen auch, wie sehr wir stets gerade für diesen Schwimmer eingetreten sind, und erinnern sich, welche Hoffnungen und Wünsche wir noch auf Jahre hinaus für ihn gehegt und ausgesprochen haben. Um so schmerzlicher war – wie wohl überall – unser Bedauern und um so größer unsere Enttäuschung, diesen in Haltung und Kraft einzigen Schwimmer so jäh niedergehen und dann von einem Tage zum anderen, nach einigen äußerlich gar nichts bedeutenden Mißerfolgen, plötzlich von der Bildfläche verschwinden zu sehen: aus Gründen, die offenbar tiefer liegen, als daß wir ihnen hier öffentlich nachgehen dürften.
Es wäre sicherlich ein einziger Genuß für jeden feineren Kenner gewesen, am vergangenen Sonntag zum Beispiel ihn und Bauer zugleich an den Start gehen und die reifende Kraft des Jüngeren mit der gereiften des Meisters in einer Form wetteifern zu sehen, die bei der rohen, immer mehr eingreifenden Preisjägerei gänzlich in Vergessenheit zu geraten scheint.
Werden wir ein Schauspiel dieser Art nie mehr erleben? – Fast scheint es so. Aber wir können die Hoffnung noch nicht aufgeben, Felder eines Tages wieder an der Arbeit zu sehen, und möchten heute nur nochmals – auch im Hinblick auf manchen ungerechten Angriff, der den Meister mit zu seinem sonst rätselhaften Entschluß, sich so ganz zurückzuziehen, getrieben haben mag – betonen:

wenn auch die neuerlichen Leistungen des Nachwuchses jedes Lobes würdig sind und manchen zum Nachfolger Felders geradezu prädestinieren, so scheint allen doch völlig zu fehlen, was der Persönlichkeit dieses Meisters so sehr eigen war – diese innerliche Leidenschaft und Liebe zur Sache, dieses Aufgehen in ihr mit Leib und Seele, diese unbedenkliche Hingabe der Begeisterung, die wir in seinen phänomenalen, oft über die eigene Kraft hinausgehenden Leistungen zu oft bewundert haben, als daß wir uns über sie täuschen könnten. Dadurch – nicht durch die Teilnahme an dem äußeren Ausbau des Schwimmwesens, wie er in den Klubs betrieben wird, und auch nicht durch seine Siege – hat Felder seiner geliebten Sache den größten Dienst geleistet und ihr in den Augen vieler eine höhere, gewissermaßen edlere Bedeutung gegeben, als sie bis dahin besaß. Das sollte ihm unvergessen bleiben und seine Gegner daran erinnern, daß Menschen dieser Art ihre eigenen Wege gehen und gehen müssen, weil sie nur auf ihnen ihre – oft nur von ihnen selbst geahnten oder erkannten – Ziele erreichen können . . .«

Wie das Herz des Lesenden schlug!

Was er selbst sich nie klar gemacht, was er aber ahnte und dem er nachging – dieser Mann, der das geschrieben, hatte ihm Worte gegeben! – Er war der einzige, der ihn ganz verstand!

– »Menschen dieser Art gehen ihre eigenen Wege . . .«

Ging er nicht die seinen, war er sie nicht stets gegangen, getrieben von einer inneren Stimme, die das Rauschen und Brausen auch des lautesten Beifalls übertönt hatte? – Und wenn er sie eine Zeitlang nicht mehr vernommen, war sie es nicht gewesen, die ihn zurückgelockt hatte zu sich? – Hörte er sie nicht wieder? – Und rief sie ihn nicht, wie damals den armen, kleinen Jungen, jetzt wieder, ihn, den Meister, zu Zielen, von denen niemand wußte, auch er selbst nicht?! –

Ja, sie rief ihn wieder, und er hörte sie: rein und klar, wie nur je! – –

Ein paar Tage später holte er eines Abends Koepke aus seinem Geschäft ab. Die Ausschreibungen zu dem gro-

ßen internationalen Verbandsschwimmen waren soeben erlassen.
Felders Tag war gekommen.
In einem Restaurant setzten sie seine Meldung auf: in dem üblichen, geschäftsmäßigen Stil, aber doch noch Wort für Wort überlegend. Und als Koepke sie abgeschrieben, setzte Felder das übliche: »Mit Schwimmergruß...« und seinen Namen darunter in seiner klobigen, mühsamen Handschrift. Auch die Einzahlung des Einsatzes von zwanzig Mark, die Felder schon lange zurückgelegt, versprach Koepke zu besorgen, und Felder durfte sicher sein, daß es pünktlich geschehen würde. Befriedigt legte er die Feder aus der Hand und lächelte zum ersten Male seit langer Zeit wieder.
Dann aber, als sie nach geschehener Arbeit noch zusammensaßen, da brach es plötzlich aus Felder hervor! – Er wußte selbst nicht, wie es so plötzlich kam, aber er mußte sprechen, um endlich einmal wieder die eigene Stimme zu hören. Und während der kleine Kaufmann erst erstaunt und dann betroffen, ganz betäubt wortlos zuhörte, strömte vor ihm aus gequälter Brust alles hervor, was sie seit Monaten zum Ersticken bedrückte.
Man hatte ihn vergessen! – Ja, er wußte es wohl. Er hatte sich von der Schwimmerei zurückgezogen. Er konnte nichts mehr. Er war fertig. Er war tot...
Aber wie sie sich alle täuschten! – Sie alle miteinander! – Was wußten sie denn von ihm? – Verstanden sie ihn überhaupt? – Ahnten sie auch nur, was er gewollt hatte? – Wie sollten sie begreifen, was er erst wollte?!
Sie glaubten ihn fertig, und er war erst am Anfang.
Sie glaubten ihn gestürzt, die aus dem Tale Zuschauenden. Aber er war nur für eine kurze Weile hinter einer Felsecke verschwunden, um auszuruhen zur neuen Wanderung von Gipfel zu Gipfel!
In vierzehn Tagen würde er wieder vor ihren Augen erscheinen und eine Wanderung beginnen, auf der sie ihm überhaupt nicht mehr folgen konnten.
Er war noch nicht einundzwanzig Jahre alt. Er war noch gar nicht im Vollbesitz seiner Kraft. Wenn er sich einen

Augenblick je eingebildet, sie verloren zu haben, so war er ganz einfach ein Narr gewesen. Auf jeden Fall fühlte er sie jetzt wieder, so mächtig und ungebärdig, daß er den Tag nicht mehr erwarten konnte, sie zu erproben. Und da er jetzt wußte, wodurch er ihr schaden konnte, brauchte er nur alles zu vermeiden, um sie ungeschwächt sich die nächsten zehn Jahre zu ihrer Höhe entwickeln zu lassen und sie dann noch zehn Jahre auf ihrer Höhe zu erhalten. Das aber waren zwanzig Jahre! –

Und in diesen zwanzig Jahren wollte er es in seiner Sache zu Leistungen bringen, wie sie bisher überhaupt noch nicht dagewesen waren. Und zwar nicht in dem engen Rahmen des Sports, unter der Vormundschaft und beengt durch die Regeln der Klubs und Verbände, sondern als freier Schwimmer der Welt, seinetwegen auch als »Professional«, wenn sie es denn so nennen wollten...

Wenn er in Grünau noch einmal innerhalb des bisherigen Rahmens schwimmen sollte, so tat er es, weil er hier noch eine alte Rechnung einzulösen hatte. Aber es sollte nur ein Wiederbeginn sein. Unzweifelhaft würde ihm der S.-C. B. 1879 nach seinem Siege von selbst die Mitgliedschaft wieder anbieten, wahrscheinlich ihn gleich zu seinem Ehrenmitgliede ernennen.

Er wollte sie annehmen.

Dann aber sollte sein Weg in die Weite beginnen.

Berlin – was war Berlin? – Das war ein abgegraster Boden, auf dem es nichts mehr zu holen gab. Und auch in Deutschland waren der Städte wenige, wo er noch Ehren erlangen konnte, die er noch nicht besaß.

Aber das Ausland! – Dahin mußte er. Zunächst nach England. Und wenn er von dort mit neuen Ehren und neuen Mitteln zurückgekehrt war, dann sollten seine großen Reisen von einer Hauptstadt zu der anderen beginnen, und überall würde er seine Kunst – wenn es sein mußte: vor der ganzen Öffentlichkeit zeigen und den Ruhm seines Namens über die ganze Welt tragen...

So sprach Felder. Seine ungelenken Worte überstürzten sich, und seine Augen glänzten wie im Fieber, während

seine heißen Hände heute abend immer und immer wieder nach dem Glase griffen.
Und der kleine Kaufmann sah mit seinen weit geöffneten Augen ganz stumm und erschrocken auf seinen großen Freund und hörte ihm zu, ohne ihn zu verstehen, und wußte nicht mehr: redete ein Genie da vor ihm oder ein Irrer.

7

In unsäglicher Spannung erwartete Felder seinen Tag. Er lebte nur noch in dem Gedanken an ihn. Nie vorher hatte er mit solcher Sorgfalt sich auf alles vorbereitet.
Seine Meldung war angenommen worden. Natürlich. Sie hätten sie gar nicht abweisen können. Es lag nicht das geringste gegen ihn vor.
Dann wurden die Teilnehmer bekannt gemacht. Felder verschlang die Namen, und er hätte aufschreien mögen vor Freude – das war, was er gewollt, und mehr, als er je zu hoffen gewagt: die allerersten Namen, nicht nur Deutschlands, sondern Europas! – Er kannte alle, vom ersten bis zum letzten! Da war zunächst Riesecker, der der Meister Deutschlands gewesen war bis zur Stunde, wo er ihn zurückgedrängt hatte – aha, jetzt wagte er sich wieder hervor, sein alter Gegner; dann Scarpetta, der Meister Italiens, dem wohl wieder einmal nach einer Niederlage gelüstete; Anton Riegler, der Meister Österreichs und Ungarns zu gleicher Zeit – der Europas würde er nie werden, so lange Felder lebte; Magelsdorffer, der im vorigen Jahre die große Rheinmeisterschaft über 7500 Meter erfochten – er sollte aber doch lieber in seinem heimatlichen Strom bleiben. Dann der junge Nachwuchs: vor allem der junge Magdeburger Seubert wieder – nun, nur nicht so eilig, junger Mann; und auch du nicht, Georg Bauer – ihr jungen Hähne kräht zu früh...
Sie würden alle kommen, mit Ausnahme der Engländer wieder. Nun, mit denen würde er ja bei der nächsten Gelegenheit noch ein Wort reden...
Sie waren alle da, und Felders innere Freude kannte keine Grenzen. Jetzt erst war er wieder ganz ruhig.

Was für ein Schwimmen sollte das werden! – Langsam, viel zu langsam kam endlich der Tag für den Einsamen heran.

Felder lag im Bett bis gegen Mittag. Mit offenen Augen starrte er die Kränze und Bilder an den Wänden an. Endlich hielt er es nicht mehr aus.

Früh am Nachmittag fuhr er hinaus nach Grünau. In dem kleinen Paket in der Hand trug er sein Trikot. Der Zug war überfüllt mit Ausflüglern.

In Grünau ging er gleich zum Sportplatz und dort hinter den Reihen der Zuschauer entlang zu den ihm so wohlbekannten Auskleidestellen, wo bereits überall Kleider hingen. Er suchte sich die entlegenste freie Ecke und zog sich langsam aus.

Es war vier Uhr. Vor fünf konnte das 600-Meter-Rennen kaum beginnen. Als er das Trikot über seine glühenden Glieder zog, war er noch immer ganz allein in dieser Ecke hier oben. Dieses Trikot hatte er sich für sein heutiges Schwimmen als Einzelschwimmer machen lassen, und wochenlang hatte er darüber nachgedacht, was er wählen sollte und durfte. Endlich hatte er sich entschieden: ganz weiß, nur am Rande mit einem goldenen Streifen; und ebenso die Badehose: ganz weiß, mit goldenen, schmalen Streifen und vorn mit einem einfachen goldenen Stern. Das waren die Farben keines Klubs, das war kein Abzeichen, das war noch von niemand jemals gewählt worden – es sollten die selbstgewählten Farben sein, unter denen er heute für sich ganz allein siegen wollte, heute, dies eine Mal, bevor – – bevor er wieder für andere kämpfen wollte. Leicht und straff legte sich der dünne, fast durchsichtige Stoff um seinen Körper, nur Arme und Beine frei lassend, nirgends beengend, jeder Bewegung nachgebend, wie die Trikots der Akrobaten und Athleten. Felder hätte keine einfacheren und bescheideneren und doch herausfordernd-bedeutungsvolleren Farben wählen können als diese beiden: Weiß und Gold! – –

Noch immer kam niemand, und er stand bereits fertig. Von diesem Fleck aus konnte er nicht nur den ganzen Sportplatz unter sich, sondern weithin die ganze Gegend überblicken. Vor ihm unter den Bäumen fielen die langen Bankreihen stufenförmig bis zum Wasserspiegel nieder, dicht besetzt mit den Zuschauern, um so dichter, je näher der Kampfplatz, alle es sich so bequem wie möglich machend, die Frauen in luftigen Sommerkleidern, die Männer oft in Hemdsärmeln, trinkend, lachend, sich den Schweiß abtrocknend und immer wieder die Aufmerksamkeit den Spielen zuwendend... Kinder, die sich langweilten und balgten, zwischen sich... Weiter unten die Farben der Klubs, die schwarzen Röcke und Fräcke der offiziell Beteiligten, der geladenen Gäste, der Richter, der Veranstalter... dann die nackten, hellen Gestalten der Kämpfer... endlich der abgesteckte Platz mit seinen fahnengeschmückten Gerüsten, die auf Tonnen schwammen... auf dem Sprungbrett die schnell sich ablösenden Gestalten, in seltsamen Formen die Luft durchschneidend und in dem aufspritzenden Wasser verschwindend... Leben, Bewegung überall, überall Kommen und Gehen: der erregte und doch verhaltene Ernst, die gespannte Aufmerksamkeit dieses Festes, nur unterbrochen durch den zeitweiligen, tosenden Jubel der Zuschauer, aber alles gebannt, etwas gelähmt durch die drohende Schwüle dieses Julitages...

Und darüber hinaus die ganze, weite Landschaft, das leuchtende Wasserbecken, hier sich zum See verbreiternd, dort, gegen Westen, sich in trägem Flusse verengernd, an seinen Ufern die menschenüberfüllten Sommergärten, von denen Musik herüberschallte, besät mit Booten und Fahrzeugen, auf welchen die sonntagsfreudigen und arbeitsmüden Großstadtmenschen sich dahintreiben ließen; dann dort drüben das einfache und in seiner Einförmigkeit doch so tiefe Bild dunkler Kiefern und des weißen, märkischen Sandes: die sanften Linien der Müggelberge, gebrochen am Horizonte durch den scharfen Strich eines Aussichtsturmes, aber sonst leise und wellig dahingleitend, in ihrer milden Freundlichkeit mehr geschaffen für den stillen Ernst des Herbstes, als für diese grelle Sonne, der die geraden Stämme regungslos, ohne Erzittern, wie betäubt, standhielten...

Felder wußte nichts von der Schönheit und von der Einförmigkeit dieser Gegend. Er hatte nie etwas anderes gekannt, als sie, und die Bilder seiner Reisen hatte er gesehen, wie andere sie für zehn Pfennig im Automaten sahen. Er sah nur das Wasser. Und es glitzerte und glänzte und lockte und rief; und ungeduldig griff er nach seinem Tuch.

Dies Wasser war seine Heimat; dies Wasser war sein Land. –

Genau war mit Koepke der Zeitpunkt verabredet, an dem dieser ihn abholen sollte: bei Beendigung der sechsten Konkurrenz, des Hindernisschwimmens; spätestens aber vor Beginn der siebenten: des Springens um die Deutschland-Meisterschaft, der als achte dann das große Hauptschwimmen folgen sollte. Zeit genug also. Und Felder war schon fertig. Er wußte, daß Koepke kommen würde. Hierher.

Die Ungeduld ergriff ihn. Wurde denn das Sprungbrett dort unten niemals leer? – Immer von neuem erschienen die Springer. Und mit der Ungeduld kam die Angst über ihn, jene Angst, die er nur ein einziges Mal in seinem Leben gespürt: damals, vor seinem ersten großen Siege, an jenem grauen Wintertage, in der trüben Ecke des Winterbades der Wasserfreunde, als er so wie heute darauf wartete, daß man ihn holen sollte.

Aber wie durfte er *heute* Angst haben! – Und doch fühlte er sie, wie eine Drohung, über sich, und er atmete erleichtert auf, als dort unten eine Bewegung durch die Reihen ging, die das Ende eines Rennens andeutete. Dann stürzten nasse Gestalten herauf, ohne sich um ihn zu kümmern, rissen sich, lachend und lärmend und noch schweratmend von der Arbeit, die Trikots vom Leibe, nach Hemd und Hose greifend, und sogleich erschien auch – pünktlich zur Sekunde – Koepke.

Da fiel die Unruhe von Felders Brust, und hocherhobenen Hauptes, das Badetuch lässig um die Schultern geschlagen, stieg er langsam und ohne sich umzusehen, durch die Reihen der Zuschauer hernieder und schritt auf die Bahn zu. Auch dort vermied er, irgend jemand mit dem Blicke zu streifen, sondern lehnte sich ruhig an das Geländer, das nächste Rennen erwartend, und als es begann, ihm aufmerksam mit den Augen folgend. Aber er fühlte, wie man ihn ansah von allen Seiten; er wußte, daß in diesem Augenblicke aller Augen auf ihm ruhten. Nicht jetzt wollte er ihnen begegnen. Nach dem Siege – dann! – Nur einmal sah er auf und maß mit dem Blicke die lange Bahn, die man für das 600-Meter-Rennen besonders abgesteckt hatte. Welche der sieben Nummern war wohl die seine? – Würde er in der Mitte oder an der Seite liegen? –

Die Hitze wurde immer drückender; der Himmel war nicht mehr so rein, wie am Mittag, sondern färbte sich ins Graue, und leichte Wolken lagerten sich hier und da. Er war wie geladen mit Spannung, und ein Gewitter konnte jede Minute losbrechen. Luft und Wasser lagen starr, und die Blätter der Bäume hingen schlaff hernieder. Es war unerträglich, aber alle hielt die Erwartung auf das Kommende aufrecht.

Dann war auch dieses Rennen zu Ende, und irgend jemand, den er nicht kannte, sagte etwas zu Felder, was dieser nicht recht verstand. Ach so, es sollte vor dem Beginne des Wettkampfes das übliche Bild aufgenommen werden. Und er stellte sich auf den bezeichneten Platz, aber er wußte nicht, wer neben ihm stand. War es Scarpetta oder der junge Seubert? Er sah nur immer gerade aus, seine Augen hatten einen ganz starren Ausdruck angenommen, und in diesem Moment sah jeder, der ihn früher gekannt und ihn nun zum ersten Male seit Monaten wiedersah, wie sehr er sich verändert hatte.

Das war nicht mehr das weiche, runde, gutmütige Gesicht Franz Felders, wie man es kannte von früheren Zeiten her und so vielen Bildern, das unbekümmerte Gesicht des Knaben und des glückstrahlenden Jünglings; das war nicht mehr der vertrauende, freundliche Blick, der diesen Zügen auch dann noch geblieben war, als die letzten Jahre schon die Linie der Entschlossenheit bis zur Härte vertieft hatten: das war das frühalte, herbe Gesicht eines Mannes, in dem die Leidenschaften ihre Spuren hinterlassen haben; und in diesen Augen, die über alles hinweg in eine weite Ferne blickten, brannte nur noch das Feuer eines düsteren

Willens, der entschlossen war, sich durchzusetzen, und sei es über Leichen ... Und wie sein Gesicht, so hatte auch Felders Gestalt alle Weichheit verloren; jetzt sah man deutlich, welche Kraft in dieser hageren Sehnigkeit und in diesen straffen, eisernen Muskeln lag.

Das Bild war aufgenommen. Irgendein anderer, dessen Stimme ihm bekannt in die Ohren schlug, gab Felder die schwarze Mütze und nannte ihm die Nummer seines Platzes – den zweiten links. Aber Felder sah und hörte überhaupt nichts mehr, als nur diese eine Zahl; und während er sich zu ihr durchdrängte, verschwammen alle diese Gesichter um ihn her völlig in ein großes Ganzes – die Starter, die Festteilnehmer, die Sportsleute, die Zuschauer – und erst, als er im Wasser mit der Hand an seiner Nummer lag, kam er wieder zur Besinnung. Jetzt schaute er sich um: links neben ihm als Nummer eins lag der junge Georg Bauer mit seinem lachenden Gesicht, als sei dies Schwimmen ein Spiel; rechts neben ihm, totenblaß und mit aufeinandergebissenen Zähnen Riesecker; dann, als er den Kopf nach hinten bog und emporsah, ob das Zeichen noch nicht gegeben wurde, erkannte er unter den Gesichtern dort oben über ihm, wie im Fluge, aber ganz deutlich vier, fünf Gesichter seiner alten Freunde aus dem S.-C.B. 1879, unter ihnen das ernste Gesicht Nagels.

Aber er durfte jetzt nur noch eines denken; und als er, wie um nichts mehr zu sehen, sein heißes Gesicht für eine kurze Sekunde in das Wasser tauchte, wurde über ihm das Zeichen gegeben. Die anderen hatten bereits abgestoßen. Mit einem Schlage war er unter ihnen ...

Die ersten Längen schwamm er unter dem Bann des einzigen Gedankens, seinen Stil möglichst innezuhalten und sich nicht unnütz auszugeben. Er mußte sich zügeln, so groß war das Übermaß von Kraft in ihm. Über die kurze Strecke – eigentlich immer sein Favoritgebiet – hätte er bereits gewinnen können. Dann kamen ihm in der dritten Länge gegen den Strom zu beiden Seiten die Gegner wieder nach. Er hielt indessen seinen Stil inne, ohne sich zu überhasten, und erst in einer der nächsten – es mußte nach seiner Berechnung die fünfte sein – ergriff ihn die Unruhe,

ihn aufgeben zu müssen, da er glaubte, sich sonst nicht behaupten zu können. Eine Länge, die mit dem Strom, wenigstens wollte er es indessen noch versuchen, bevor er dann mit seinem Endspurt etwa Verlorenes wieder einbringen mußte. Er sah sich jetzt nicht mehr um.
Er schwamm, und er wußte, wie gut und sicher er schwamm ...
Jetzt noch eine Länge, und dann noch eine. Und während dieser einen, die er für die vorletzte hielt, wurde er die Gegner nicht los. Er fühlte, es war unmöglich auf diese Weise. Er mußte seinen Stil aufgeben und sich durchs Ziel arbeiten, so gut es ging.
Er schlug an.
Und nochmals stieß er ab.
Und jetzt – er fühlte es, wie er am Ende seiner Kraft war. Er würde auch diese Länge noch zu Ende bringen, die wie endlos vor ihm lag, aber so wie die anderen nicht mehr. Wer war denn noch neben ihm? ... Er sah zur Seite. Niemand? – Das gab ihm neuen Mut, und er holte zu neuen Stößen aus. Zugleich aber war es ihm, als ob man ihm zurief, und als er nochmals unwillkürlich den Blick erhob, sah er, wie auf dem Seitensteg ein Herr neben ihm herlief, mit den Händen fuchtelte und ihm fortwährend zuschrie: – Genug! – genug! – es ist ja zu Ende! –
Zu Ende? – Was? – Darum lag niemand mehr neben ihm. Er wandte sich um und stieg ans Land.
Die Musik blies immer von neuem Tusch; die ganze Zuschauermenge hatte sich wie ein Mann erhoben und schrie und winkte mit Tüchern und Hüten, und Felder trat in ein wirres Gewühl von durcheinander redenden und durcheinander laufenden Menschen.
Aber wer war es denn, dem man zujubelte? – Wem galt all diese Erregung? – Wer war der Sieger? – Einer konnte es doch nur sein.
Niemand schien es zu wissen.
Nur daß *er* es nicht war, das sah er! – Niemand kam zu ihm, niemand kümmerte sich um ihn.
Da ging er langsam an dem Ufer entlang und an der Seite der Umzäunung empor zu seinem Platze. Mechanisch klei-

dete er sich an, und seine Augen hatten wieder den starren, abwesenden Ausdruck. Er war wie zerschlagen. Er begriff noch nichts. Nichts, als das eine; daß er unterlegen war! – Mechanisch streifte er sich das breite Band der Ehrenmitgliedschaft der »Life Saving Society« um den Hals, die höchste Ehrung, die ihm je zuteil geworden war, und die einzige, die er neben den großen goldenen Medaillen seiner Europa-Meisterschaft an diesem bedeutungsvollen Tage angelegt hatte.

Er strich es noch unter dem Rock glatt, als Koepke in höchster Aufregung heraufstürmte.

– Mensch, rief er ihm schon von weitem zu, was wartest du denn nicht! – Na, da unten geht es schön zu! ... Aber was wollen sie denn machen! – Du warst es doch nun einmal ...

Felder starrte ihn an. Der Kleine wiederholte nur immer in einem fort: – Großartig! – aber wirklich großartig! – Ah, was die sich ärgern dort unten, das ist ja ein Schauspiel für Götter!

Felder begriff noch immer nichts. Er packte ihn am Arme. Er wollte wenigstens wissen, gegen wen er unterlegen war.

– Wer hat gesiegt? – stieß er hervor.

– Wer gesiegt hat? – schrie da der andere. – Wer gesiegt hat, frägt er, und ist es selbst!

Mit einem Ruck zog Felder die Jacke fest, fuhr mit der Hand durch die Haare und richtete sich auf. Mit einem Blicke übersah er, wie vorhin, das Bild zu seinen Füßen. Es hatte sich völlig geändert.

Vom Himmel fielen, jede Minute dichter, die ersten Tropfen, und ein Teil der Zuschauer hatte bereits die Plätze verlassen. Die übrigen schickten sich an, zu flüchten; die Frauen rafften ihre Kleider zusammen, und die Männer schlüpften in ihre Röcke. Nur dort unten beim Kampfplatz standen dicht zusammen die erregten Gruppen. Selbst von hier oben aus konnte man erkennen, daß etwas Außergewöhnliches geschehen sein mußte.

Langsam von seinem Freunde gefolgt, den Strohhut in der Hand, stieg Felder den Abhang hinunter. Er war wie verwandelt. Er lächelte.

Denn jetzt war seine Stunde gekommen! ... Und er hatte nur noch einen Gedanken: möglichst ruhig zu erscheinen, die wilde, unbändige Freude, die ihn wie neugeschenktes Leben durchrann, nicht zu sehr merken zu lassen. Aber ganz konnte er sie nicht verbergen: sie lag auf seinen Lippen, sie schien aus seinen Augen, und sein verhärmtes Gesicht bedeckte eine schwache Röte.

Er kam zu der ersten Gruppe, wo heftig durcheinander geschrieen wurde – es war Felder, als ob einige ihn erkannten, schwiegen und ihm Platz machten, als er an ihnen vorbei ging.

Die nächste war die der »Borussia«. Er sah den ihm bekannten Schwimmwart des Vereins an: der wandte sich ab, und die anderen machten ihm Platz.

Er zögerte einen Augenblick. Dann ging er an der Wasserseite entlang auf den Platz zu, wo der Tisch der Veranstalter stand und das Komitee der Richter saß. Sie waren alle beschäftigt, und niemand kümmerte sich um ihn. Er stand vor der großen Tafel, auf der soeben der letzte der drei Sieger angekreidet wurde. Er las zunächst seinen eigenen Namen:

1. Felder 10:48

dann weiter:

2. Bauer 11:12 2/5
3. Riegler 11:20

Der Schreibende wandte sich um, als er seine Arbeit getan, lächelte, als er Felder erkannte, und ging fort, ohne ihn anzusprechen.

Felder atmete schwer. Er fühlte die feuchten Tropfen nicht, die dichter und dichter fielen; er fühlte die drückende Hitze dieses Tages wie nie.

Also Bauer und Riegler! – Welcher Sieg: er hatte den berühmten Meister Österreich-Ungarns gleichermaßen geschlagen, wie die hoffnungsvollste Kraft der Jugend. Er wußte, daß er vorzüglich geschwommen hatte. Wenn die erreichten Zeiten sich so nah lagen – eine Außergewöhnlichkeit bei einem Rennen über eine so lange Strecke – so lag das bei ihm nur daran, weil er durchaus seinen Stil beibehalten hatte. Ohne diese überflüssige Zugabe hätte er leicht heute noch den Weltrekord über 600 Meter – 10:02 1/2 – verbessern können.

Es war ein Sieg wie keiner. Vielleicht sein größter. Weshalb schien man das nicht zu begreifen? – Was sollte das alles überhaupt heißen? – Warum kam man denn nicht zu ihm? –

Auf der linken Seite, der Wasserseite, dem Ufer gegenüber, lagen die für die Klubs und die geladenen Gäste reservierten Plätze. Man saß dort nicht mehr, sondern alles stand dicht durcheinander, kam und ging. Nur die Klubmannschaften bildeten noch einzelne Gruppen.

Dort sah Felder die blau-weißen Farben. Und mit plötzlichem Entschluß drängte er sich durch die Menschen und Stühle, ohne daß ihn jemand beachtete. In seinen Augen war alles Licht erloschen und er lächelte nicht mehr.

Nach ein paar Schritten stand er still. Er konnte nicht weiter. Er wartete. Er stand jetzt der Gruppe so nah, daß man ihn von dort aus sehen mußte.

Jetzt würden sie zu ihm kommen ...

Er stand da und wartete, und Koepke, der ihm gefolgt war, ohne zu wissen, wohin Felder wollte, stand neben ihm.

Er hörte die Stimmen, bekannte Stimmen, und er wußte, wer sprach. Das war der Vorsitzende, und das, das – war Nagels ruhige, sichere Stimme.

Niemand kam. Niemand schien nach ihm hinzusehen. Niemand sprach ihn an. Was sollte es bedeuten! – Was konnte das bedeuten? –

Er ertrug es nicht mehr. Und er ging weiter, und dicht an den Mitgliedern des S.-C. B. 1879 vorüber.

Er sah sie an und sie sahen ihn an.

Aber keiner grüßte ihn; keiner machte eine Bewegung zu ihm hin.

Er ging weiter. Er begriff noch immer nichts. Aber er fühlte einen Schmerz, wie er ihn noch nie in seinem Leben gefühlt.

Er ging weiter und blieb irgendwo am Geländer stehen, mitten unter den Mitgliedern des »Neptun«, von denen er fast keinen kannte.

Das große Hechttauchen war im Gange. Es regnete schon stark. Ein Kämpfer nach dem anderen erschien am Start: ging ins Wasser, erschien dort halb mit seinem Rücken, aber das Gesicht noch immer unter Wasser, verschwamm sich, fühlte es am Anstoßen, schwamm geradeaus, ging ans Land, wurde beklatscht – Felder sah immer auf das Wasser vor sich und begriff noch immer nichts. Er wartete und wartete und wußte selbst nicht, worauf eigentlich noch ....

Dann war auch das Hechttauchen zu Ende, und in die Umstehenden, die – ebenso wie er – ihre Blicke nur auf die unbewegte Wasserfläche geheftet hatten, *unter* der der Sieg erfochten wurde, kam neue Bewegung.

Da fuhr auch Felder auf.

Irgend etwas mußte geschehen.

Er mußte Gewißheit haben.

Was ging hier vor um ihn? – Entweder war etwas gegen ihn im Gange, von dem er nichts wußte, oder ein unbegreifliches Mißverständnis – vielleicht auf seiner eigenen Seite – täuschte und verwirrte ihn.

Jedenfalls mußte ein Ende gemacht werden.

Und wieder ging er an seinem alten Klub vorüber. Aber diesmal blickte er nicht vor sich hin, sondern fest und entschlossen sah er von Mann zu Mann – ohne zuerst zu grüßen, den Hut noch immer in der Hand – aber wartend – wartend .. worauf? – Und überall, wohin er auch sah, wich man seinem Blick aus, nicht brüsk und unfreundlich, aber hier in offenbarer Verlegenheit, dort in bewußter Absichtlichkeit, und meistens wie erstaunt. Seine Füße wurden schwer und schwerer. Aber er ging weiter.

An der nächsten Gruppe, der des »Poseidon«, wurden seine Blicke von einzelnen erwidert. Aber nicht freundlich, sondern herausfordernd, mit offenbarer Feindseligkeit, wie er es kaum anders erwartet. Er konnte sich nicht täuschen. Die Worte: »Größenwahn!« – »Verrückt!« – »Der Mei-

sterspringer« – und mehrfach das höhnisch betonte »Einzelschwimmer« klangen zu vernehmlich an sein Ohr. Er hörte es und ging weiter.
Weiter und weiter, den Steg entlang. Und wohin er kam, erkannte und beachtete man ihn entweder gar nicht, oder man machte ihm Platz. Nur als er den »Hechten« näher kam, schien es, als ob der eine oder andere von dort Miene machte, ihm entgegen zu kommen. Aber da wendete er sich ab und schritt schnell zu den nun fast völlig geleerten Sitzreihen.
Außer den Vereinen war nun fast niemand mehr anwesend.
Er suchte die Vertreter der Zeitungen, aber sie mußten bereits gegangen sein.
Nur Koepke war plötzlich wieder neben ihm. Da fuhr er ihn an: »Was willst du denn noch? – Was läufst du mir denn immer nach? – So laß mich doch endlich einmal in Ruhe!«
Das war selbst für den kleinen Kaufmann zuviel. Mit gekränkter Miene und ohne Antwort ging er von dannen.
Felder war jetzt ganz allein.
Noch einmal übersah er das ganze Gelände. Es war fast ganz leer und der dichte Regen schlug durch die Blätter der Bäume. Jedes Interesse schien erlahmt und man trieb zum Biere und zu anderer Unterhaltung.
Dort unten gingen die letzten Wettkämpfe zu Ende. Die Richter saßen unter Regenschirmen, und nur die Buntbemützten harrten bis zu Ende aus.
Da wandte sich Felder zum Gehen.
Er dachte nicht daran, seinen Preis in Empfang zu nehmen.
Er kämpfte nicht mehr um Preise.
Um seinen Namen, um seine Ehre kämpfte er.
Nein, auch das nicht.
Um sein *Leben* hatte er heute gekämpft, um sein ganzes vergangenes und zukünftiges Leben.
Nie hatte er so gesiegt wie heute.
Und doch war er unterlegen!

8

Er sah ganz klar.

Er begriff plötzlich alles. Er täuschte sich nicht mehr. Er erblickte alles in anderem Lichte, dem grellen, nüchternen Lichte der Wirklichkeit. –

Er war ein Narr gewesen.

Ein Narr, als er geglaubt, daß er die Welt erobern könne mit seinen Siegen. Ein Narr, als er wähnte, sie drehte sich forthin nur noch um ihn, nachdem er diese Siege errungen. Ein Narr, als er sich einbildete, er sei der allmächtige und unbezwingliche Sieger. Und der größte aller Narren, als er von diesem Tage eine unerhörte Wendung der Dinge erwartet.

Er kannte doch das Schwimmerleben und wußte, wie es in ihm zuging! – Wie im Leben des Tages, so auch dort überall gegenseitiger Neid und Haß! Hatte er ihn nicht in aller Blicken gelesen? – Nie würde man ihm diesen Sieg vergessen. Daß er gewagt, seine eigenen Wege zu gehen, war schon ein Vergehen gegen die Gewohnheit des Herkommens; daß er aber als einzelner Schwimmer den großen Preis an sich gerissen, der doch von Rechts wegen einem Klub gehören sollte, das war ein Verbrechen, das man ihm nie verzeihen würde.

Und wie hatte er auch nur eine Minute glauben können, daß sein alter Klub ihn wieder aufnehmen, ja zuerst zu ihm kommen und ihm gar noch die Ehrenmitgliedschaft antragen würden? – Gerade die 79er waren es doch, denen am wenigsten noch von allen Klubs an den Preisen lag – das wußte er doch am besten! – Er war von ihnen gegangen, und damit war alles zu Ende gewesen zwischen ihm und den Genossen seiner Jugend. Das war es gewesen, worunter er mehr gelitten, als er es sich jemals selbst zugestanden. An dem Schmerz, als er an ihnen vorbeiging und seine Blicke unerwidert geblieben waren, hatte er gefühlt, wieviel er in diesem letzten Jahre innerlich entbehrt. Er wußte es jetzt: nicht um die Ehre, nicht um die Preise, nicht um seinen Namen hatte er gekämpft, sondern um seinen alten Klub. Um seine alte Liebe, um die Wiederkehr jener glücklichen Stunden im Kreise der Freunde, um das trauliche und schöne Beisammensein mit ihnen in allen Stunden, um ihre Achtung und Freundschaft... Um alles, was seinem Leben jahrelang Wärme und Licht verliehen – um sein Leben hatte er gekämpft.

Dafür hatte er zu siegen gehofft.

Er hatte gesiegt.

Und er hatte verloren.

Sie würden ihn nicht wiedernehmen, auch wenn er selbst zu ihnen zurückkehren wollte; und wenn sie ihn aufnehmen würden, dann war alles anders geworden. –

Was nun aber? –

So ging es doch nicht weiter.

Er täuschte sich nicht mehr, und er wußte jetzt, wie furchtbar er gelitten in dieser letzten Zeit. So konnte er nicht weiterleben. Er konnte die Einsamkeit einfach nicht mehr ertragen.

Gewiß: es standen ihm andere, die besten Klubs offen. Nichts lag vor, was seinen Eintritt hinderte, und nach dem heutigen Siege würden sich gar bald die gehässigen in freundliche Mienen verwandeln und sich ihm überall die Hände entgegenstrecken, wo er sie nur ergreifen wollte. Aber es würde niemals wieder so werden, wie es gewesen war. Er würde so sein, wie im »Hecht«: ein Fremder unter Fremden.

Aber was sollte denn nun werden? – Ihm begann vor der Zukunft zu grauen, denn er sah jetzt in allem ganz klar.

Er erkannte, wie sehr er sich zunächst in bezug auf sich selbst getäuscht. Allmählich in diesen letzten Jahren, und immer mehr und mehr, hatte er sich daran gewöhnt, nur sich zu sehen, nur seine Siege, nur seine Triumphe. So war er dahin gekommen, den Erfolgen anderer keine Bedeutung beizulegen, sie zu übersehen, soweit es anging.

Gewiß, darüber war kein Zweifel: sein Name war der berühmteste unter allen, sein Erfolg beispiellos, sein Ruhm weiter gedrungen, als der Ruhm irgendeines deutschen Schwimmers bisher...

Aber wieviel andere Namen wurden nicht auch neben, nicht mit dem seinen zusammen genannt, wenn man von den Meistern des Schwimmens sprach: alte Namen und neue, alle Tage neue... Er war nicht der einzige, der Meister hieß. Da gab es eine Menge von Meisterschaften, selbst in Deutschland, die in anderen Händen waren, an denen er sich nicht beteiligt hatte, gar nicht hatte beteiligen können, schon allein, weil Zeit und Raumentfernung und Satzungen es verboten. Da gab es ferner die Meisterschaften im Mehrkampf, unter denen er nur eine einzige, die bei seinem ersten und letzten Versuch errungene, sein eigen nannte. Dann endlich die Springmeisterschaften... Doch daran mochte er gar nicht mehr denken! – Also: nicht auf einer Brust wurden alle Ehren vereinigt. Genug, daß die seine die höchsten trug. Er hatte einen Namen, den besten und berühmtesten. Aber es war doch nur ein Name neben und mit anderen.

Noch immer der erste. Heute mehr als je der erste, und nach diesem letzten Siege lauter genannt, als jemals zuvor. – Aber wie lange noch? –

Denn auch darin sah Felder jetzt zum ersten Male klar: daß es eine Grenze gab, über die keiner hinauskam. Nie hatte er sich das selbst gegenüber eingestanden, nie daran auch nur denken wollen... Aber jetzt täuschte er sich auch hierin nicht mehr, und manches Wort fiel ihm ein, das Nagel und auch andere schon vor Jahren warnend zu ihm gesprochen.

Wie lange dauerte denn die Siegeslaufbahn einer Sportgröße? – So lange, wie seine beste Kraft. Eine Reihe von Jahren, ein paar weniger, ein paar mehr. Aber über ein gewisses Maß ging es nie hinaus.

Und im Schwimmen? – Wenn einer dieselben Meisterschaften und einige Wanderpreise drei Jahre hintereinander errang, so war das schon eine große Ausnahme. Meist kam irgendeine andere Kraft dazwischen und entriß sie ihm vor der Entscheidung. – Wenn ein Schwimmer ein paar Jahre lang die Meisterschaft über die kurze oder lange Strecke, oder in irgendeiner besonderen Art des Schwimmens, in der er es zur besonderen Fertigkeit gebracht, behauptete, so war das gerade genug. Sicher war kein Sieg, und je zahlreicher sie sich auf eine Person häuften, um so näher lag die Gefahr, daß diese bald von ihrem Platze verdrängt werden würde. War einer aber gar, wie Felder, jahrelang der überall Siegreiche, überall Gefürchtete und Beneidete gewesen, dann waren sie alle hinter ihm her, sie, die »auch etwas konnten«, und es galt, sich zu verteidigen nach links und rechts und keinen der Gegner aus den Augen zu lassen.

Das war nicht leicht. Jetzt erst fühlte Felder, wie schwer es war, wieviel schwerer es wurde von Jahr zu Jahr! – Eine Zeitlang hatte er sich auch hierüber täuschen können. In stolze Sicherheit gewiegt, hatte er sich für unüberwindlich gehalten, bis ihm die Augen geöffnet wurden. In erster Bestürzung wollte er die Schuld einer Abnahme seiner Kraft und sich selbst zuschreiben. Längst wußte er, daß er sich auch darin geirrt. Sein eigener lässiger Hochmut und Dünkel, das waren die hauptsächlichsten Gründe, die alles verschuldet, was geschehen war.

Er besaß sie nicht mehr: nicht Hochmut, nicht Dünkel mehr. Er wußte seit langem wieder, was auf dem Spiele stand, und wie es zu ringen galt, um sich auf der neu gewonnenen Höhe zu behaupten. Er war bereit. Wie am ersten Tage der kleine Knabe bereit gewesen war, an seinen ersten kleinen Sieg seine ganze, kleine Kraft zu setzen – so war er willig, jetzt zu ringen um seine letzten Siege.

Aber wozu? – Und für wen? –

Die Freude an Siegen war dahin, die er mit niemandem mehr teilen konnte. Nicht nur mehr gefürchtet und beneidet, gehaßt würden seine Siege werden, wenn er sie in dieser Weise weiter erfocht. Man würde sie ihm erschweren auf alle Weise. Hatte er nicht heute erlebt, wie man wie auf geheime Abmachung hin ihn überall auch dort ostentativ geschnitten, wo er nicht das geringste verschuldet? – Hatte nicht Feindseligkeit, ja Haß gegen den »Einzelschwimmer« in den Blicken gelegen? – Ruhiger geworden, sagte er sich, daß auch der Zufall, der Ausbruch des Regens und andere Umstände mitgewirkt hatten, um ihm diese furchtbare Enttäuschung zu bereiten. Sonst würden doch der eine oder andere von seinen älteren Bekannten aus irgendeinem der befreundeten Klubs und sicherlich auch die passiven Sportfreunde und die Kenner, wie zum Beispiel sein alter Bewunderer, der Berichterstatter des »Welt-Sport«, und andere zu ihm gekommen sein.

Aber die allgemeine Animosität gegen den »Einzelschwimmer« würde immer bestehen bleiben, und allgemeine Freude würden seine Siege nie mehr hervorrufen. Sollte er immer so stehen bleiben, er, der Einzelne, gegen die geschlossenen Mächte der Klubs?

Und die anderen Träume, in die er sich gewiegt in dieser letzten, einsamen Zeit – waren sie nicht ebenso haltlos und töricht? – Nach England wollte er gehen? – Ganz allein, ohne Kenntnis der Sprache in das fremde Land, um dort sich zu messen mit diesen unbekannten Kräften, von denen er nichts wußte, als daß sie die allerersten der Welt waren? Woher sollte er die Mittel zur Reise nehmen? Und selbst wenn er hinging, wenn er alle Schwierigkeiten überwand – was dann, wenn er unterlag und mit Hohn und Spott heimgeschickt wurde? – Dann war es endgültig aus...

Oder sollte er wirklich die wahnwitzige Idee zur Ausführung bringen und seine Kunst zum Beruf machen? Dem ganzen Sportwesen den Rücken kehren und als Professional die Welt durchreisen? Jede andere Arbeit aufgeben, sich auf einige Dinge bis zur Abnormität einüben und dann von Stadt zu Stadt und von Land zu Land ziehen und sich als »Artist« anstaunen lassen? – Das war sicherlich die törichtste seiner Einbildungen gewesen, und er lachte sich selbst aus. Das konnte er einfach gar nicht! –

Alles, was also übrigblieb, war, sich noch ein paar Jahre, so lange, wie nur eben möglich, auf der wiedergewonnenen Höhe zu halten, den schmalen, schwindelnden Grat zu verteidigen, bis eines Tages der Abgrund des Vergessens auch ihn verschlang. Denn wie lange konnte die ganze Herrlichkeit noch dauern? – Im besten Falle ein paar Jahre. Dann war auch das vorbei. Dann waren die neuen, frischen, jungen Kräfte ins Feld gerückt, die jetzt bereits in der Stille heranreiften, mit flatternden Fahnen und klingendem Spiel; und wer ihnen nicht selbst klug genug zur rechten

Zeit auswich, der wurde einfach überholt, zu Boden gerissen, niedergestampft. Dann würden die ersten wirklichen Niederlagen kommen, die, nach denen es kein Aufstehen mehr gab. Denn während er schon stillstand und über die eigene Kraft nicht mehr hinaus konnte, marschierten jene, und »Platz! – Platz endlich für uns!« war ihr Geschrei. Sie würden siegen, ganz einfach, weil sie jung waren. Ihre neuen Namen würden die alten verschlingen, und noch ein paar Jahre eines letzten, aussichtslosen, verzweifelnden Ringens, in denen der alte Glanz immer mehr und mehr erblaßte, – und alles war vorbei, sie alle miteinander vergessen; und während sie noch weiterlebten, waren sie in Wirklichkeit schon tot, und niemand kümmerte sich mehr um ihre verblaßten Bänder und Medaillen, diese letzten Zeugen einstiger Triumphe, von denen sie nur den geduldigsten ihrer Freunde noch erzählen durften, und auch das nicht, ohne bei ihnen das Gähnen der Langeweile oder das Lächeln des Mitleids hervorzurufen.

So war es bei allen.

So würde es auch bei ihm, bei Franz Felder, sein! –

Denn es gab keine Ausnahme, *keine*.

Bei den meisten bildete die Militärzeit die Grenze. Diese Jahre einer für den Sport brachgelegten Kraft überstanden nur wenige. Das Abschiedsfest, das der Klub alljährlich seinen einberufenen Mitgliedern gab, bedeutete für die meisten von ihnen auch den Abschied von ihrer sportlichen Laufbahn. Nur wenige hatten nach ihrer Rückkehr noch die Kraft und die Lust, die Ziele ihrer Jugend wieder aufzunehmen und sich in neuen Verhältnissen an neue Kämpfe zu wagen. Viele bewahrten der Sache wohl noch ihr Interesse, aber das Leben forderte sie ein, und wie der Student ins Philisterium, so gingen sie in ihren Beruf, und bald in ihm und der neugegründeten Familie auf.

Nicht alle. Durchaus nicht alle. Es gab manche, die selbst während dieser Militärzeit noch Energie und Lust gefunden hatten, die alte Fertigkeit nicht ganz einschlafen zu lassen und weiterzupflegen. Sie kehrten zurück und waren nach kurzer Zeit wieder auf der alten Höhe. Manche errangen erst jetzt ihre größten Erfolge; bei anderen wieder schien die Übung »in den Waffen« erst ihre ganze Leibeskraft herausgearbeitet zu haben.

Bei Felder traf das alles nicht zu. In seiner ausgesprochenen Einseitigkeit, die nie eine andere Betätigung, als diese eine, erlaubt hatte, die ihn scheitern ließ an jenem Versuch des Springens, graute ihm vor der Zeit, die doch schon so dicht vor ihm lag. Er wußte nicht, wie er sie überstehen sollte: in einer schmutzigen Kaserne ohne Wasser! – –

Und wenn er sie überstand – was dann? –

Noch die paar Jahre. Noch eine Zeitlang neue, unerhörte Anstrengungen. Nochmals neue Erfolge, wie dieser heutige, die den verschollenen Namen noch einmal vor die Augen aller stellten, nochmals beneidet, gefürchtet, gehaßt – und dann der unerbittliche Absturz von der Höhe, entweder: schnelles Stürzen oder ein stetes, qualvolles Weichen Schritt für Schritt.

Er täuschte sich nicht mehr. Er sah ganz klar.

Er wußte, er würde es können: die zwei Dienstjahre überstehen, in neues Training treten und sich noch Jahre – länger als irgendeiner vor ihm – auf ehrenvoller Höhe halten. Er brauchte nicht zu verzweifeln. So groß war seine Liebe zur Sache – er hatte sie erprobt; sie würde ihm auch diesmal helfen.

Er wußte, er würde das fast Unmögliche können.

Aber so nicht. Nicht unter diesen Umständen.

Nicht allein, nicht so allein.

Es war vergeblich, es zu versuchen.

Denn die Freude fehlte, die Freude, die ihm Mut und Kraft verliehen, so hoch zu steigen, die Freude der Hoffnung, die ihm geholfen, die letzte bittere Zeit zu überstehen: die mit anderen geteilte Freude. –

Aber was sollte denn nun werden? –

Er hatte sich rettungslos verstiegen und wußte nicht mehr, wohin.

Wie sollte er nun leben? –

Er fand keine Antwort.

9

Eine unerträgliche Hitze brütete über Berlin. Die Menschen atmeten schwer in dieser Atmosphäre von Staub und Dunst.

Felder tat noch seine Arbeit, aber er schwamm nicht mehr. Abends saß er irgendwo und sah vor sich hin, wie ein Mensch, der keinen Ausweg aus seinen Gedanken mehr findet; oder er ging mit demselben starren Blick durch die heißen Straßen, bis er müde wurde.

Er lebte, wie er gelebt hatte, die schrecklichen Monate in dieser letzten Zeit, ganz für sich, und doch anders – denn wenn ihn damals noch eine große Hoffnung begleitet hatte, so ging er jetzt ganz allein: er sah und hörte nichts mehr, selbst von dem, was in seiner Welt, der engen, der kleinen und doch für ihn alles bedeutenden, vorging; auch durch die Zeitungen nicht mehr; und die Seite, die dreiundachtzigste in dem kleinen, braunen Buch, das er nicht mehr mit sich trug, blieb leer: die Seite, auf die der größte aller Siege eingezeichnet werden durfte und nicht wurde...

Es war alles wie abgeschnitten. Es war alles vorbei. –

Er sprach überhaupt kaum ein Wort mehr.

So lebte er noch vierzehn Tage.

Dann fühlte er eines Tages, daß er das Leben nicht mehr ertragen konnte.

Irgend etwas, er wußte selbst nicht was, war gebrochen in ihm, und damit seine Kraft zum Leben. Er fühlte es deutlich.

Es nutzte nichts, dies Denken, um herauszukommen. Er kam nicht darüber hinweg.

Es war, als wenn alles tot in ihm wäre: alle Sehnen plötzlich durchschnitten von einer ungeheueren Enttäuschung. –

Es war wieder ein Sonntag, einer dieser leeren, durch keine Arbeit und keine Freude mehr erträglich gemachten Tage, und er wälzte sich auf seinem harten Bett in seinem kleinen Zimmer in dumpfer Verzweiflung hin und her.

Was sollte er tun? – Er wußte es nicht mehr.

Er hatte keine Eltern, keine Geschwister, keine Freunde,

keine Geliebte mehr. Sinnlos war sein Leben geworden, zwecklos und freudlos.
Und wie er mit den Händen schlug, raschelte etwas auf ihn nieder: verdorrte Lorbeerblätter, die beim Niederfallen in Staub zerfielen.
Er nahm die Spreu in die Hand.
Es war sein erster Siegeskranz: erfochten als Knabe in dem ersten kleinen Schwimmen, seinem ersten schüchternen Versuch, seinem ersten Siege. Und wie er sah, was es war, was er in seiner Hand hielt, da sah er zugleich sich und sein ganzes Leben; und es schien ihm, als seien alle diese Kränze, die bedruckten und beschriebenen Urkunden, diese Bilder an den Wänden, zerstaubt, zerfallen und zu nichts geworden, wie dieser hier, und nichts von allem übriggeblieben, als ein kleiner Haufen dürren Staubes, zu dem am Ende alles Leben wird.
Da wandte er sich ab von diesen zerfallenden und leblosen Dingen, diesen modernden Leichen des Gewesenen, und eine schreckliche Sehnsucht nach dem, was allein noch Leben für ihn war, ergriff ihn.
Er kleidete sich hastig an und ließ alles hinter sich. –
Er ging den ganzen Nachmittag durch die Hitze und den Staub und das Menschengewühl des Sonntags: durch den Park von Treptow, grau und nüchtern unter dem Sommerstaube, an den Eierhäuschen an der Spree vorbei, teils am Ufer, dann auf der trostlosen Landstraße, die bedeckt war mit Fuhrwerken und Radlern, bis Köpenick, wo er in dem Vorgarten irgendeiner Wirtschaft ein Glas Bier trank. Und so ging er weiter, bis er nach Grünau kam – Stunde auf Stunde ging er so den langen, dunstigen Nachmittag, und überall, wo er hinkam, waren die Gärten voll von Menschen, und auf den dämmernden Uferwegen tauchten immer neue Gestalten auf, die sich noch nicht entschließen konnten, die köstliche Frische des Abends einzutauschen gegen die dumpfe Häusermasse der großen Stadt.
Er aber mußte allein sein, ganz allein, und so ging er, ohne Hunger und Durst zu empfinden, durch Grünau und vorbei an dem Sportplatz, der dunkel und leer dalag; und sein Herz war so müde und mutlos, daß es selbst hier nicht

einmal mehr höher schlug... weiter und weiter, immer an den wegelosen Ufern der weiten Seen entlang...

Endlich war er allein. Endlich begegnete ihm niemand mehr.

Es war spät in der Nacht.

Kein lebendes Wesen zeigte sich hier mehr in dem weiten Umkreise von Himmel, Wald und Wasser . . .

Da stand er still und entledigte sich seiner Kleider.

Nackt stand er da, und die Luft der Nacht umspielte seinen heißen, staub- und schweißbedeckten Körper.

Langsam trat Franz Felder zum Wasser und sah es an, nachdem er den ganzen Nachmittag – und wie lange vorher schon! – seinen Anblick gemieden.

Aber zum ersten Male schien es ihm, als würde sein Gruß nicht erwidert. Stumm und gleichgültig lag es da.

Warum vernahm es denn nicht die stumme Bitte seiner Verzweiflung? –

Und zögernd, fast ängstlich, setzte er Fuß vor Fuß, bis es seine Knie erreichte, versank dann in den Schlamm und und umarmte es leise. Nackt, wie damals als kleiner Knabe, schmiegte er sich an seine dunkle Brust.

Und schwamm.

Behutsam, wie um es nicht zu kränken, schwamm er bis in die Mitte des Sees, bis dahin, wo es am tiefsten war.

Dort wartete er: ließ sich sinken und verschwand tief unter der Oberfläche.

Aber das Wasser trieb ihn empor, und wieder lag der Himmel über ihm, tiefblau, und der Mond und die glitzernden Sterne.

Begriff es denn nicht, was er heute von ihm wollte? –

Das Wasser war sein Freund gewesen, sein bester Freund, von jeher.

Es hatte den kleinen Kerl, der noch fast nicht gehen konnte, liebreich getragen, wie es nur die trägt, die es liebt gleich seinen eigenen Wesen, und seine Liebe war ihm treu geblieben während seines Lebens bis heute.

Der ehrgeizige Ungestüm des Knaben und der ungeduldige Groll des Jünglings hatten sie nicht zu vermindern vermocht.

Alles hatte es seinem Liebling gegeben, was es überhaupt geben konnte: Frische, Gesundheit, Kraft und Ruhm und unendliche Freuden, die sich erneuten von Tag zu Tag: und alles hatte Felder genommen als etwas Selbstverständliches, wie andere Kinder die Liebe der Eltern nehmen.
Nun kam er noch einmal zu ihm, um bei ihm die letzte Erlösung – vom Leben – zu suchen.
Aber das Wasser nahm ihn nicht.
Es schien nicht zu begreifen, was er so plötzlich von ihm wollte; und als könne er gar nichts anderes, als Lust und Freude bei ihm suchen, so trug und wiegte und umschmeichelte es ihn, gleich als sei es froh, ihn so versöhnt wieder zu haben nach der langen Zeit der Entfremdung ...
Und Felder empfand die kühle und linde Berührung mit erschauernder Wonne, und noch einmal vergaß er die schwere Erde, ihre Kämpfe und ihr unerträgliches Leid und gab sich ganz der starken und reinen Umarmung des Wassers hin.
Das war nicht mehr der Meister, der große Schulschwimmer, der »Champion of the World«, der in dieser nächtlichen Stunde weit da draußen und ganz allein seine Kunst übte; das war der Freund, der wieder zum Freunde kam, um ihm seinen Kummer und seine Sorgen anzuvertrauen und auszuruhen an seiner Brust von der Mühsal des Lebens. Und so schwamm Felder zum letzten Male: ohne an etwas anderes zu denken, als an die Lust dieser Stunde, ließ er sich treiben, breitete nur zuweilen die Arme, als wolle er die silbernen Wellen fassen und an sich ziehen; ließ das Wasser durch seine halbgeöffneten Lippen dringen und erwiderte Umarmung und Kuß. Und wie er sich wandte und drehte, sich bald auf den Rücken legte, bald hier untertauchte und dort wieder emporkam, empfand er noch einmal die ganze Seligkeit, die ihm das Wasser gegeben, die himmlische Leichtigkeit, mit der es ihn trug ...
Lange schwamm er so ... –
Aber dann wurde sein Herz bei dem plötzlichen Gedanken an die Erde wieder schwer.
Doch die Schwere seines Herzens zog ihn nicht hinunter.

Und da begriff er, daß ihn dieses Element nie töten würde, dieses Element, das ihn liebte und das sein Leben wollte, nicht seinen Tod. So unermeßlich stark, daß es ihn mit einem Schlage hätte niederstrecken können, war es doch schwach ihm gegenüber, der der Stärkere war, weil er geliebt wurde ...

Endlich begriff er, weshalb es so war und immer so gewesen war, begriff seine ganze eigene Schwäche und die ungeheure Stärke dieser Liebe! –

Da schwamm er zurück zum Ufer, entnahm seinen Kleidern sein Taschenmesser, öffnete es und durchschnitt beim hellen Lichte des Mondes mit schnellem, scharfem Schnitt die Pulsadern seiner rechten Hand, ganz nahe der Stelle, wo die Narbe war, die das Armband zurückgelassen. Sein Blut spritzte empor und er empfand einen kurzen, heftigen Schmerz.

Von neuem warf er sich ins Wasser und erreichte mit wenigen hastigen Schlägen fast noch die Mitte des Sees.

Sein rotes, warmes Blut mischte sich mit der warmen, schwarzen Flut.

Er fühlte, wie mit ihm seine Kraft schwand.

Noch einmal breitete er die Arme weit auseinander, warf sich in der jähen Angst des Todes herum und griff um sich, als wollte er sich halten.

Aber zum ersten Male ließ das Wasser ihn fallen, und er sank.

Den Lebenden hatte es geliebt.

Der Tote war ihm nichts als eine Last, die es achtlos in seinen Tiefen begrub.

Zu diesem Buch

»Der Schwimmer«, die »Geschichte einer Leidenschaft«, erschien erstmals im Jahre 1901 im S. Fischer Verlag Berlin. John Henry Mackay (1864–1933) hat seinen Roman »seiner geliebten Kunst – des Schwimmens« gewidmet.

Die Geschichte des armen Berliner Jungen Franz Felder, dessen Schwimmkunst ihm zum Schicksal wird, bleibt zunächst für Mackay – sein Denken und Wirken – untypisch und widersprüchlich. John Henry Mackay war ein Freigeist, war Päderast und vor allem Anarchist. Als Biograph Max Stirners, später auch als Verfasser von Büchern wie »Die Anarchisten«, »Der Freiheitssucher« und »Staatsanwalt Sierlin« sowie als Herausgeber der Werke des anarchistischen Theoretikers Max Stirner und der eigenen Schriftenreihe zur »Propaganda für den individualistischen Anarchismus« lebte in John Henry Mackay die Sehnsucht nach Befreiung, nach Freiheit. Staat und Gesellschaft mußten ihm als unselige Last vorkommen, die sein politisches Denken und sein habituelles Empfinden schmerzlich bedrohten. Und dennoch zeichnet er, der unter dem Pseudonym »Sagitta« die »Bücher der namenlosen Liebe« – der Päderastie – veröffentlichte, den Lebensweg seines jungen Helden Franz Felder in »Der Schwimmer« als den eines Individualisten, der an den Wirrnissen des Schicksals und zuletzt daran scheitert, daß er auf seiner Selbständigkeit, seinem eigenen Weg beharrt.

K. H. Z. Solneman hat in der 1979 im Verlag der Mackay-Gesellschaft erschienenen Biographie »Der Bahnbrecher John Henry Mackay – Sein Leben und sein Werk« die Ansicht geäußert, der Schwimmklub Franz Felders könne keineswegs als Paradigma für den Staat als Institution gelten, denn er habe den jungen Schwimmer nicht zwangsläufig vereinnahmt, sondern ihn lediglich – auf freiwilliger Basis – gefördert und ihm die Möglichkeit zur Selbstentfaltung gegeben. Allerdings weist der Ausgang des Romans – der aus Selbstzweifel und Vereinsamung geborene Entschluß zum Freitod – deutlich aus, welche Macht der Schwimmverein – die Gesellschaft an sich – dem einzelnen gegenüber besitzt, der sich ausschließt oder ausgeschlossen wird, um als Einzelkämpfer gegen die organisierte Menge anzutreten.

In diesem verhältnismäßig frühen Werk Mackays beschreibt sich nicht allein das spätere Scheitern seines Urhebers – die wohlüberlegte, gleichwohl erzwungene Flucht ins Pseudonym, die Abkehr der letzten Freunde und Vertrauten –, sondern das – nennen wir es Schicksal des einzelnen, des Anarchisten überhaupt. Der radikale anarchistische Denker ist zugleich auch immer der Einsamste, gegen den sich diese Gesellschaft ihrereits mit Ausschluß und Ächtung, mit Verfolgung und Preisgabe bewaffnet. So gesehen, handelt es sich durchaus um einen anarchistischen Roman, der uns – farbenreich, doch schließlich düster und resignativ – den Weg in die selbstgewählte und die von fremder Seite her bestimmte Verbannung ankündigt. Mackay hat seine Botschaft bloß ins unterhaltsame Gewand des Romans gekleidet, unter dem sich – geschmäht und verachtet – der wundenreiche Körper des einzelnen verbirgt; es liegt an uns, das Zeitbild des »Schwimmers« sachverständig zu betrachten und somit auch zu wissen, welche gesellschaftliche Macht ehedem dem Vereinsleben und seinen Funktionären zukam.
In seinen „Büchern der namenlosen Liebe« hat John Henry Mackay als »Sagitta« die Päderastie, die Knabenliebe gepriesen; der 1926 erstmals als Privatdruck erschienene, inzwischen wieder greifbare Roman »Der Puppenjunge« ist das bekannteste von ihnen. »Der Schwimmer« hingegen ist sicherlich kein päderastisches Werk, auch wenn die junge athletische Gestalt des Schwimmers Franz Felder Wohlgefallen und Herzlichkeit wecken mag. Mackay war beim Erscheinen des »Schwimmers« 36 Jahre alt und selbst Anhänger der Schwimmleidenschaft.
Lesen wir also seinen Roman so, wie es uns am nächsten kommt: Als melancholische Biographie eines Einzelkämpfers, der – mutig, doch nicht ohne Überheblichkeit – an den Bündnissen der Gesellschaft gegen ihn scheitert, oder als schlichtes Gemälde aus der Jahrhundertwende, auf dem wir uns – je nach Neigung und Geschlecht – wiederfinden, als Franz Felder vielleicht, dem die wehmütige Liebe seines Schöpfers John Henry Mackay gegolten haben mag. Ob allein im Roman oder im Leben – wir wissen nichts davon.

Joachim S. Hohmann